Gerhard Tötschinger

Christiane Hörbiger

Gerhard Tötschinger

Christiane Hörbiger

Die Biographie aus der Nähe

Mit 104 Fotos

Langen Müller

Die Vorsätze zeigen das Elternhaus in der Himmelstraße, Grinzing/ Wien (vorne) und das Haus im Schlossergäßchen, Baden/ Wien (hinten).

Bildnachweis

Will Appelt, Wien: 27, 36; Archiv des Autors: Vorsätze, 1 (Foto: Roberto Ferrantini, Rom), 2–9, 12–15, 17, 21, 24, 25, 28, 32, 42-44, 51–55, 58–65, 68, 72–76, 80, 83, 91, 92, 95, 96, 102–104; Rolf Baumgartner, Berlin: 85; Bundesbildstelle Berlin: 99; Reportage-Center Gabor Borsos, Zürich: 56; Foto Busch, Heidelberg-Rohrbach: 20; Atelier Dietrich, Wien: 19; Pressefoto Doliwa, Wien: 10; dpa Frankfurt: 87, 89; Reiner Fialik, Mödling: 77; First Look: 104; Ilse Häfker, München 103; Haslinger, Wien: 97; René Haury, Zürich: 37; Elisabeth Hausmann, Wien: 35; Heereslichtbildstelle Wien HBF: 97; Kronen Zeitung, Wien: 94; Kurier, Wien: 78, 79; Landesbildstelle Wien (Foto Blauensteiner): 96; Fred Lauzensky, Wien: 26; P.G. Neubarth, München: 30, 31; Niederösterreichische Landesregierung/ Pressedienst (Foto: Bernhart): 98, 100; Arbeiter- und Angestelltenbund, Wien 33, 34 (Fotos: Franz Schiel); ORF, Wien: 18, 29; Barbara Pflaum, Wien: 45; Winfried Rabanus, München: 66, 86, 93; Claire Reindl, München: 90; Karin Rocholl, Hamburg: 81, 84; Archiv der Salzburger Festspiele/ Max Reinhardt-Archiv, Salzburg: 23, 40 (Fotos: Ellinger), 41 (Foto: P.S.F.); Schauspielhaus Zürich: 49 (Foto: Simone Kuhn-Kappeler, Frauenfeld); Presse-Foto O. Spang, Bregenz: 22; Bilderdienst Süddeutscher Verlag, München: 82; Teamfilm, Wien: 57; Bruno Völkel, Wien: 11, 16; Votava, Wien: 101; UFA-Fernsehproduktion, Berlin: 88, Leonard Zubler, Adliswil: 38, 39, 46–48, 50, 67, 69–71

Vorspann A–H: Agentur Alexander, München: G (Foto: Roberto Ferrantini, Rom); Archiv des Autors: B; Helmut Baar, Wien: A; Peter Brüchmann, Hamburg: C; dpa, Frankfurt: E; Kleine Komödie im Bayerischen Hof/ Theaterbetriebe Margit Bönisch GmbH, München: F (Foto: Roberto Ferrantini, Rom), Karin Rocholl, Hamburg: H; Schneider-Press, München: D

Der Verlag konnte in einzelnen Fällen die Inhaber der Rechte an den reproduzierten Fotos nicht ausfindig machen. Er bittet, ihm bestehende Ansprüche mitzuteilen.

1. Auflage: November 1993
2. Auflage: April 1994
3. erweitere Auflage: April 1998
4. Auflage: Juli 1998
5. neu durchgesehene und erweiterte Auflage: Oktober 2002

Schutzumschlaggestaltung: Wolfgang Heinzel
unter Verwendung zweier Fotos von First Look aus der TV-Serie »Julia, eine ungewöhnliche Frau«
Satz: Filmsatz Schröter GmbH, München
Gesetzt aus 11/13,5 Lino Walbaum auf Linotronic 300
Druck und Binden: Wiener Verlag, Himberg
Printed in Austria
ISBN 3-7844-2684-0

Inhalt

Anstelle eines Vorworts:
»Alles in Ordnung, gnädige Frau?«

Jahrelang, jahrzehntelang kann man arbeiten, denken, sitzen, planen, proben, Premieren haben, Vorstellungen spielen, erfolgreich sein – dann kommt der eine, der ganz ganz spektakuläre TV-Auftritt, und die Menschen fragen: »Aber interessant, woher so plötzlich dieser Erfolg? Sagen Sie, was haben Sie denn früher gemacht?«

Wir haben uns an die Formel gewöhnt: Leben = Fernsehen.

Und weil wir nicht den Menschen an sich, sondern den Menschen, der wir selbst sind, als das Maß aller Dinge nehmen, verengt sich die Formel auf: Leben = mein Fernsehen.

Als zum ersten Mal *Das Erbe der Guldenburgs* über die Fernsehschirme lief, begleitet von Titelseiten und Interviews, Reportagen und Kritiken, da kam immer wieder im persönlichen Gespräch, in der Autogrammpost die Meinung durch: »Jetzt hat's die Hörbiger aber geschafft.«

Zu diesem Zeitpunkt hatte es die Hörbiger aber schon lange geschafft gehabt, zu diesem Zeitpunkt hatte sie zehn Jahre am Burgtheater hinter sich, mit Rollen wie dem Gretchen in Goethes *Faust*, der Inken Peters in Hauptmanns *Vor Sonnenuntergang*, sie hatte siebzehn Jahre Zürcher Schauspielhaus hinter sich, viele Sommer bei den Salzburger Festspielen, Hunderte von Tourneevorstellungen, sieben Filme, zahlreiche Fernsehrollen. Das alles stand hinter Christiane Hörbiger – und vor ihr stand die Gräfin Christine von Guldenburg und verdeckte die Sicht.

Seit damals trage ich den Gedanken mit mir herum, daß man das zurechtrücken muß, daß das rechte Maß wiederhergestellt sein soll.

Aber ein Erinnerungsbuch für einen Menschen schreiben, der doch noch lange nicht in einem Alter ist, da man Bilanz zieht, Rückschau hält? Wir waren in London, zu Besuch bei Sascha, Christianes Sohn. Nach stundenlanger Stadtwanderung standen wir in einer Filmbuchhandlung, zwischen langen Reihen von Biographien, Autobiographien, Dokumentationen, Drehbuchabdrucken, Arbeitsbüchern. Die Schauspieler, um die es da ging, hießen nicht nur Sir Laurence Olivier, sondern auch Albert Finney, nicht nur Peggy Ashcroft, sondern auch Glenda Jackson.

Und so fiel die Entscheidung. Das JA war gesichert – aber wie sollte das WIE aussehen? Und vor allem – WER? Wer sollte solch ein Buch verfassen?

Die Schreibmaschine im Haus ersetzt den Ghostwriter. Wir waren plötzlich alle einer Meinung – der Verlag, seit vielen Jahren »mein« Verlag, die um ihre Meinung gefragten Freunde, Sascha, und die Hauptperson selbst.

Und kaum hatte ich nun den Plan gefaßt, da kam mir in den Sinn, was alles da erzählt werden könnte! Immer wieder habe ich mir im Laufe der Jahre einen Satz notiert, einen Ausspruch, habe ich nach einem Interview von Christiane etwas zurechtrücken oder ergänzen wollen. Um das Verhältnis zu der berühmten Mutter Paula Wessely befragt, hat Christiane einmal im Fernsehen gesagt: »Ich bin sehr froh, daß alle Gefühle, die ich jemals für sie hatte, jetzt in eine zärtliche Hochachtung münden, ja – in eine zärtliche Hochachtung, auch was ihre Lebensleistung anbelangt. Aber dazu mußte ich mich eben erst einmal entfernen, vor langer Zeit.« Gesagt ist das schnell, und schnell vergessen. Aber einmal aufgeschrieben, bleibt es.

Die Schauspielerin Christiane Hörbiger kennt man, mag man zu kennen vermeinen. Aber unter welchen Umständen sind diese Bühnen-, Film- und Fernsehfiguren geformt worden, gewachsen? Wer weiß von der Mutter, die mit dem kleinen Sohn an den freien Sonntagen, den einzigen Tagen ohne Probe, den Uetliberg in Zürich entlanggewandert ist, die ihm von den Tieren erzählt hat, die sich ihr Reisegeld verdienen, damit sie Sascha am Heiligen Abend besuchen können?

Daß Christiane tagelang, wochenlang sitzt und lernt, mit unglaublicher Disziplin – das sieht ihr Publikum nicht, kann es ja nicht sehen. Daß das Ergebnis freilich aus einer großen Begabung kommt, das mag man verstehen – aber wieviel anderes steht vor diesem Ergebnis, vor einem Erfolg!

Und die vielen nicht ganz so wichtigen Fragen! Im *Erbe*

der Guldenburgs trägt eine Figur den Namen »Nane«, und schon kommen die schriftlichen Anfragen, ob denn das die richtige Schreibweise sei, weshalb die Tochter in der Handlung den wirklichen Kosenamen der Fernsehmutter trage. Und immer wieder beantwortet man dann diese Frage: Nein, »Nane« habe nur der Vater gesagt, wenn er streng war, hingegen die Freunde, sie hätten eher zu »Nani« oder »Nanni« geneigt, aber lieber sei es jener Nane-Nanni, wenn man sie mit ihrem wirklichen Namen rufe, »Christiane« eben.

Und wie oft kommt die Frage: Wie war das denn? Wann bist du von Wien nach Zürich gekommen? Was war das, was der Oskar Wellauer damals für dich getan hat? Er hat mir geholfen, den Nachlaß von Rolf zu ordnen. Du hast mit dem Ernst Deutsch oder noch mit dem Aslan im *Nathan* gespielt? Mit beiden. Ah ja. Und ob wir in München im Freundeskreis lachen, im Hamburger Fischrestaurant sitzen, in der Badener Käsehütte stehen – unweigerlich werden Geschichten erzählt.

Manche Geschichte ist so gut und so wenig von familiärer Diskretion behindert, daß sie das Leben in der freien Wildbahn verdient. Als Christiane bei der Überreichung der Goldenen Kamera neben Kirk Douglas saß, da drehte er sich nach seiner Frau um, sie hatte den Platz gerade hinter ihm. Und er sagte zu ihr, in seinem amerikanischen Deutsch: »Alles in Ordnung, gnädige Frau?« Eine kleine Erinnerung, aber eine an einen Weltstar, der für den Teenager Christiane Hörbiger schon seine Bedeutung hatte. Und nun war er ihr Nach-

bar, nun bekam sie die gleiche Auszeichnung wie er, am selben Tag, im selben Raum.
Aber mit dieser kleinen Geschichte sind wir ja schon mitten im Thema. Und dabei haben wir einander doch noch gar nicht kennengelernt!

Baden bei Wien, Oktober 1993 G. T.

Kennenlernen

Kennengelernt? Also, kennengelernt haben wir einander schon vor vielen Jahren.

Aber Christiane kann sich daran nicht erinnern. Das heißt, heute kann sie sich vielleicht daran schon wieder erinnern – aber vielleicht meint sie nur, sie erinnert sich, und in Wirklichkeit glaubt sie nur meinen Erzählungen. Ich kannte Christiane natürlich zu einem Zeitpunkt, da sie mich beim besten Willen nicht kennen konnte, das ist klar, und da sind wir auch einig.

In meiner Theaterbegeisterung hatte ich an einer Wand meines Zimmers im Haus der Großeltern ein Photo mit einer Szene aus Nestroys *Mädl aus der Vorstadt*, mit Richard Eybner, Josef Meinrad und – Christiane Hörbiger. Und ich weiß von vielen Abenden, an denen ich Christiane bewundert habe: als Cora im *Anatol* von Arthur Schnitzler etwa, im Akademietheater, dem Kleinen Haus des Burgtheaters, oder in einer Produktion des ORF, der damals noch Österreichischer Rundfunk hieß, da hat sie in einer Fernsehaufführung von Alexander Lernet-Holenias *Ollapotrida* eine hinreißend phlegmatische Wienerin gespielt.

Und dann kam es zu einer Reihe von persönlichen Begegnungen. Nur waren die nicht wirklich persönlich – da stand Christiane Hörbiger, und da stand ich, aber bemerkt hat sie das nicht, bemerkt hatte nur ich das.
Immer wieder sind wir einander 1967 während der Proben und Aufführungen zu *Faust I* und *II* im Burgtheater begegnet. Christiane war das Gretchen, in beiden Teilen, und ich war auch in beiden Teilen, aber im Chor. Und weil der männliche Teil des Chors weitgehend im gleichen Kostüm auftrat, wird Christiane wohl mein Kostüm bemerkt haben, zwangsläufig, aber eher nicht mich selbst.
Sie war wunderschön, das haben wir Chorfachleute allesamt konstatiert. Und da sie ja ohnehin unerreichbar war – erstens sie selbst, zweitens »Hörbiger« mit drei Rufzeichen und drittens überhaupt –, hat es auch nichts mehr ausgemacht, daß in diesen Monaten auch von der bevorstehenden Hochzeit mit einem Journalisten aus Zürich zu hören und zu lesen war. Christiane war ja ohnehin die pure Theorie.
Die Jahre vergingen. Ich war nicht mehr zwanzig, einundzwanzig wie zur *Faust*-Zeit, ich war dreißig und hatte eine allwöchentliche Hörfunkserie – das hieß damals noch Radio –, in der ich mich in einem Wiener Studio des ORF mit Prominenten traf und über neue Bücher, bevorstehende Premieren, frischgepreßte Schallplatten, einstige Erfolge unterhielt. Das habe ich beinahe vierzehn Jahre gemacht, die Liste der Gäste war stolz: von Leonard Bernstein bis Maria Schell, von Friedrich Torberg bis – Christiane Hörbiger.

Es muß 1976, ungefähr um die Zeit der Premiere des *Weißen Rößl* in der Wiener Volksoper, gewesen sein, da kündigte mir der Leiter der Sendung Christianes Besuch an. Ich mußte mich in diesem Fall nicht sehr intensiv vorbereiten, denn ich hatte vieles gelesen, manches gewußt, sehr vieles gesehen und hatte genügend Themen.

Sie kam, war ernst und schön, war sehr freundlich und ging ganz schnell fort. Sicher hatte sie gar kein Interesse an solchem Gespräch gehabt, aber im Theater hat man eben gesagt: »Schauen Sie, machen Sie das bitte, wir brauchen das, wegen der Werbung«, oder wie auch immer, auf jeden Fall war sie dann also da, saß im Studio, hat gute Antworten gegeben – und konnte sich an rein gar nichts erinnern, als ich ihr Jahre später von dieser Begegnung erzählt habe.

Aber eines Tages konnte ich ein Corpus delicti in Tonbandform bekommen, da lag nun der Beweis im Cassettenrecorder und da hat sie es schließlich geglaubt. Christiane meint heute, sie könne sich selbstverständlich erinnern, aber das glaube ich ihr nicht, ebensowenig wie im nächsten derartigen Fall.

Irgendwann vor vielen Jahren gab es eine Einladung im Keller eines barocken Bürgerhauses in der Annagasse in Wien. Vera von Eckel, eine belesene und meinem Freundeskreis nahe Dame der Wiener Gesellschaft, hatte eingeladen, der Keller war der des Bauunternehmers Alexander Maculan, und auch die Gästeliste war eindrucksvoll. Da waren Ernst Haeusserman und Susi Nicoletti, Heinz Holecek und Friedrich Hacker – und eben auch eine schöne blonde Dame, die mir bekannt vorkam, die ich aber nicht sofort erkannte. Christiane hatte sich im Laufe der Jahre verändert, hatte den frühen Tod ihres Mannes erlebt, hatte einen schon zwölf Jahre alten Sohn und war nicht mehr die gleiche.

Ich habe damals, ich erinnere mich absolut klar, versucht, mit dieser Fremden in irgendeinen Blickkontakt zu geraten, aber das gelang nicht. Sie trug ein schwarzes Kleid, saß am feudalen Ende der langen Tafel, ich am fröhlichen, und ich kann mich auch nicht erinnern, sie damals lachen gesehen zu haben. Außerdem ist sie recht früh gegangen, der Hausherr hat sie zum Ausgang begleitet. Heute weiß ich, daß sie damals nicht nach Hause ging, sondern noch eine Einladung vor sich hatte, beim damaligen Bundeskanzler Kreisky.

Wir saßen noch lange und hörten Friedrich Hacker, dem Psychiater, zu, wie er auf köstlich eigenwillige Art seltene Wienerlieder sang, und dann sind Holeceks und ich zum Haeusserman-Stammtisch ins »Grünwald« marschiert, und wenn ich mich nicht irre, wurde es noch ein langer Abend. Daß ich Jahre später solche Hacker-Wienerlieder-Abende mit Christiane wieder erleben sollte, aber dann mit ihr gemeinsam die Runde verlassen würde, das konnte ich damals nicht ahnen.

Das hat sie mir also auch nicht geglaubt. Das sei gewiß jemand anderer gewesen, sie nicht, also nein, sicher.

Eines Tages sehen wir Vera von Eckel beim Heurigen – ich glaube beim »Oppolzer« in der Himmelstraße, dort hatten wir längere Zeit eine hohe Besuchsfrequenz. Frau von Eckel kommt also auf uns zu und erzählt, es mache ihr soviel Spaß, daß wir uns seinerzeit bei ihrer Einladung in der Annagasse kennengelernt hätten. Wenige Tage später hat sie uns dann auch noch ein Kuvert mit einer Photoserie dieses Abends geschickt, da hatte ich die Beweise in der Hand, und Christiane konnte nichts mehr sagen. Ich war rehabilitiert.

Die Jahre vergingen. Ich hatte geheiratet, die Ehe war kurz und nicht nur glücklich gewesen, und ich wohnte in Wien in der prunkvollen Wohnung meines Freundes Michael nahe der Schönbrunner Schloßmauer.

Der Sommer gehörte damals schon lange Salzburg, und da vor allem dem »Fest in Hellbrunn«. Aber auch zu einem kleinen Teil dem ORF, der mich jedes Jahr einlud, einige Hörfunksendungen zu moderieren. Sendungen, die es nur während der Festspiele gab, die vor allem Gäste ins Studio brachten, die hier spielten, inszenierten oder als berühmte Besucher nach Salzburg gekommen waren. Ich pendelte zwischen meiner Arbeit als Intendant und dieser einen Stunde als ORF-Moderator, zwischen dem schönen Büro im Schloß Hellbrunn und der Dachterrasse des Café Glockenspiel im Zentrum der Salzburger Altstadt, zwischen zwei idealen Arbeitsplätzen also.

Die Hellbrunn-Premiere 1984 stand vor der Tür, alles ging gut, das Wetter war prächtig, die Gästeliste toll, und das versprach eine unterhaltsame Stunde. Die Sendung trug denselben Namen wie das Kaffeehaus, und ich hatte im Laufe dieser Woche schon Otto Schenk und Elisabeth Bergner hier begrüßt gehabt und erwartete nun, an einem Freitag, Christiane Hörbiger.

Ich habe solche Sendungen immer sehr gerne gemacht, und selbst heute nehme ich hin und wieder Angebote dieser Art noch gerne an, in Salzburg im Sommer, denn man hat eben Gäste zu erwarten, die man nicht täglich und nicht überall trifft. Das macht alleine schon Stimmung, und, wie gesagt, auch die übrigen Umstände haben dafür gesorgt, daß ich an diesem Tag guter Dinge und fröhlich war, und das hat mein Leben verändert.
Christiane Hörbiger kam alleine, in einem einfachen roten Kleid und mit den Begrüßungsworten, sie müsse auch gleich wieder gehen. Eigentlich hätte sie ohnehin lieber nicht kommen wollen, aber man habe ihr im ORF gesagt, sie solle vielleicht doch zu dieser Sendung gehen, die sei nämlich beliebt und gern gehört, und man brauche eben die Werbung für die Lesung, die der ORF mit ihr vorhätte. Sie war also nicht gern gekommen. (Aber dieses Mal kann sie es nicht mehr abstreiten, und als Beweis habe ich ja schließlich auch das Tonband dieser einen Stunde »Café Glockenspiel«.)
Schließlich saßen wir und sprachen, und ich versuchte, während die Musik eingeblendet wurde und wir nicht zu hören waren, diese Hörbigerische Hörfunkunlust auf irgendeine Weise in den Griff zu bekommen. Es wurde gelacht, und ich erwähnte, daß ich mit Schwester Maresa einst gemeinsam in Bern im Engagement war, und als ein Wind aufkam und mir die Unterlagen davonzutragen begann, während ich gerade sprechen mußte, hielt sie meine Papiere fest, und ich wußte, daß sie eben einen Film in Italien gedreht hatte: »Ja so was, in Sabbioneta, in der Nähe von Mantua, das kennen Sie

also auch, und wann sind Sie denn wieder in Wien? Aha, im September!« Dann gingen wir zu meinem Auto, und ich brachte Christiane Hörbiger zum ORF-Studio in die Nonntaler Hauptstraße und fuhr nach Hellbrunn.
Damit wäre die Geschichte eigentlich zu Ende. Ich hätte Christiane Hörbiger nach einigen Jahren wiedersehen, an unser letztes Gespräch erinnern können, sie hätte nichts mehr davon im Sinn gehabt, und so weiter, ad infinitum.
Aber dieses Mal kam es anders.
Ich verbrachte nach dem Ende der Festtage in Hellbrunn einige Wochen bei meinem Freund Gottfried Kumpf, dem Salzburger Maler mit der sizilianischen Abstammung, in seinem Haus im Burgenland, in Breitenbrunn am Neusiedlersee. Und eines Tages rief ich in Grinzing, Himmelstraße 24, an. Christiane hatte mir ihre Nummer gegeben, dieser Anruf war irgendwie, wohl nicht fest, aber in Umrissen vereinbart worden – wozu auch sonst die Telephonnummer?
Sie hat nicht abgehoben. Auch keines der durch Diktion und Sprechmelodie unverwechselbaren Familienmitglieder hat abgehoben. Eine strenge Frau war am Apparat, teilte mit, Frau Christiane schliefe, und was ich denn wolle. Ich erklärte, wir seien privat verabredet, und sie erklärte, das könne sie sich nicht vorstellen und Schluß.
Ich habe es nach zwei Stunden wieder versucht, dieses Mal konnte ich meinen Anruf auf irgendeine Weise, deren ich mich nicht mehr entsinne, an der Strengen vorbei bis zu Christiane Hörbiger schmuggeln, und wir vereinbarten einen weiteren Anruf. Der sollte nun zu

ihrer Schwester Maresa gehen, die in der Nähe wohnte und die sie zu besuchen gedachte, jeden Abend, nach der Probe.

Deshalb nämlich war Christiane Hörbiger in Wien – sie probte für eine Tournee, für *Tiefe blaue See* von Terence Rattigan. Die Premiere war für Mitte September in Baden bei Wien vorgesehen, und dann sollte es weiter gehen durch Österreich, Deutschland, die Schweiz.

Das mit dem Maresa-Anruf war mir peinlich – Maresa, ihr Mann Dieter und ich, wir hatten uns in Bern gut verstanden, waren ähnlich jung und hatten auch in Wien noch hin und wieder ein Treffen vereinbart gehabt, aber nun hatte ich mich seit Jahren nicht mehr gemeldet.

Ich rief also an, aber ich tat so, als sei das ein Anruf aus Höflichkeit, um zu wissen, wie es Maresa denn gehe, und als sie sagte: »Du willst doch mit meiner Schwester sprechen«, da zierte ich mich und ließ mich zu einigen Worten mit Schwester Christiane richtig überreden. Und dann vereinbarten wir, wir würden zum Heurigen gehen – und dieser Heurigenbesuch dauert bis heute.

»Der Vater kommt zur Premiere!«

Winter 1984/85: eine seltsame Situation für mich. Ich hatte ein Weihnachtsfest zuerst bei meinen Verwandten, meiner Mutter, meinem Stiefvater, dem Großvater verbracht, die damals alle noch in Salzburg lebten – und dann mit den Menschen in der Grinzinger Himmelstraße, die ich zwar alle kannte, gut oder weniger gut, in jedem Falle persönlich, und die waren plötzlich auch meine Familie.

Paula Wessely war ich einige Jahre zuvor, im August 1978, bei den Europäischen Hochschulwochen in Alpbach vorgestellt worden. Am Abend hatte sie Lyrik gelesen, die große Runde saß noch lange beisammen, in der Halle des »Bögler Hofs« gab es eine Endlosdiskussion über Fragen der Logik, und am nächsten Morgen wollte ich früh nach Hause fahren. Ich setzte mich an den Frühstückstisch, aber ich war nicht der erste Gast. Einige Tische weiter saß Paula Wessely, der Mythos, ich erhob mich und machte meinen Diener. Und ich wollte mich auch wieder setzen, aber dann hat sie mich mit einer Handbewegung an ihren Tisch eingeladen, und ich habe dreißig Minuten lang wenig, dafür aber Unsinn geredet. Ich wußte einfach nicht, was ich nun sagen sollte, und irgend etwas mußte ich doch sagen. Sonst hätte Paula Wessely mich ja nicht zu sich gebeten. Aber zum Glück hat sie selbst erzählt, vom Abend vorher und von den Gedichten ihres Programms, und ich hatte fast nichts zu tun, als aufgeregt dazusitzen.

Jahre später stand ich ihr dann in einer Garderobe des Akademietheaters gegenüber und werde auch keine bessere Figur gemacht haben.

Da ging es mir mit Attila Hörbiger schon anders. Am Berner Stadttheater hatte ich im *Zerrissenen* von Nestroy den Gluthammer gespielt, und die Rolle der Kathi gab Maresa Hörbiger. Die Probenwochen waren gut gewesen, nun kam die Premiere heran. Wenige Tage vorher sagt Maresa: »Der Vater kommt zur Premiere!«

Ein Schneesturm, der gefürchtetste Kritiker der Schweiz, ein Grippeanfall, alles wäre mir lieber gewesen als dieses »Der Vater kommt zur Premiere«. Neben vielen anderen Rollen zählte auch der Gluthammer zu Attila Hörbigers Paradeleistungen, und so mußte ich nun gewärtig sein, in meiner ganzen dreiundzwanzig Jahre alten Unsicherheit, mit einem Hauch Ahnung von diesem Beruf, von einer Hoffnung auf seine Beherrschung noch nicht einmal träumend, dem berühmten Mann gegenüberzustehen. An Flucht war nicht zu denken, und ein persönliches Treffen ließ sich kaum verhindern. Denn es gab ja eine Premierenfeier, die wollte ich auch nicht auslassen, und da würde also der große Schauspieler mit seiner Tochter sitzen, und die würde dann sagen: »Schau, Papa, das ist der Herr Tötschinger, der hat den Gluthammer ...« Nein, furchtbar.

Ich habe auf Nebel über dem Flughafen Bern-Belp oder vielleicht sogar über Zürich-Kloten gehofft, und die Musen haben mich erhört. Attila Hörbiger kam um einen Tag zu spät, da wurde *Romeo und Julia* gegeben, und ich war nicht besetzt. Aber ich hatte ebenfalls eine Karte, und so saß ich im Publikum neben Attila Hörbiger und war darauf sehr stolz, und ich kann mich an *Romeo und Julia* nur mehr erinnern, weil es zu einem kleinen Zwischenfall kam.

Maresa Hörbiger spielte die Julia, ihr späterer Mann Dieter Witting den Mercutio. Der gerät in einen Kampf mit Tybalt, und in diesem Fechtkampf nun griff sich Dieter-Mercutio plötzlich an den Kopf, an die Stirne oder an die Augen, das sah man nicht so genau, und lief ab. Nach Regie sah das nicht aus, und irgendwie übertrug sich die entstandene Aufregung von der Bühne auf den Zuschauerraum, auf jeden Fall aber auf den zukünftigen Schwiegervater des Mercutio, und so bat Attila Hörbiger, ich möge doch in die Garderobe gehen und mich erkundigen.

Für dieses Mißgeschick war ich dem Tybalt-Darsteller, wer immer das war, sehr dankbar. Es hatte zwar eine kleine Verletzung gegeben, aber eben doch keine wirklich schlimme, und ich war zu meinem Gespräch gekommen und konnte dem verehrten Sitznachbarn auch noch eine gute Nachricht überbringen.

Jahre später habe ich Attila Hörbiger daran erinnert.

Aber da waren wir schon Freunde, und ich durfte ihm »Du« sagen und war maßlos stolz.
Elisabeth Orth hatte ich auch schon gekannt, vor diesem Weihnachtsfest in der Himmelstraße 24 – wir hatten denselben Steuerberater, der uns beiden vor allem ein Freund und erst dann ein guter Ratgeber war, Fritz Smutny. Der viel zu früh Gegangene war ein wirklicher Theaterkenner, Musikliebhaber und Musiklexikon zugleich, und so habe ich jede Gelegenheit ergriffen, ihn zu sehen. Da war dann auch immer wieder Elisabeth Orth, und so waren mir die Bewohner oder ehemaligen Bewohner des Hörbiger-Hauses zumindest bekannt, als wir nun zum erstenmal gemeinsam unter dem Weihnachtsbaum sangen.
Hier war ich in der Zwischenzeit schon mehrmals zu Gast gewesen. Den ersten Blick in das Haus, besser, in seinen Hof, hatte ich am Abend des ersten gemeinsamen Heurigenbesuchs getan. Wir gingen die Himmelstraße hinunter, ich brachte Christiane bis zum Haustor, dem dunkelgrünen, doppeltürigen, und sie sperrte auf. Dann hat sie den rechten Flügel leise und langsam geöffnet, »Gute Nacht« gesagt und knapp vor dem Schließen der Tür noch auf die im Hof kreuz und quer aufgehängten Ergebnisse des eben beendeten Waschtags gezeigt. »Hier sehen Sie die Wäsche der Familie Hörbiger«, sagte Christiane und verschwand in ihrem Elternhaus.
1987 hat man Christiane um die Schilderung ihres Elternhauses gebeten. Hier ist sie.

Mein Lieber, ich habe Dir lange nicht geschrieben, aber ich bin gerade dabei, mich neu einzurichten – nicht mein Zuhause hier in Zürich, sondern meine Denkweise und meine Gewohnheiten, und das ist aufregender und vor allem entscheidender. Und dabei denke ich an früher – an den »Nestplatz«, wo alles angefangen hat, all das, was so ein Frauenleben dann ausmacht –, an mein Elternhaus. Merkwürdig, daß ich es immer an einem Sommermorgen vor mir sehe, wenn die Sonne durch die Blutbuchen, die Eiche und den Ahornbaum, die Riesen meiner Kindheit, scheint.

Meine Mutter besaß ein Gartenkleid, merkwürdiger Ausdruck für ein gelbrosa geblümtes Leinenkleid, bodenlang und ein bißchen ausgeblaßt, das sie manchmal beim Frühstück im Garten, von der weinlaubbewachsenen Hausecke behütet, trug. Keineswegs ein Kleidungsstück übrigens, mit dem man im Garten hätte arbeiten können, sondern eher ein »Gewand«, in dem man durch den Morgentau im Gras schlendern konnte. Ich glaube, sie haben, gemessen an den Jahren, gar nicht so oft stattgefunden, diese von ihr so geliebten Morgenspaziergänge im nassen Gras. Ich vermute, daß mein Vater, der zu uns Kindern weniger davon geredet hat, im Garten immer der eigentliche Herr des Anwesens war, denn er hat ihn immer gepflegt und behütet, seinen – unseren – Garten, und an diesem erinnerbaren Sommermorgen ganz besonders.

Du warst nie bei uns in der Himmelstraße? Komisch. Ich habe immer das Gefühl, Du kennst wie ich jeden Raum, jedes Möbelstück und jede Ecke der Himmelstraße 24.

Würde ich das Haus mit einem Hubschrauber liebevoll und lauernd umkreisen, sähe ich von oben die grauen Dachschindeln des großen Hauses und des kleinen angebauten Vorhauses unter mir. Ich sähe von oben das, was nach der Straßenseite hin so arrogant verschwiegen wird. Den schon erwähnten Garten, auf dessen grünem Mittelstück drei prägnant gesetzte Birken stehen. Drei Bäume – drei Töchter –, nur die Wunden und Freuden ihres Lebens sind zum Glück an der weißen Rinde nicht erkennbar, und so stehen sie unschuldig und ein bißchen dumm, aber sehr hübsch und unbeschädigt auf der Wiese.

Die beiden Blutbuchen, herrlich dunkelrot im Sommer, und bei Glücksaugenblicken schaut man am weißlichgrauen Stamm entlang ins reinste Himmelblau. Am oberen Ende des Gartens stand früher ein sogenanntes Teehaus. Ein kleiner, nach dem unteren Teil des Gartens geöffneter Rundbau, bestückt mit Bambusmöbeln, rot-weiß kariert bepolstert, ein Ort, um einen Hollywood-Filmvertrag nach längerem Zögern abzulehnen.

Wir Mädchen haben nach Kriegsende in den ausgetrockneten und verblaßten Überresten »Die Russen kommen« oder »Friseursalon« gespielt. Um unsere Hausangestellten zu schonen, hat man dort recht selten den Tee genommen.

Abwärts gehend: ein Zwetschgenbaum, viele Ribiselsträucher, den Zaun zur Himmelstraße entlang – bitte erspare mir die hochdeutschen Ausdrücke für diese wienerischsten aller Obstsorten – und dann die Terrasse: ein größerer betonierter Platz. Wir haben dort

Radfahren gelernt und es auch unseren Kindern beigebracht, die Hauswäsche, als sie noch von Wäscherinnen anstatt von der Maschine gewaschen wurde, trocknete dort; und zwischen feuchten und duftenden Wäschestücken radzufahren – hast Du dieses Vergnügen schon einmal gehabt? Ein unendliches Glücksgefühl, sag ich Dir, wenn einem während der Fahrt der Wind feucht duftenden Stoff ins Gesicht klatscht. Von dort kann man, über sonnengebleichte Holzbretter, den ersten Stock des Hauses erreichen, oder man geht durch einen kühlen, büschegesäumten Weg in den Innenhof des Hauses hinunter – ein von Holzsäulen eingerahmter, vor allen, aber auch vor allen bösen Blicken des Lebens geschützter Platz. Dort wurde und wird gegessen, diskutiert, gepackt, gesonnt, versammelt, gelernt, wurden Gäste empfangen, und dort wurde, vor allem, gespielt!

Nicht Theater, Gott behüte, das ist Beruf, das tut man anderswo. Wir Kinder haben dort, in diesem über alles geliebten Innenhof, unsere Träume ausgelebt, als hätten wir schon damals geahnt, daß uns das Leben nur in ganz seltenen Momenten unsere phantastischen Wünsche erfüllen werde.

Ich selbst habe dort meine Opernsängerinnenkarriere begonnen und beendet, die Säulen waren »del Monaco« und »Karajan« und alles, was so dazwischen anzusingen war. Ich habe in diesem Hof zwei Oscars in Empfang genommen und mich in wohlüberlegten Sätzen dafür bedankt. Ich möchte nicht indiskret sein, aber ich glaube, daß auch für meine Schwestern Clark Gable und Humphrey Bogart in diesen Grinzinger Hof geflo-

gen kamen, und für meine ältere Schwester vielleicht sogar Einstein oder der Papst persönlich.
Vom Hof kommt man durch einen kleinen Vorraum in die Küche. Groß, ungemütlich kalter Steinboden und doch: Am weißen Tisch in der Mitte hat die ganze Familie so zwischendurch ihre Gedanken ausgesprochen, weggetrunken oder in sich hineingegessen. Daneben ein kleines Zimmer mit der fertigen Wäsche und alten Zeitungen. Zwischen der Halle und der Küche wohl einer der wichtigsten Räume, das sogenannte Office, Betonung selbstverständlich auf der zweiten Silbe. Nur ein kleiner, dunkler, schmaler Gang mit Schränken voll Gläsern und Geschirr, aber: mit Telephon. Der ungeeignetste Raum, um durch den Draht zu flirten – ständig von den anderen gestört –, aber wir haben's dort allesamt, ohne Ausnahme und mit Vergnügen, getan. Auch Angebote, die unser berufliches Leben oft entscheidend veränderten, wurden dort angenommen oder abgelehnt.
Daneben: die Halle. Ein großer Raum mit einem Kamin, drei Fenstern, ebenerdig zur Himmelstraße hinaus, eine große breite Glastür, in den Garten führend, glückliche Momentaufnahmen, in meinem Hirn festgehalten, wenn im Sommer meine nackten Füße von heißen Steinen der Gartenplatten auf dem grauen Teppich drinnen landeten oder wenn zu Weihnachten das Feuer im Kamin brannte und Garten und Straße durchs Glas besehen weiß-blau hereinschimmerten.
Eine Stufe führt in die Bibliothek, Begegnung mit Büchern und Musik. Gegenüber dem altmodischen kleinen Plattenschrank ein Barockkasten, in die Wand hin-

eingebaut, und wenn man seine geschnitzten Türen öffnet: bunte Gläser und Flaschen. Diese Bar ist abzuschließen, unnötig, denn uns allen ist schlußendlich die Versagensangst näher als die Sucht, im Rausch zu versinken. Wir alle wissen um trügerische Gefühle – wir alle sind einfach zu vernünftig, um zu glauben, daß Alkohol uns beflügelt oder den Sternen näher bringt. Schade eigentlich, findest Du nicht – aber wir haben nun einmal mit keinem versoffenen Genie in der Familie aufzuwarten. Das heißt nicht, daß ich nicht gerne Wein trinke, oh, ganz im Gegenteil, aber wir alle wissen verdammt gut, wann und wieviel und warum wir's tun. Wir lieben uns alle selbst so sehr, so vorsichtig und so wachsam, Gott sei Dank. Oder leider? Nein, wir versinken nie ganz, nie unbedingt – wir sind zum Glück alle gottverdammte Egoisten –, drum werden wir auch alle so alt werden – und so einsam?

Daneben das Schlafzimmer meines Vaters, grün und braun, Mamis Bild über einer alten Truhe, Geruch nach Leder und nach Heu – vom Garten hereinkommend. Angrenzend Vaters Badezimmer. Nie wieder habe ich diese morgendliche Freude verspürt, wenn ein Mann mit viel Wasser und Düften seinen Tag beginnt. Der erste Stock. Das sogenannte Balkonzimmer – für mich der schönste Raum des Hauses –, ein breites Bett – zwei Fenster zum Garten, Bücher, ein dunkler alter Schrank. Ich hab dort geträumt, und das Wunderbare an diesem Zimmer ist, daß alles, was man dort träumt, sich erfüllt – drum will ich lieber nicht weiter davon berichten.

Daneben – das Schlafzimmer meiner Mutter. Schulberichterstattung, während durch die weißen gestickten Vorhänge die Baumwipfel vom Garten hereingrüßen, ein breites Bett, letzter und sicherster Zufluchtsort bei ausweglosen Schmerzen. Das Bett meiner Mutter, heute noch möchte ich manchmal unter ihre Decke schlüpfen, und – ich gesteh's Dir – ich tat's auch vor nicht allzu langer Zeit. Daneben ihr »Ankleidezimmer« – ein heiterer und schöner Ort, eingebaute Kleiderschränke, bespannt mit geblümter Seide, obendrüber, bis zur Decke reichend, weiße Kästen, einer davon hat noch immer sichtbar ein großes ausgebessertes Loch, er war abgeschlossen, als die Russen 1945 im Haus alles durchwühlten, und so schlugen sie die Tür mit dem Gewehrkolben ein. Dann ein dreiteiliger Spiegel – mich selbst mal drei zu sehen war für mich immer ein großes, aber heimliches Vergnügen –, in der Mitte des Zimmers eine weiße Couch. Anschließend ein gelb-weißes, sehr weibliches Badezimmer, das mich, wann immer ich es heute mitbenütze, sehr froh macht, als Frau auf dieser Welt zu sein. Im zweiten Stock ein großes, eher dunkles Kinderzimmer, Kirschholzschränke, Kirschholzbetten mit unendlich schlechten Roßhaarmatratzen – und wären wir nicht durch tägliches Ermahnen zur geraden Haltung gezwungen worden, hätte der Schlaf unsere Rücken gekrümmt. Ein runder Tisch unter einer gemütlichen Hängelampe, ein Waschbecken mit geblümtem Paravent – vor welchen Blicken sollte uns diese spanische Wand wohl schützen? –, und angrenzend eine Veranda. Warmes Licht – Sonne – durch weißlich verwaschene Vorhänge, Stöckelschuhe, die um sechs Uhr früh die

Himmelstraße hinunterklappern, Kirchenglocken, eine blutrote Sonnenkugel, die über der Stadt hochsteigt, Kindheitsgeräusche, Gerüche und Lichter – eingefangen in dieser Veranda, die bei Krankheiten, Liebeskummer und Zukunftsängsten eine beschützende Muschel war und es zuweilen heute noch ist. Mein Bub, der erschöpft vom Spielen dort einschläft, ich lege mich neben ihn, um durch Wärme seinen Schlaf zu verlängern, und wache selbst erst viele Stunden später wieder auf. Das zweite größere Zimmer unter dem Dach ist grün mit weißer Wandbespannung, neben dem grünen Kinderbadezimmer gelegen. Ich habe in dem grünen Zimmer viele Jahre später mit Mann und Kind für einige Monate gewohnt, es ist noch voll mit Briefen und mit Erinnerungen an diese Zeit, und ich betrete es nicht mehr gerne.
Über alldem ist nun nur mehr das Dach unseres Hauses. Es ist ein sehr verläßliches Gebilde, so scheint mir, es hat die Familie beinahe ein halbes Jahrhundert hindurch beschützt und behütet, es war da – über uns – und hat ohne viel Gegenleistung, von ein paar kleinen Reparaturen abgesehen, mehr als seine Pflicht getan. Du bist selbst seit kurzem in ein neues Zuhause gezogen, wurde mir berichtet – hier also, statt Salz und Brot: Deine beiden Buben sollen dort so glücklich und behütet sein, wie wir es in der Himmelstraße waren.

Himmelstraße, Frankengasse, Schlossergäßchen

Eine gute Adresse ist wichtig. Ungern nur zieht man in etwas, das zum Beispiel »Chemiewohnheimsiedlung« heißt oder »Straße der siegreichen Brigade«. Die Adresse muß auch nicht unbedingt lauten »Schloß Versailles, erster Stock« oder »Kustodenstöckl, Belvedere« – obwohl man das schon ganz gerne hätte. Aber man kann mit Himmelstraße, Frankengasse, Schlossergäßchen durchaus zufrieden sein.

Über die Himmelstraße hat Christiane schon selbst geschrieben – und neben anderen Adressen wurden schließlich die Frankengasse und das Schlossergäßchen die wichtigsten.

Jemand mit einem absolut zur Seßhaftigkeit zwingenden Beruf wird sich nicht vorstellen können, wie wichtig Wohnen sein kann.

In Hotels zu wohnen, in schönen oder sehr schönen Hotelzimmern, ist für drei Wochen Urlaub pro Jahr eine gute Sache. Verbringt man zwei Drittel des Jahres im Hotel, dann sieht man das anders.

Ich bewundere Christianes Disziplin. Wohnt sie nicht in Zürich, in Baden oder in Wien, so kann sie mit einem guten Buch um acht Uhr abends zu Bett gehen, am Morgen trifft man sie im Hotel-Swimmingpool, und so geht das Tag für Tag. Ich hingegen irre deprimiert durch die Altstadt oder Fußgängerzone und suche ein Lokal mit lebender Musik, um dieses Gefühl der Einsamkeit loszuwerden. Ist die Hotelzeit aber vorbei und man kann an einem der Wohnorte auch arbeiten, dann ist Christiane glücklich. Sie wohnt gerne und kann das gut.

Auch als Hintergrund, als Halt kann solch ein Zuhause wirken, und sogar für die richtige Stimmung bei einem Interview ist eine bewußt gestaltete Umgebung wichtig. In Zürich habe ich Tausende Photos gehortet: Premieren, Urlaube, Familienfeste, Proben, die Wohnungen und ihre Veränderungen. Manche Aufnahme wirkt, Jahre nachdem man sie gemacht hat, wie eine Prophezeiung.

Da steht Christiane vor einer Kirche, neben einem Baum, wahrscheinlich in einem sehr frühen Frühjahr. Die Rolle ist mir klar – ein weißes Biedermeierkleid, ein breitrandiger Hut: sie spielt die Toni Wagner, Ferdinand Raimunds Freundin und Lebensgefährtin. Und die Stelle, an der sie da steht, ist auch klar – der Park ist der Kurpark von Baden bei Wien, die Kirche ist die Badener Stadtpfarrkirche St. Stephan, und dieses Photo zeigt nur eine der vielen frühen Verbindungen von Christiane zu der Stadt, die ihr ein drittes Zuhause geworden ist.

Immer wieder hat Christiane mit Themen zu tun gehabt, im Theater, beim Film, im Fernsehen, die ihrerseits mit Baden zu tun hatten. Schon eine ihrer ersten Filmrollen hat sie zu der Thermalstadt im Süden Niederösterreichs in Beziehung gebracht.

Kronprinz Rudolfs letzte Liebe erzählte, ein paar Jahre vor *Ferdinand Raimund*, wieder einmal die Geschichte der Tragödie von Mayerling, des Todes der jungen Baroneß Mary Vetsera an der Seite des Thronfolgers. Mayerling liegt in der Nähe von Baden, wo die Bezirkshauptmannschaft war (und ist). Vom dortigen Bahnhof fuhr der entsetzte Freund Rudolfs, Graf Hoyos, nach Wien, um die furchtbare Nachricht zu überbringen, und dort meint man noch heute, mehr als hundert Jahre später, man wisse mehr. Fährt man von Baden zur Westautobahn, so passiert man Mayerling, und geht man in Baden auf eine Sonntagnachmittagsjause, so kann man das im »Rudolfshof« tun. In Baden lebten die letzten direkten Verwandten der Mary Vetsera, und wenn man nach der Sonntagsmesse im Stift Heiligenkreuz einen Spaziergang macht, wandert man vielleicht zum Grab auf dem Heiligenkreuzer Friedhof.

Der Mayerling-Film, in dem Christiane die arme Mary Vetsera spielte, wurde 1955 gedreht. Christiane wohnte noch im Elternhaus und war von Umzugsplänen nach Baden weit entfernt.

Das Rollenphoto als Toni Wagner ist einige Jahre später entstanden. Auch Raimund hatte zu Baden mehrfach Beziehung. Der große Dichter besaß im nahen Piestingtal ein Landhaus, der zuständige Amtsarzt – »Landschaftsarzt« nannte man das im Biedermeier – war Dr. Anton Rollett und wohnte in Baden. Ein schneller

Ein Photo – ein Psychogramm. Christiane Hörbiger, gesehen von Roberto Ferrantini, Rom.

2/3 Oben: Paula Wessely, Elisabeth, Christiane. – Links: Noch zu zweit – die Schwestern Elisabeth und Christiane

4 Onkel Paul und Cousine Monika zu Besuch in der Schweiz – Beatenberg 1947

5–7 Oben: Goschi, die Cousine und Freundin, mit Maresa, Christiane, Elisabeth. – Mitte: Familie Hörbiger – komplett. – Unten: Sonnenschein über der Himmelstraße 24 – Mutter und Tochter

10 Vor dem Burgtheaterdebut, mit Vater Attila Hörbiger …

11 … und das Debut: Recha in »Nathan der Weise« von Gotthold Ephraim Lessing, mit Raoul Aslan und Adrienne Gessner, 1957

Gegenüberliegende Seite
8/9 Die erste Premierenfeier! Der Film »Der Major und die Stiere«, 1955 – von links: Hans Venatier, Attila Hörbiger, Fritz Tillmann, Chris Howland, Christiane Hörbiger, Hans von Borsody, Carsta Löck. – »Kronprinz Rudolfs letzte Liebe«, 1955. Als Mary Vetsera mit Rudolf Prack

12 Und wieder Film: »Immer die Radfahrer«, 1958, mit Hans Joachim Kulenkampff, Wolf Albach-Retty, Heinz Erhardt

13 Das erste Auto – Weißwandreifen, Schiebedach, der Traum jedes Teenagers der Fünfzigerjahre …

14 … und Rolf R. Biglers Cadillac vor dem Start nach Salzburg: Frau Maria, Sascha, Christiane

Gegenüberliegende Seite ▷
16–18 Mit Robert Lindner in »Ball der Diebe« von Jean Anouilh, Akademietheater, Wien 1958. – »Der Edelweißkönig«, 1956, ein Gustav-Ucicky-Film nach Ludwig Ganghofer, mit Rudolf Lenz. – »Der Degen mit den Genien« mit Josef Meinrad, ORF-TV-Film, 1961

15 Tourneepause mit dem Vater

19 Als Clarissa in »König Hirsch« von Carlo Gozzi, Burgtheater 1959, Regie Leopold Lindtberg

20 In Heidelberg – als Marie Louise in »Die Abenteuer des Háry János« von Zoltan Kodály, 1961

21 »Die Kinder« von Hermann Bahr, mit Attila Hörbiger und Ernst Anders, Tournee 1964

22 Als Hero in »Des Meeres und der Liebe Wellen« von Franz Grillparzer, Burgtheater 1963, mit Ewald Balser

Sprung in die Geschichte: Dieser Dr. Rollett war ein Schüler des Arztes Dr. Gall, der mit seiner »Schädellehre« heute noch berühmt ist. Diese Lehre meinte beweisen zu können, wie intelligent oder dumm oder abartig veranlagt ein Mensch sei – und führte diesen Beweis durch eine komplizierte Vermessung des Schädels. Dazu aber brauchte man eben auch Schädel – die konnte man im frühen 18. Jahrhundert vielleicht mit Hilfe eines Totengräbers aus einem Armengrab bekommen, aus dem Irrenhaus oder vom Galgen. So hatte man also arme Sünder und arme Narren zum Beweis – aber keine Genies.

Als nun Ferdinand Raimund 1836 durch Selbstmord starb, wurde Dr. Rollett gerufen, der nicht mehr helfen konnte und den Totenschein ausstellte. Bei dieser Gelegenheit hat er sich ein Andenken mitgenommen. Er war ein Schüler des Dr. Gall, Anhänger seiner Lehre, und nun stand er vor einem toten großen Schauspieler und Dichter. Die Versuchung war zu mächtig.

Als der Begräbnistag herankam, wollte Toni Wagner noch einen letzten Blick in den Sarg tun. Der wurde geöffnet, und da lag der tote Ferdinand Raimund. Allerdings ohne seine Schädeldecke, denn die befand sich schon in Dr. Rolletts Sammlung. Die arme Toni soll beinahe – oder wirklich – ohnmächtig geworden sein, und dann dürfte es einen Krach gegeben haben. Als der enttäuschte Mediziner die Trophäe herausgab, war das Grab längst zu, und so verwahrte Toni Wagner die Reliquie ihr Leben lang in einer Schachtel unter ihrem Bett.

Diese Toni Wagner also hat Christiane 1958 in der ORF-Fernsehproduktion *Ferdinand Raimund* gespielt.

Im September 1974 hatte Christiane in Baden Premiere. Das schöne Stadttheater bot den richtigen Rahmen für *Olympia* von Franz Molnár. Mutter und Tochter standen als Fürstin Eugenie Plata-Ettin und Olympia gemeinsam auf der Bühne, das Wetter war schön, die Stadt freundlich, die Premiere glanzvoll, Baden hatte bei Christiane Hörbiger einen großen Pluspunkt. Diese *Olympia* ging dann auf Tournee, quer durch den deutschen Sprachraum.

Die Proben hatten in Wien und in Baden stattgefunden, und die familiäre Nähe war nicht nur von Vorteil. Da war einerseits die große Paula Wessely mit ihrem privaten und beruflichen Rang als einer Fürstin des Theaters, andererseits die Tochter, die bereits eine bedeutende Karriere gemacht hatte – und da waren nun die Ränge, die beide Damen auf der Bühne zu verkörpern hatten, wobei es, gegenüber dem Beginn des Stückes, am Ende ja anders aussieht, denn da nimmt Olympia im Bühnen-Hofzeremoniell einen höheren Rang als die Fürstin Plata-Ettin ein.

Das nun hat der Paula Wessely nicht gefallen, und so dachten Regisseur und Ausstatter nach, wie man diese verzwickte Frage lösen könnte.

Man konnte.

Christiane kommt zu einer der letzten Proben, die in Kostüm und Maske sowie in richtigen Dekorationen ablaufen soll. Alles ist wie sonst, die Probe läuft, es gibt

kein Problem ... bis gegen Schluß in einer Szene die Hauptrollenträger zum Sitzen kommen. Und da ist nun irgend etwas ganz anders, ungewohnt und unangenehm, aber was?
Christiane spricht ihren Text, ist jedoch abgelenkt, nervös. Endlich merkt sie, was da geschehen ist: Sie sitzt tiefer als sonst. Wie das, denn der Lehnstuhl ist doch der gleiche oder gar derselbe wie immer –?
Paula Wessely hatte vor der Probe die Stuhlbeine abschneiden lassen, doch nur Christianes Stuhl mußte daran glauben, die anderen saßen alle wie bei den vorhergehenden Proben.
Aber so schlimm kann die Erinnerung an diesen Theaterärger nicht gewesen sein – Baden hat es jedenfalls nicht getroffen. Die Olympia hat sie der Kurstadt wieder einen Schritt näher gebracht.
Damit nicht genug. 1980 war Christiane bei den Salzburger Festspielen und 1988 in einer Inszenierung des Zürcher Schauspielhauses die Genia Hofreiter im *Weiten Land* von Arthur Schnitzler. Und dieses *Weite Land* spielt fast zur Gänze in Baden bei Wien, in einer Villa und in deren Garten.
Schon Paula Wessely und Attila Hörbiger waren ein berühmtes Ehepaar Hofreiter gewesen, und in Salzburg hatte Christiane einen Erfolg, wie ihn sonst, in Ernst Haeussermans Erinnerung, nur die Oper erlebt, aber nie das Schauspiel. Auch dieser Erfolg muß in Christiane eine angenehme Assoziation zu Baden ausgelöst haben.

Eines Tages wurde das Wiener Wohnungsproblem aktuell. Meine Wohnung in der Neubaugasse war zwar schön, aber der Verkehrslärm wurde immer schlimmer, und Parkplätze gab es auch keine mehr. Christiane wünschte sich eindeutig eine Art Zuhause, das sie an die Himmelstraße 24 erinnerte.

Ich begann zu suchen, und von Zeit zu Zeit fuhren Christiane und ich durch Wien und seine Vororte, um Adressen zu besichtigen. Da gab es abenteuerliche Angebote – immer wieder sollte man einen alten Herrn oder eine alte Dame mitkaufen, das Problem löse sich doch bald, nicht wahr? Ich wollte lieber in die Stadt, Christiane sehnte sich nach einem Grinzing von 1950. Ich hielt es für sinnvoll, in die Gegend zu ziehen, die am villendurchzogenen Westrand von Wien die Jahrhundertwende ahnen ließe und für uns, die wir uns einem Pendel gleich auf der Westautobahn ständig zwischen Zürich und Wien hin und her bewegen, ein ideales Basislager abgäbe.

Christiane hörte auf den Rat ihrer Mutter und drängte auf Süden, Thermenlinie, zumindest Perchtoldsdorf, wegen Luftfeuchtigkeit, besseren Wetters – und weil sie da eben schon irgendwie beeinflußt war.

Jeder, der solche Wochen und Monate der Suche miterlebt hat – und wer hat das nicht? –, kennt diese Probleme. Wir freuten uns auf Swimmingpool und Sauna in einer Villa inmitten eines Gartens – und standen mit dem Immobilienhändler in einem unkrautüberwucherten Trümmerfeld, das noch Reste von Swimmingpool, Sauna, Villa erkennen ließ. Wir beendeten alle Diskussionen angesichts der Aussicht auf ein Haus, das für Peter Altenberg ein Anlaß für ein Feuilleton gewesen wäre und das auch noch in der Nähe von Wien lag. Den Ortsnamen hatten wir noch nie gehört – umso spannender, los ging's! Nachdem wir von Wien schon über achtzig Kilometer entfernt waren und nach der Beschreibung noch einiges an Strecke vor uns haben mußten, ließen wir ab vom Feuilleton und kehrten in die Realität zurück.

Das Problem, ob West oder Süd, wurde mit einem klassischen Kompromiß gelöst, und wir entschieden uns für ein Objekt in Sulz im Wienerwald, mit Garten und alten Bäumen, einer Autobusstation neben und einem Gasthaus gegenüber dem Haus – ideal. Der Notar bereitete den Vertrag vor, wir zogen für den Sommer nach Salzburg, im September sollte unterschrieben und übernommen werden. Ende August stellte sich heraus, daß das alles gar nicht möglich war, aus unzähligen Gründen – Entmündigung, Überschuldung, Besitzer im fernen Ausland –, und das Ganze begann von vorne.

Ein Inserat hat dann das Problem ganz schnell gelöst. Ich las in einer Tageszeitung einen Text, der ungefähr so gelautet hat:

»Für Sonderlinge! Sehr eigenartiges Haus wird nur an privat und nicht gerne verkauft.«

Das war nun freilich reizvoll. Ich rief an, bekam die Adresse und stand in einem Gäßchen in Baden bei Wien, durch das ich schon als Kind beim Großelternbesuch mit Begeisterung gelaufen war. Die Lage

stimmte, das Haus stimmte, und so kam Christiane doch noch in ihr Baden.
Damals spielte sie gerade noch das *Weite Land* in Zürich, und wir überlegten einige Zeit, ob wir nicht anstelle von »Hörbiger-Tötschinger« zwecks Tarnung den Namen der beiden Hauptfiguren, »Hofreiter«, an die Türe schreiben sollten, schließlich waren sie ja wesentlich an der Entscheidung beteiligt gewesen. Aber das haben wir dann gelassen.
Wir sind beide in Wien geboren, und nun wohnen wir beide in Zürich und in Baden bei Wien und haben beide eine lange, teilweise gemeinsame Zeit in Salzburg verbracht.
Der Vergleich dieser Städte ist interessant – Christiane hat 1989 über Zürich eine kurze Betrachtung geschrieben.

Hoch über den Köpfen der Altstadtspaziergänger sitzt Karl der Große. Groß und beängstigend eindrucksvoll wird seine Persönlichkeit, wenn man sich die Mühe macht und zu ihm aufblickt, auf den rechten Turm des Großmünsters. Seit Jahrhunderten sitzt er dort. Und in diesen Jahrhunderten hat der alte Dom immer wieder den Zeiten, Moden, Kämpfen gehorchen und sein Aussehen verändern müssen. In diesen Tagen wird wieder einmal ein Gerüst abgenommen, und zum Vorschein kommt das alte Geländer der beiden romantischen Türme. Bald fünfzig Jahre lang war es verpönt – man hatte es ersetzt, denn seine Ornamente hatten, wenngleich nur sehr entfernt, an das unselige Symbol im Nachbarland erinnert: an das Hakenkreuz.

Wenn zu Silvester die Österreicher im Radio oder auf dem Stephansplatz die Uhr nach der Pummerin stellen, öffnen wir die Fenster, sehen auf Dach und Türme des Großmünsters und lauschen dem »Prosit Neujahr« der Zürcher Cousine von der Pummerin – außer, wir sind selbst in Wien.

Und dieser Zustand wird das ganze Jahr anhalten – zwei Reisepässe, zwei Heimatstädte, zweifach Ärger und die Freude und das Heimweh. Als ich im Vorjahr im *Weiten Land* von Arthur Schnitzler die Genia spielte – in Zürich, mit den Wienern Hans Hollmann als Regisseur und Helmut Lohner als Partner –, da wurden Heimweh im allgemeinen und Sehnsucht nach der Himmelstraße in Grinzing im besonderen so stark, daß ich mich einmal in das Flugzeug gesetzt habe und nach Wien geflogen bin. Aber das ist nur eine Rettung über wenige Tage – denn dort angekommen, dreht sich das Heimweh, als wär's ein Wetterhahn, in die Gegenwindrichtung.

Blau-weiß ist das Wappen von Zürich. Der blaue Himmel wölbt sich über dem blauen See, und die Berge dahinter, in ebenfalls blauer Ferne also, zeigen ihre weißen Gipfel. Die ernsten, hellgrauen Häuser werden unter der fast südlichen, auf jeden Fall sehr westlichen Sonne mittelmeerweiß, und sogar die blau-weiße Straßenbahn vermittelt heimatliches Wohlbefinden. Blauweiß, Weiß-blau – Zürich erinnert an viele andere europäische Städte, aber trotz aller Couleurverwandtschaft nirgendwo an München. Doch da gibt es ein bißchen Prag und sehr viel Paris, seltsamerweise ein wenig Venedig und immer wieder Hamburg.

Gerade mit der stolzen Hansestadt im Norden wird, nicht nur von mir, Zürich immer wieder verglichen – da sind die Freude am Handel und der Stolz auf das Geschaffene, die evangelische Tradition und die vornehme Zurückhaltung und eben immer wieder der See. Geht man in Zürich übers Bellevue und sieht, wie nahe hier der Zürichsee den Häuserzeilen kommt, wie das mächtige Passagierschiff die Omnibuslinie ergänzt, sieht die Segelschiffe, die bezeugen, daß man hier nicht nur von Arbeit, sondern auch von Freizeit etwas versteht, dann wird man sehr an Hamburg erinnert – ein Umstand, der bei meinen langen Fernsehwochen an der Alster das Heimweh schwinden läßt.

Eine Stadt an einem Fluß – schön; eine Stadt an einem See ist für eine Wienerin beinahe schon etwas Exotisches. Aber eine Stadt an einem Fluß und an einem See – da muß man zum Lob in die Literatur flüchten. Gottfried Keller ist gleicher Meinung, er schreibt im »Grünen Heinrich«: »Zu den schönsten vor allen in der Schweiz gehören diejenigen Städte, welche an einem See und an einem Flusse zugleich liegen, so daß sie wie ein weites Tor am Ende des Sees unmittelbar den Fluß aufnehmen, welcher mitten durch sie in das Land hinauszieht. So Zürich...«

Gottfried Kellers Geburtshaus liegt ganz nahe von uns, in der Zürcher Altstadt, und ich muß beim Einkaufen nicht die Gedenktafel lesen, um mir sein Geburtsdatum zu merken – den 19. Juli 1819. An einem 19. Juli ist mein Sohn Sascha geboren, hier in Zürich, und er trägt den gleichen Heimwehvirus in sich wie seine Mutter. Beide haben wir zwei Pässe, einen roten und einen grünen, und wenn mir an dieser Stelle natürlich auch manches weniger Erfreuliche zu Zürich einfällt, so wird es einem doch schwer, vor der einen Heimatstadt über die andere zu jammern.

Die Donnerstagabende sind seit gut einem halben Jahr von Demonstrationen geprägt, die eine wohl immer ähnlich zusammengesetzte Gruppe Unzufriedener durch die Altstadt und zum Bewerfen der Auslagen treibt. Das Leben ist kälter geworden, wird mehr vom Geld bestimmt, hat viel von seinem wärmenden Charme verloren, seit ich, der Regiekunst Leopold Lindtbergs wegen, nach Zürich ans Schauspielhaus kam.

Dennoch, im Bodmerhaus steht man im Arbeitszimmer von Thomas Mann, die meisten Häuser in unserem Quartier tragen schöne Namen: Zum kleinen Karl, Zum großen Karl, Zum Sittich – meines ist das Haus »Zur Sonnenblume«. Das Kunsthaus zeigt Ausstellungen, die Begeisterte aus halb Europa anlocken – im Herbst Salvador Dalí, zur Zeit Richard Serra. Und nebenan, im Vorderen Sternen, sieht man Max Frisch. Immer noch gibt es das Panorama, eine Spielzeugschweiz neben dem Zoo – da stand ich, und Seilbahnen und Eisenbahnen, Sommer und Winter, Tag und Nacht haben eine winzige Schweizer Landschaft belebt und meinen kleinen Sohn entzückt, der jetzt, gar nicht mehr klein, ihr

großes Vorbild als Panzergrenadier bewacht, soweit ihm das von Thun aus eben möglich ist.
Mein Zürich – da muß man noch die eleganten Geschäfte erwähnen und guten Antiquariate, das Jugendstil-Café Odeon und die fröhlichen Gesichter der Zürcher beim Sechseläutenfest und daß man bis Mailand nur drei Stunden, ins Elsaß nur eineinhalb Stunden braucht.
Und daß es hier noch eine Zeitung gibt, die im Lokalteil Formulierungen findet wie »der Unhold konnte entkommen« und im Feuilleton so beruhigende Themen bespricht wie »Forschungsrosinen aus dem alten China«.
Seit meiner Kindheit habe ich das Gefühl, die Schweiz bestehe aus Bergen und Geborgenheit. Nach dem Krieg hat man mir diesen Eindruck zu geben vermocht, im Kinderheim von Beatenberg im Berner Oberland. Voll Dankbarkeit stelle ich fest, daß sich dieses glückliche Gefühl bis heute erhalten hat.

Christiane erlebt »ihr« Zürich natürlich mit meinen Augen noch einmal und anders. Ich liebe es, Nebengassen zu wählen, suche Gedenktafeln, alte Schornsteine und schöne Höfe.
Das Haus in der Frankengasse trägt den Namen »Zur Sonnenblume«. Ums Eck gibt es ein zweites Haus mit demselben Namen. Eigenartigerweise war dieses zweite Haus die erste Adresse der jungen Schauspielerin Chri-

stiane Hörbiger, als sie Leopold Lindtberg nach Zürich ans Schauspielhaus folgte. Dann hat sie ganz woanders gewohnt, zog schließlich mit Rolf Bigler nach Rüschlikon, etwas außerhalb, darauf wurde dieses Haus in der Altstadt gekauft, restauriert, dann wurde eingezogen, und so wohnte Christiane wieder in einem Haus »Zur Sonnenblume«.

Zur Zeit von Gottfried Keller lebten in der Frankengasse gleich mehrere Knopfmacher, ein Kammacher und in unserem Sonnenblumenhaus ein Schneider. Wenn man aus den Fenstern in die Gasse schaut, oder auf der anderen Seite auf den kleinen Platz, stellt man fest, daß sich seit Gottfried Kellers Zeiten dieser Blick nicht verschlechtert hat. Die Maße stimmen, die Atmosphäre ist von tiefer Harmonie geprägt, und so ist es wohl auch kein Wunder, daß die Menschen, die hier wohnen, miteinander keine Probleme haben. Ich habe jedenfalls niemals in den Jahren, die ich nun hier lebe, einen Krach im Hinterhof erlebt. Und wenn es von Zeit zu Zeit ein »Quartierfest« gibt, lernt man all diese Nachbarmenschen noch besser kennen – und eine Hetz ist das dazu, ein Vergnügen also, auf schweizerisch ein »Plausch«.

Beim Umbau des Hauses, bevor Ende der Sechzigerjahre die junge Familie Bigler einzog, haben die Handwerker knapp unter dem Dach eine kleine Lücke gelassen – für die Schwalben. Sie hatte schon bestanden, und man hat sie nicht wegrationiert. Von ähnlicher Behutsamkeit ist die ganze Gegend – besser heißt das hier: das ganze Quartier. Natürlich hat Zürich, wie jede größere

Aus dem Gästebuch ▷

21. 4. 1975.

Es war einmalig in Ihrem „Herdäpfelstockhaus"!
Auf Wiedersehen und toi toi toi!!

Ihr
Peter Alexander
Alles Liebe Eure
Hilde

Mit viel Dank und in herzlicher Freundschaft –
Marcel Prawy
2. Mai 1970

Lilli Palmer
(Fido, Fido – er will aber nicht kommen!)
Fili Thompson

11.-10.-69
Danke von Herzen!
Ihre Annelore
Rothenberger
+

Es war einmal.....
25.V.69
Herzlichen Dank!
René Deltgen
+ Renée Deltgen

15.II.69

peter bichsel
27.2.69.

schon wieder! Hilde 14.12.71
und wie gern u. dankbarst!
Mami (Norma!)

4. Sept. 1973,

Bussi + Danke
tausend Bussi + Mansarde/Werk

der dankbare Michl Lehmann

31. 5. 74.
Wollenger.

[illegible] את: פושע: מגיע: (ולשמחה)*

E. Kishon
Jr.

* כן לא לגמרי!

Fritz Hochwälder + Susi

Thorberg einladen!

muß ich wiederkommen? Gerd Bucerius — ja!

... 70 Rolf Hochhuth und [illegible]

13./14. 4. 70

cherubin
[Vorher Redaktor]
Friedrich Dürrenmatt
PINXIT.

5. 3. 72

Friedrich Dürrenmatt

Helmut Qualtinger, Mäuli Qualtinger
+ F.P. Mosch

Stadt heute, schlimme Probleme. Aber rund um die Frankengasse ist doch noch vieles in Ordnung.
Viele Erinnerungen an die bald fünfundzwanzig Jahre in diesem Haus liegen in einer Schublade in der Küche. Hier hat Frau Maria in ein Büchlein mit grauem Leineneinband die kleinen und die großen Feste eingetragen. Manche dieser Feste haben nur aus einer guten Besetzung und einem gar nicht aufwendigen Abendessen bestanden, das aber immer köstlich war, weil eben von Frau Maria geschaffen. Sie hat in all ihren Zürcher Jahren wienerisch, für Zürich also exotisch interessant, gekocht, und sie hat diese Abende auf ihre Weise dokumentiert.
Da stehen die Namen der Gäste, dann die Speisenfolge, manche kleine Bemerkung findet sich, und hin und wieder hat sie auch noch den Preis des Einkaufs festgehalten. Nehme ich nun dieses Büchlein und vergleiche es mit dem Gästebuch – das ist eine Kulturgeschichte.
»31. Dez. 1971«, lautet die erste Eintragung. Sascha war drei Jahre alt. Attila Hörbiger hatte im Vorjahr, 1970, am Schauspielhaus Zürich den Urfaust gespielt, und jetzt sollte er hier eigentlich seit Monaten schon als Knieriem in Nestroys *Lumpazivagabundus* auf der Bühne stehen. Aber es war ganz anders gekommen. Attila Hörbiger war krank geworden, Fritz Lehmann, auch er am Burgtheater, sprang für ihn ein. Christianes Vater blieb in Zürich, in ärztlicher Behandlung. Frau Maria trägt zu Silvester 1971 als Gäste ein: »Hochwälder, Weck, Hörbiger, Baumgartner, Lehmann, Schenk.« Jetzt nehme ich Christianes Gästebuch zum Vergleich, da lese ich,

von Rolf Biglers Hand: »2mal Hochwälders«, und von eigener Hand: »Attilio Baumgartner, Attila, Fritz Lehmann, Bibi Gessner, Nicolas Gessner, Otto Schenk, Peter Weck, Mausi Weck.«
Manche Namen ziehen ihre Spur unbeirrbar durch das Gästebuch, vom ersten Tag bis zum vorläufig letzten. Den Häufigkeitsrekord stellt jedenfalls Christianes Freundin Ingrid Weck, »Mausi« gerufen, auf. Ihre im ganzen Freundeskreis bekannte und geschätzte Fröhlichkeit beweist sie durch ungezählte kleine Mäuse, die zwischen ernsthaften Autographen hervorgucken. Da verkündet eine dieser Mäuse, eher schematisch dargestellt, wohl gegen Ende des Abends zu Papier gebracht: »Ich komme sicher wieder!«, eine interessante Prophezeiung, nach jahrzehntelanger Freundschaft. Helmut Lohner hingegen hält den Rekord an Kurzmeldung: »Helmut« oder gerade noch »Danke. Helmut«.
Immer wieder findet sich Attila Hörbiger auf diesen Seiten, mit schwungvollem Attila-A am Beginn, manchmal nur mit Vornamen, selten mit einer kleinen Bemerkung: »Eishockey-Übertragung brutal unterbrochen wegen der Weiber!!! Attila H.«
Christianes Mutter fiele so etwas nicht ein, sie hält auch hier die Form: »Danke! Ganz außerordentlich! Mami.« Und wenn man liest: »Schon wieder Attila!«, so steht daneben: »– und wie gern und dankbarst! Mami.« Und das stets in einer unglaublichen Paula-Wessely-Schrift, als ginge es um einen Kalligraphiewettbewerb.
Friedrich Dürrenmatts Unterschrift sieht nicht zweimal gleich aus und legt so Zeugnis ab für einen unentwegt

rotierenden Geist. Da gibt es eine barocke Unterschrift, schwungreich-geschnörkelt, und die eines Erstklaßlers namens Dürrenmatt, eine in Kurrent- und eine in Spiegelschrift und viele, viele Dürrenmatt-Zeichnungen, signiert, zum Beispiel mit »Cherubin, vorher Redaktor Friedrich Dürrenmatt pinxit. 13.–14.4.70«.

Auch andere Gäste haben ganze Seiten gefüllt – wie Ephraim Kishon, der am Ende seiner Seite mahnt: »Thorberg einladen!« – und dann noch schnell das »h« durchstreicht.

Wenn man, wie ich, aus historischer Ferne und kritischer Distanz dieses Gästebuch betrachtet, wird man zwangsläufig neidisch auf viele dieser Abende! Da findet man auch noch Lilli Palmer und Bruno Kreisky, Robert Neumann, Werner Wollenberger, Wolfgang Rademann, Peter Bichsel, Anneliese Rothenberger, die Alexanders, die Schenks, die Reichenbachs – ich kann nicht das ganze Gästebuch abschreiben.

Und daneben gibt es also das Küchentagebuch: »18.1.1977. Frau Bucerius, 4 Personen, Gulaschsuppe, Topfentorte.« Ich habe diese Tradition der Frau Maria aufgenommen und trage ein wie einst sie. Das hat auch den Vorteil, daß man demselben Gast nicht zweimal hintereinander das gleiche Menü serviert.

Christiane ißt gerne. Das macht vielleicht das wienerische Erbe, aber es ist auch Ausdruck von Lebensfreude. Man muß in diesem Beruf ständig so sehr Disziplin halten, im Schlafen, Essen, Trinken, Lernen, da muß man, hin und wieder, wenn es einmal möglich ist, auch ein bißchen aufholen dürfen. Bei diesen seltenen Gele-

genheiten wird also reichlich eingekauft, Gäste werden gebeten, und dann wird aufgekocht.
Manchmal sieht Christiane irgendein Küchengerät, das ihr gefällt, das man vielleicht einmal wird brauchen können. Sie ersteht es, stellt es in die Küche und freut sich, und es dauert Jahre, bis es endlich zum Einsatz kommt. Aber es steht da als ein dauerndes Versprechen, als Erinnerung an einen Moment der Lebensfreude. Aber das bezieht sich auch auf die andere Adresse, auf Baden, und hier soll es doch um Zürich und Christiane gehen.
Das Haus in der Frankengasse ist schmal und hoch, man muß ständig Stiegen hinauf und hinunter laufen. Braucht man ein Buch, geht es ein Stockwerk höher, und will man zum Fernsehapparat, wieder ein Stockwerk. Diese viele und gesunde Stiegensteigerei ist ein sehr konkretes Souvenir aus dem 16. Jahrhundert, als das Haus gebaut wurde und Zürich noch eine Stadtmauer hatte. Innerhalb der Mauern gab es immer weniger Bauplätze, so baute man schmal und hoch, frühe Wolkenkratzervorläufer. Aber das hat seine Vorteile!
Vom obersten Stockwerk aus überblickt man eine hinreißende Dachlandschaft, man sieht die Türme des Großmünsters nahe vor sich und auf gleicher Höhe die Türme von Fraumünster und Sankt Peter. Der Blick reicht bis zum Zürichsee, über den kleinen Hafen und zu den Bergen. Hier heroben hat Christiane ihren Schreibtisch, der aus meiner Familie stammt und über Krakau und Wien nach Salzburg und endlich nach Zürich gekommen ist. Hier hält sie ihre unglaubliche

Ordnung – in der in ihr die Handelsschulabsolventin zutage tritt – in Dingen des Haushalts und der Steuer, im Ablegen von Briefen und Einordnen und sogar Wiederfinden von Dokumenten und Rechnungen.
Hier, im obersten Stockwerk, gibt es aber auch Hunderte, nein, Tausende Bücher, woraus sich im Falle des Weitersammelns ein Statikproblem ergeben könnte. Und es gibt eine Wand, mit grünem Filz verkleidet, die als eine Art Tagebuch der Christiane Hörbiger fungiert. Mit Stecknadeln festgehalten sieht man hier Photos und Briefe und Zeichnungen, den Vater als Faust, die Mutter privat, den Sascha immer wieder und viele Freunde. Eine Karikatur erinnert an die *Guldenburg*-Serie, ein Zeitungsausschnitt an Filmdreharbeiten in Stockholm.
Im Sommer kann es hier hoch oben, unter dem Dach, unglaublich heiß werden. Die große Gemütlichkeit, die von den alten Balken, dem offenen Kamin, der ganzen guten Atmosphäre des Hauses ausgeht, wird einem ziemlich gleichgültig, wenn man in der Julischwüle zwar auf den Zürichsee schauen, aber nicht hineinspringen kann, und so ist uns seit vielen Jahren die allsommerliche Zürich-Flucht nur recht.
Bis heuer haben wir jeden Sommer in Salzburg verbracht – ich stets von wenigstens Mitte Juni bis Mitte August. Christiane hat oft gerade in diesen Sommermonaten mit dem vielen Licht und den dadurch möglichen langen Drehtagen für Film oder Fernsehen gearbeitet, in München, Berlin, Hamburg. Und seit einigen Jahren versuchen wir, sobald es geht, nach Baden zu entkommen. Denn dort gibt es einen Garten. Diese gewaltige

Anlage ist circa hundert Quadratmeter groß – das ist gewiß nicht viel, verglichen mit dem Bois de Boulogne oder auch mit den fünftausend Quadratmetern des Himmelstraßengartens, aber es ist ungeheuer viel, verglichen mit dem Null-Quadratmeter-Garten in der Zürcher Frankengasse.

Dieser Badener Garten ist durch seine übersehbare Größe weniger ein Garten als eher eine Art Zimmer. Er bietet keine Möglichkeiten zu weiten Spaziergängen, und auch in der Gestaltung ist der Freizeitgärtner eingeengt. Christiane stellt sich einen Stuhl vor eine der Türen, die in das Gärtlein führen, setzt sich mit einem Text, den sie lernen muß, oder mit dem gerade aktuellen Lieblingsbuch in die Sonne und ist glücklich. Der so kleine Garten ist eben aufgrund seines Maßes nicht in der Lage, dem Benützer ein schlechtes Gewissen zu verursachen: »He, gieß mich, ich bin schon ganz braun!« – »Wann werde ich endlich die Zeit haben, mich auf den Rasenmäher zu setzen?« Das findet alles nicht statt, gießen dauert fünf, Rasenmähen fünfzehn Minuten. Man hat das beruhigende Gefühl, die ganze umfangreiche Gartenarbeit gemacht zu haben und hat doch nicht abgenommen.

Die Tür, die direkt von der Küche in den Garten führt, ist Christianes Lieblingsgartentüre. Man kann sie weit aufmachen, aus der Küche duftet es, in die Küche strömt das Sommerlicht, und all das kann uns das Zürcher Zuhause nicht bieten.

In der Gasse gibt es eine wunderbare Konditorei mit hervorragend schmeckendem Angebot und gutem Interieur, eine wohlsortierte Tabaktrafik und ein Reformhaus sowie besonders nette Nachbarn. Wir müßten eigentlich diesen Bereich, wenn wir keine beruflichen Verpflichtungen woanders hätten, überhaupt nicht verlassen, und ich sehe deutlich den Tag vor mir, da für Christiane und mich diese Gasse das werden wird, was für Diogenes das Faß war – nein, also jetzt muß ich das Thema wechseln, die Phantasie geht mit mir durch.

Die Wippe im Hof

Kinderphotos sind immer etwas Spannendes – einmal, wenn es um die eigenen Kinder geht, dann, wenn es um einen selbst und schließlich, wenn es um jemanden geht, den man persönlich gut kennt. Vor allem wenn man weiß, daß aus dem hier gezeigten grinsenden, posierenden oder hilflos im Kinderwagen liegenden Frühmenschen etwas ganz Besonderes geworden ist.

Bei Christiane kommt da gleich mehr zusammen. Natürlich rührt mich dieses Kind, das auf einigen Photos so verschlossen wirkt, das einfach gekleidet ist und dem man manches schon ansieht, was es späterhin prägen sollte.

Hinzu kommt natürlich, daß da auch immer irgend jemand Berühmter mit zu sehen ist. Einmal ist es die Mutter, einmal der Vater, ein anderes Mal der Onkel Paul, manches Mal sind es alle zusammen, und auch die Schwestern Elisabeth und Maresa lassen ja diese Kinderbilder zu Dokumenten für den Theaterhistoriker werden.

Allein das Haus, das den Hintergrund für diese dreifache Hörbigerkindheit abgegeben hat, muß ein gewisser Garant für eine frohe Kindheit gewesen sein. Der große Garten, die vielen Räume, die Möglichkeiten, etwas oder sich selbst zu verstecken, das Personal mit all den Gelegenheiten, sich zu verbünden – und dann natürlich drei Mädchen und ein Supervater! Wenn es wahr ist, daß Töchter und ihre Väter sich besonders gut verstehen, wenn sie sich verstehen, dann kann man sich vorstellen, wie es bei Hörbigers zugegangen sein muß. Das ansteckende Lächeln in Attilas Gesicht, seine Freude am Garten, an den Kindern, die Tage im Jagdhaus in der Buckligen Welt, das Motorboot auf der Donau, die Fahrten im offenen Auto – das alles ist eine gute Basis für eine frohe Kindheit.

Natürlich sind das besonders glückliche Umstände – aber wir wissen ja leider, daß auch glückliche Umstände keine Garantie für ein tatsächlich glückliches Leben ergeben. Hier aber hat das alles gestimmt. Kommt man mit Christiane in Salzburg in den Rittersaal der Fürsterzbischöflichen Residenz, dann kann sie einem zeigen, aus welchem Fenster die Kinder dem Vater beim Jedermann zugesehen haben und durch welchen geheimen Gang sie ihn danach treffen konnten. Und immer wieder erscheint im Gespräch plötzlich eine Kindheitserinnerung, an einen Spaziergang, einen Ferientag, öfter als im Gespräch mit anderen Menschen.

»Weißt du, das Leben in Grinzing war damals wirklich ganz anders als heute. Wenn du von mir willst, daß ich mich an meine Kindheit erinnere, muß ich mir vorstellen, wie das war damals.«

»Ja, sicher, Christiane, Grinzing hat sich verändert, aber die Zeit als Ganzes ändert sich ja ständig – das meine ich nicht. Was fällt dir zum Stichwort Kindheit als erstes ein?«

»Manchmal, ganz in der Früh, erinnert Grinzing noch an meine Kindheit, sonst kaum. Ja, was fällt mir als erstes ein –? Die Straßenbahnerkapelle, die immer am 1. Mai dem früheren Wiener Bürgermeister Seitz ein Ständchen gebracht hat, ein paar Häuser unterhalb von uns. Und dann, ja natürlich, der Umgang, die Fronleichnamsprozession! Ich hätt so gern Stoppellocken gehabt und ein Spitzenkleid, aber ich hab ein cremefarbenes Matrosenkleid tragen müssen und kurzes Haar, was mir aber heute, im Rückblick, doch schöner erscheint. Die Mama hatte da ja doch ein sehr sicheres Gefühl.«

»Gut, aber weiter, Thema Kindheit in der Himmelstraße – was fällt dir ein?«

»Die Wippe im Hof, auf der ich gestanden bin, ein lachender Morgen – daß ich glücklich war ...«

»Wie alt warst du damals?«

»Wie alt? Vielleicht fünf, und glücklich war ich dort bis zur Schule, oder vielleicht bis zum zehnten, elften Jahr.« Seltsam, wie viele Menschen der Schule wegen nicht mehr glücklich sind. Freilich kann man annehmen, daß es den meisten Menschen so ging (und geht), aber warum muß das so sein? An die Volksschule hat man noch eine gute Erinnerung, aber dann wird es tragisch. Christiane hat die Volksschule zuerst in Tirol besucht. Der Krieg ging zu Ende, im Osten wurde es gefährlich.

Attila Hörbiger war mit einem Gastwirt in Sölden in Tirol bekannt, schon seit Jahren. Immer wieder hatte dieser Wirt angeboten, die Familie möge zu ihm ziehen, wenn es in Wien beginnt ungemütlich zu werden. Und nun war es soweit.

Vater, Mutter, Elisabeth, Christiane und »die Goschi« zogen nach Sölden. »Die Goschi« starb in jungen Jahren. Sie hatte jahrelang die Familie betreut, zu der sie ja, als Nichte der Paula Wessely, gehört hat. Daß jedes Familienmitglied von ihr mit großer Hochachtung spricht, läßt mich sehr bedauern, daß ich sie nicht mehr kennengelernt habe.

Nun war also die Himmelstraße weit weg, die höchste Erhebung war nicht mehr der hügelartige Kahlenberg, sondern da stand plötzlich die Nordkette. Der Dialekt war anders, alles war anders. Im Herbst 1944 ging Christiane zum erstenmal in die Schule, nun also in eine Tiroler Schule. Daran hat sie keine starke Erinnerung.

Allerdings müssen diese Monate so voll von neuen und aufregenden Eindrücken gewesen sein, daß die Schule eher in den Hintergrund gerückt ist. Da waren die vielen neuen Gesichter, auch das Kind muß das ständige Reden über Krieg und Zukunft, Sorgen und Ängste gespürt haben. Christiane erzählt immer wieder, wie Elisabeth »Krieg« und »Flucht« gespielt hat, wie sie »ihre Habe« zusammengepackt, »sich gerettet« hat. Allein der Aufbruch aus Wien, aus der vertrauten Umgebung, muß für das sechsjährige Mädchen eine große Verwirrung bedeutet haben. Und dann ist der Vater auf

einmal fortgewesen, Attila Hörbiger wurde zum Volkssturm einberufen.
Er hatte diese Landschaft als Schauspieler kennengelernt – noch 1944 hatte er in Sölden *Ulli und Marei* gedreht – und später als Flüchtling; aber nun sollte er sie auf neue Weise kennenlernen – als Schifahrer im Hochgebirge. Attila Hörbiger wurde zu einem Schikurs geschickt, nach Madonna di Campiglio, und bald danach sollte er an die Front gehen. Der Einsatzort war schon bestimmt, das Stilfserjoch, der Abmarsch stand bevor, »da hat mir eine Torte das Leben gerettet«. Christianes Vater hat diese Geschichte gerne erzählt: »Mein Geburtstag ist vor der Tür gestanden, und meine unfreiwilligen Gastgeber haben mir, dem einquartierten Soldaten, knapp vor dem Fronteinsatz, eine Freude machen wollen. Da hab ich etwas geschenkt bekommen, das man in Wien schon gar nicht mehr gekannt hat – eine Torte mit dicker Creme. Von der werde ich zuviel gegessen haben, der Magen war an so etwas ja auch nicht mehr gewöhnt, und ich hab furchtbar Bauchweh bekommen und ins Bett müssen. Und wie ich wieder gesund war, war der Krieg zu Ende.«
Für ihn, den einstigen Offizier der kaiserlichen Armee, der mit der Gebirgsartillerie lange Zeit in den Dolomiten gelegen war und von Cortina bis Tre croci und von Schluderns bis Meran die ganze Landschaft gut kannte, war der kriegsbedingte Tiroler Aufenthalt eine Rückkehr in ein vertrautes Gebiet. Doch nun, als einfacher Soldat und mit fast fünfzig Jahren, noch einmal einrücken zu müssen, an die Front zu gehen, in für

Klardenkende aussichtsloser Lage, das war natürlich hart.
Paula Wessely saß also nun mit den beiden kleinen Kindern in Sölden, bangte um ihren Mann – und erwartete ein Kind. Im Jänner 1945 ist Maresa zur Welt gekommen, in Sölden.
Die Hörbigers zieht es immer wieder irgendwie nach Tirol, von wo sie ja gekommen sind. Christiane erinnert sich oft an diese Zeit, immerhin hat sie ein Jahr gedauert, und zum ersten Eindruck von Schule kam nun auch das Erlebnis der frisch angekommenen kleinen Schwester.
Die Zeit in Sölden und der Krieg gingen zu Ende, Attila Hörbiger kam unversehrt zurück, alles schien sich ganz langsam wieder zu normalisieren – aber im Haus in der Himmelstraße leider noch nicht, denn dort wohnten nun die Sieger.
So blieb die Familie in Tirol, bezahlte eine gewaltige Gasthausrechnung und wurde von einer Innsbrucker Familie aufgenommen, dieses Mal aber aus Freundschaft.
Die Weigands hatten (und haben) eine elegante Parfümerie im Zentrum, ein schönes Haus mit genügend Platz und offenbar auch ein großes Herz. Denn was immer man über diese Monate in Innsbruck bei Weigands zu hören bekommt, es wärmt dem Zuhörer das Gemüt.
Jahre später hat Attila Hörbiger sich auf seine Weise bei den Gastgebern von 1945 noch einmal bedankt. In dem von Willi Forst produzierten Film *Kaiserjäger* spielt er

einen Oberst. Der Film zeigt schöne Bilder aus den Tiroler Bergen, man sieht Schloß Tratzberg und Innsbruck, begegnet der erst vor wenigen Jahren abgerissenen Kaiserjägerkaserne wieder und erlebt die Filmbegegnung zweier Herren, wie man sie in dieser Perfektion nicht wieder sehen wird: Attila Hörbiger und Rudolf Forster. Und in dieser Szene erfährt man, wie der Kaiserjägeroberst heißt – Weigand. Das war also ein kleiner Gruß an die Familie, die sich der Wiener Flüchtlinge aufs herzlichste angenommen hatte und die heute noch kein Weihnachtsfest ohne handfesten Gruß vorübergehen läßt. Kürzlich kam ein Videoband mit der Post aus Innsbruck, auf das die Weigands ihre alten Schwarzweißfilme, auf Super-8 gedreht, überspielt hatten. Und auch damit haben sie Freude bereitet, denn da sieht man die Familie Hörbiger im Jahr 1945 in einem kriegsbeschädigten Innsbruck.

Die Lage in Wien beruhigte sich – die Worte wollen einem nicht in die Schreibmaschine: »beruhigte sich«, wenn man daran denkt, wie es in Wien 1945/46 ausgesehen hat. Die Stadt zerstört, die Straßen voll von Schutt, viele Österreicher als Soldaten in Gefangenschaft, viele zwar wieder daheim, aber schwer verwundet und invalid, die Stadt aufgeteilt in die Zonen der Besatzungsmächte – und das sind nur die deutlichsten Merkmale dieser Monate und Jahre. Denn man muß sich vorstellen, daß Wien nun eine Stadt ohne Juden war, daß Menschen, die noch sieben Jahre zuvor, nach Jahrhunderten des problemlosen Zusammenlebens, der harmonischen Gemeinschaft, auf das selbstverständlichste dazugehört hatten, jetzt ermordet, geflohen oder im Exil waren. Und wo war der Nachbar, der nicht hatte fliehen müssen? War er vielleicht bei einem Bombenangriff ums Leben gekommen? Aber dennoch, das Leben versuchte in eine normale Bahn zurückzufinden, die Himmelstraße 24 wurde wieder frei, und die Hörbigers kehrten nach Wien zurück.

Christiane ging nun in Grinzing in die Volksschule, und weil sie von dieser Zeit nicht viel erzählt, gibt es wohl kaum etwas davon zu berichten. Mehr beeindruckt hat sie damals vieles andere – das spielte sich vornehmlich im großen Elternhaus ab, und darüber hat sie ja selbst an anderer Stelle dieses Buches schon berichtet.

Immer wieder kommt sie heute auf ihre Großeltern zu sprechen, auf die Hörbiger-Großmutter, die sie noch gekannt hat. Hanns Hörbiger, der berühmte Großvater, war ja schon 1931 gestorben. Seine Witwe ist sehr alt geworden, und sie steht ihren Enkeln als Inbegriff einer guten Großmutter vor Augen. Die Eltern von Paula Wessely lebten damals beide noch, waren oft in Grinzing zu Gast und lebten nach dem Krieg, der sie um ihr Fleischergewerbe und ihre Selbständigkeit gebracht hatte, das ruhige Leben von Pensionisten.

Der stärkste Eindruck dieser Volksschuljahre war für Christiane die erste große, längere Reise, die sie alleine machen mußte – sie kam, wie viele Kinder damals, in ein Kinderlager in der Schweiz, nach Beatenberg. Der Aufenthalt dort sollte ihrer Gesundheit helfen – das hat er auch getan, aber darüber hinaus hat er einen Einfluß auf Christianes ganzes Leben gehabt. Denn die Erinnerung an ein Land, an dem der Krieg vorübergegangen war, ohne Ruinen, aber mit Schokolade, war so stark und wohl auch so gut, daß viele Jahre später die Idee, ganz nach Zürich zu ziehen, dadurch wohl vorbereitet war.

Angefangen hat es freilich nicht so gut. Denn da war einmal die Entscheidung, daß das achtjährige Mäderl weg sollte von den Eltern, den Schwestern, den Großeltern, die weite Reise quer durch Österreich – und dann ein Moment, der mir, wenn ich an ihn denke, das Herz zusammendrückt. Bevor die Kinder in die Schweiz durften, mußten sie, heute schwer vorstellbar, desinfiziert und auf Läuse untersucht werden – man hat ihnen also die Haare abgeschnitten. »Bitte nicht meine Zöpfe«, hat Christiane zwar leise gesagt, aber es mußte sein, und weg waren sie. Zum Glück war das aber nur der Anfang, denn wenn Christiane heute gelegentlich ein Ex-Kind trifft, das ebenfalls solche Monate in der Schweiz oder gar in Beatenberg verbracht hat, dann ergibt sich ein gutes Gesprächsthema. So werden diesem ersten schlimmen Eindruck noch viele gute Eindrücke gefolgt sein.

In unserem Photoalbum gibt es eine ganze Serie von Bildern aus dieser Zeit, und diese Aufnahmen hat Paul Hörbiger gemacht. Er hat Christiane in Beatenberg besucht, seine Tochter Monika war mit ihm. Wenn man den eleganten Herrn im Anzug so sieht, das berühmte Gesicht, das einem aus so vielen Filmen vertraut ist, ist man ihm noch heute dankbar, daß er damals den Weg in die Berge gemacht hat.

Der Volksschule folgten einige Jahre in der »Hofzeile«. Das ist ein geheimes Verständigungswort zwischen höheren und hohen Wiener Töchtern, die mit diesem Hinweis nicht nur den »Stall« klären, dem sie entstammen, sondern auch andere Gemeinsamkeiten deutlich machen. Die »Schwestern vom armen Kinde Jesu« hatten und haben ihre Schule in der Hofzeile im 19. Bezirk, in einer traditionell sogenannten bürgerlichen Wohngegend, und da es sich um eine private Schule handelt, für die man im Gegensatz zu den öffentlichen Schulen ja etwas bezahlen muß, haben sie sich bald einen Spitznamen erworben: »Die reichen Schwestern vom armen Kind Jesu«.
So einen Witz kann man in Wien nicht auslassen, ob er nun stimmt oder nicht. Denke ich an meine eigene Schule, das Akademische Gymnasium am Beethovenplatz, dem Wiener Konzerthaus gegenüber, so kommt mir auch ein griechischer Spottvers in den Sinn, den wir den Schülern des Theresianums nachgerufen haben. Ein alter Theresianer hat mir vor einigen Jahren erzählt, daß ebendieser Spottvers, nur umgedreht, gegen »das Akademische« gerichtet, schon in seiner Schulzeit während der letzten Jahre der Monarchie in Gebrauch war. (Ich kann ihn hier leider nicht zitieren – der Lektor würde ihn mir sicher streichen, aber ich gebe ihn gerne auf Anfrage bekannt.)
In der Hofzeile unterrichteten Klosterschwestern, und eine dieser geistlichen Lehrerinnen trug den Namen Sr. Maria Assunta. Noch nach mittlerweile vielen Jahren erinnert Christiane sich dankbar dieser Ordensfrau,

die die Kinder gern gehabt hat und ihnen auch etwas beizubringen verstand. In einem Interview Ende der Achtzigerjahre hat sie einmal von dieser Schwester und einer zweiten Lehrerin erzählt – und da kam plötzlich ein Brief, in dem sich Schwester Maria Assunta gemeldet und sich gefreut hat über die guten Worte in diesem Interview.

Der Heimweg von der Schule war eine aufregende Sache. Die Straßenbahn fuhr in großer Kurve am Ziel der Sehnsüchte vorbei – am Universum-Kino. Hier lauerten Glamour und Gloria, Hayworth und Hollywood, Rhett Butler und Clark Gable. Von Linda Green wäre auch zu berichten, dieser weltberühmten Darstellerin, die sich vornehmlich wenn nicht im Studio, dann auf der Kühlerhaube von cremefarbenen oder metalliséroten Cadillacs aufzuhalten pflegte, die Humphrey Bogart und Van Heflin um den Finger zu wickeln wußte – der großen, einmaligen Linda Green also, der Wunschfigur, von der sich Christiane niemals getrennt hat, die sie seit jenen Kindertagen begleitet und ihr zweites Ich wurde (aber nicht mehr ist). Erst als der deutsche Filmerfolg *Schtonk*, für den Oscar nominicrt, zu einem aufregenden Abend in Hollywood führte, oder als Christiane 1992 tatsächlich in Hollywood gedreht hat – da hat sie wieder an Linda Green gedacht.

Begonnen hat das alles also mit dem Universum-Kino und mit dem auch nicht weit von der Himmelstraße entfernten Roxy-Kino. Wie Odysseus auf seinem Schiff zwischen Skylla und Charybdis hindurch mußte, so ruckelte Christiane in ihrer Straßenbahn zwischen

Roxy- und Universum-Kino hindurch, und alle beide mußten umschifft werden, umstraßenbahnt. Da das Kino auf sie von jeher eine unwiderstehliche Anziehungskraft ausübte, hat sie sich dann auch irgendwie getraut, auf eine Unterrichtsstunde oder auf irgendeine andere ungeliebte Pflichtübung zu verzichten und ist stageln gegangen, wie »schwänzen« auf wienerisch heißt.

Das blieb nicht unbemerkt. Es hat sich von der Sieveringer Hauptstraße, an deren Beginn das Universum-Kino lag, rasch über die Grinzinger Allee bis in die Himmelstraße herumgesprochen: Die Nani sitzt im Kino. Ahnungslos, die geplagte Schülerin darstellend, kam sie nach Hause – außen Nani Hörbiger, innen Linda Green.

»Wo warst du?«

»Ich, Papa, du weißt doch, wie immer am Mittwochnachmittag, in –«

Und das Donnerwetter begann.

Manches Mal, wenn Attila Hörbiger Filmverdacht witterte, aber nicht sicher informiert war, gebrauchte er nach Indianerart eine Kriegslist – »Du bist gesehen worden –« und hat hin und wieder, derart auf den Busch klopfend, auch Erfolge gehabt.

Heute noch, wenn wir die Kurve mit der Kreuzung passieren, sagt Christiane wehmütig: »Dort drüben, wo jetzt der Supermarkt ist, dort war das Universum-Kino.« Nun weiß ich es ja eigentlich schon, aber solche Sachen muß man immer wieder sagen dürfen. Es macht den Kummer leichter.

Diese Kino-Begeisterung hat Sascha 1:1 übernommen. Freilich heißt Clark Gable heute Kevin Kostner oder wie auch immer, aber die Sehnsucht ist die gleiche. Und wie einst Christiane, kann er diese Sehnsucht ausleben, kann sie zu seinem Beruf machen, und das ist ein großes Glück. Jetzt halten wir die Daumen, daß Sascha aus diesem großen Interesse wirklich einen Beruf machen und dann auch davon leben kann. Aber während ich hier sitze und erzähle, lernt er am AFI, dem American Film Institute, und hat schon zwei Jahre an der Londoner International Film School hinter sich – also sieht es doch eigentlich ganz gut aus. Und in einigen Jahren werden wir vielleicht über diese letzten Zeilen schon lächeln, hoffentlich.

Bei Christiane war das ganz anders. Vier Jahre Hofzeile, offiziell, in Wirklichkeit Linda Green – aber der Traum hat sie ihrem Ziel nicht näher gebracht. Nun sollte sie noch weiter abdriften – denn auf die Hofzeile folgte die Handelsschule, und das kam so: Die Eltern hatten Sorgen, ob denn das mit Film und Theater weitergehen würde wie bisher, ob der Filmboom anhalten würde und ob sie selbst immer genug verdienen würden, für Haus, Familie und den ganzen damit notwendigerweise verbundenen Aufwand. Ein zweites Standbein, gediegen, bürgerlich, etwas Sicheres sollte gefunden werden.

In Preßburg, auf dem Platz vor dem Theater, hatte Attila Hörbiger einst per Zufall Herrn Schuh getroffen, Konditor aus Prag. An ihn erinnerten sich Christianes Eltern nun. (Bei einem Bratislava-Besuch im Frühjahr 1992 hat Paula Wessely mir die genaue Stelle gezeigt, an der das historische Zufallstreffen stattgefunden hat.) Mit Herrn Schuh wurde die Erwerbung und Führung einer Konditorei in Badgastein beschlossen, und der Plan wurde durchgeführt. Nun hatten die Hörbigers das sichere zweite berufliche Standbein, und man konnte beruhigt schlafen.

Man konnte nicht beruhigt schlafen. In der ersten Zeit war es schwierig, Durststrecken waren zu überwinden, Finanzengpässe galt es durch Zuschüsse aus Wien abzudecken. Aber – Anfangsprobleme! Das würde sich ja geben.

Nun mußte diese Konditorei in die Zukunftsplanung mit einbezogen werden. Wer von der Familie sollte sie inskünftig führen? Elisabeth bereitete sich auf die Matura und ein Schuljahr in den USA vor, Maresa war noch winzig – Christiane also! Und damit sie vor der Erlernung des Zuckerbäckerhandwerks auch die kaufmännischen Seiten der Selbständigkeit professionell kennenlerne – die Handelsschule. Christiane verließ die höheren Töchter, die armen Schwestern sowie den vornehmen Bezirk und machte sich Morgen für Morgen auf den endlos langen Schulweg von der Himmelstraße zum Gürtel, nahe Meidling schon, in die Handelsschule.

Als Christiane in die Handelsschule kam und schließlich auch schon vierzehn Jahre war und etwas darüber, war eigentlich ihre Kindheit zu Ende – ebenso wie dieses Kapitel.

Von der Buchhaltung zum Drehbuch

Im Morgengrauen aufstehen, mit der Straßenbahn bis zum Gürtel fahren, umsteigen in die Stadtbahn, den Gürtel entlang zur Handelsschule – zwei Jahre hat sie diesen Weg jeden Tag hinter sich gebracht, hat Schreibmaschine und Buchhaltung gelernt und sich auf die Konditorei vorbereitet.

Sie muß damals einfach gehorcht haben, denn daß ein junges Mädchen mit Hollywoodsehnsucht, dessen Schwester gerade Matura macht, so ganz einfach in einen Beruf will, der ihr keinerlei Glamour, aber tägliches Aufstehen im Morgengrauen verspricht, das kann ich mir nicht vorstellen. Christiane hat also gehorcht, hat nur mehr ihre Freundinnen aus der Hofzeilen-Schule gesehen, wenn man sich zufällig über den Weg lief – auch das kann nicht angenehm gewesen sein.

Der Snobismus von Halbwüchsigen, die ihre Cliquen zu bauen beginnen, die ihre Stärke und deren Grenzen ausprobieren, die in ihren Gruppen eine Hackordnung bilden, das muß sie da und dort, im privaten Kreis und in der neuen Schule, getroffen haben. Man gehört dann nicht mehr zu Grinzing & Hofzeile, aber auch nicht zu Gürtel & Handelsschule, und man leidet.

Christiane hatte einmal, wie andere Mädchen eben auch, in das Haus ihrer Eltern einladen wollen – im Mittelpunkt stehen, Gastgeberin sein, am nächsten Tag gut dastehen. Sie hat das mit ihrer Cousine, der Goschi, geplant, vorbereitet, durchgeführt.
Es war nur nicht sehr viel durchzuführen, denn nur wenige der Eingeladenen kamen, und die saßen lustlos herum. Dem Fest fehlte etwas. Irgendein anderer Garten war wohl gerade gefragt – das hat damals noch nicht »in« geheißen –, irgendeine andere Partyspeise oder -musik oder wasweißich hatten zu der Zeit unerreichbare Wichtigkeit. Das Fest ging jedenfalls gründlich daneben – und die Gäste gingen obendrein zu früh. Irgendwo anders war da noch eine zweite Einladung, da wollten sie noch alle hin, und auch das hatte niemand Christiane gesagt.
Diese Katastrophenparty lastet mir auf der Seele. Christiane wird sie wohl im Laufe der Jahre verarbeitet haben, aber sie hat mir diese Geschichte immerhin sicher zweimal erzählt, und ich weiß, sie hat manches Mal daran gedacht.
Wenn Sascha, noch vor seiner Matura, zu einem Fest ging, also auch zu einer Party, war Christiane immer besorgt, ob er denn von seinen Mitschülern anständig behandelt würde, hatte Angst um ihn, daß er sich ebenso kränken könnte wie damals sie.
Deshalb plane ich unentwegt irgendwelche Christiane-Hörbiger-Feste. Also, wenn man ganz ehrlich ist, nicht eigentlich deshalb – aber ganz sicher spielt das mit. Dieses Gefühl von Ausgeschlossensein, Nicht-mitspie-

len-dürfen, das gehört ja zum Unerfreulichsten, was einem in diesem gräßlichen Alter zwischen dreizehn und sechzehn passieren kann. Da ist ohnehin schon alles unerfreulich, ein einziges Durcheinander, alte, sichere Erkenntnisse werden wertlos, Freundschaften zerbrechen, man fühlt sich häßlich, und dann diese schauerliche Unsicherheit – wir wollen über Christianes letzte Schulzeit springen, als habe sie nicht zwei Jahre, sondern zwei Tage gedauert.

Hoch klingt das Lied auch hier von einer ganz bestimmten Lehrerin, die Christiane immer wieder erwähnt, weshalb mir ihr Name geläufig ist: Dr. Herta Gruber. Wie in der Hofzeile, so hat auch hier ein einzelner Mensch eine wichtige Rolle gespielt für die Heranwachsende, hat mit Güte und Verständnis Hoffnung bedeutet und das Schulleben leichter gemacht.

»Wir hatten in der Handelsschule am Wiedner Gürtel eine Klassenlehrerin, Dr. Gruber, die hat mich akzeptiert, wie ich bin, und hat mir damit geholfen. Eine Lehrerin, wie man sie träumt. Sie hat mir, obwohl ich in Buchhaltung eigentlich gar nicht gut war, die Chance gegeben, eine Prüfung bei der Handelskammer abzulegen, zu der eigentlich nur die Besten der Klasse zugelassen wurden. Sie hat zu mir gesagt: ›Du bist so gut in Maschinschreiben und Stenographie, du darfst zur Handelskammerprüfung antreten, da hast du wenigstens etwas, wenn schon das Zeugnis nicht so gut ist.‹ Und ich kann mich erinnern, ich hab mich hingesetzt, vierundzwanzig Stunden ununterbrochen, nur Stenographie auf Tempo und Maschinschreiben geübt. Die anderen, die ganze Familie, fuhr zu irgendeinem tollen Ausflug, kann ich mich erinnern, und ich hab das geschafft, mit Mühe zwar, aber doch. Was hätt ich tun sollen?«

Christiane erinnert sich des Endes dieser Schulzeit ganz gern. Sie war wohl nicht direkt für diese Laufbahn geschaffen, jedenfalls hat man diesen Schultyp nicht gerade ihretwegen eingeführt. Die Sache mit der Buchhaltung und der Schreibmaschine war nicht ganz ihre, aber immerhin, mit gutem Zureden, mit Beharrlichkeit, väterlichen Versprechungen und Gruberischen Ermahnungen und halt einfach irgendwie kam Christiane durch die Prüfungen und zu einem Abschluß.

Die letzte Prüfung näherte sich, und sie wurde tatsächlich abgelegt. Attila Hörbiger war 1954 wieder einmal zu den Festspielen nach Bad Hersfeld gefahren. Er spielte dort, wo man Hugo von Hofmannsthal zum Spiritus rector gemacht hatte, den Jedermann und den Bettler im *Großen Welttheater*, Jahr für Jahr. Nun kam die frischgeprüfte Tochter angereist, als Belohnung durfte sie den Vater besuchen.

Der Vater hatte aber neben seiner Theaterarbeit auch immer anderes zu tun, zu planen, vorzubereiten. In diesen Wochen gingen die Verhandlungen und Vorarbeiten für einen neuen Film, nach einem Buch von Hans Venatier, in die Zielgerade. Er sollte, wie das Buch, *Der Major und die Stiere* heißen. Attila Hörbiger spielte da einen Großbauern, Bürgermeister seines Dorfs, der mit den Besatzungssoldaten manches Problem hat – ein damals durchaus tagesaktueller Stoff. Den amerikanischen Major verkörperte Fritz Tillmann, dann gab es noch alte Nazis in zeitgemäßer Verkleidung, denen man aber auf die Schliche kam, viele schlaue Bauern und zwei junge Männer, die sich um ein Mädchen zu streiten hatten – einen amerikanischen und einen deutschen jungen Mann. Jener wurde von Chris Howland, dieser von Hans von Borsody dargestellt.

Aber dieses Mädchen gab es noch nicht. Die Produktion hatte sich viele junge Mädchen angesehen, hatte Vorschläge verworfen, sah die Zeit verrinnen. Und da war nun plötzlich ein junges Mädchen immer um Attila Hörbiger – »Was, deine Tochter? Ja schau! Und was wollen Sie denn einmal werden?« –, und schon war sie zu Probeaufnahmen eingeladen.

Vater und Tochter hatten nun ein Geheimnis, und als diese Probeaufnahmen auch noch erfolgreich waren und in ein Angebot mündeten, hatten sie ein großes Geheimnis.

»Das müssen wir der Mutter sagen.« Dieser Gedanke lastete über dem Star und der Anfängerin. Denn daß da nun aus einer Handelsschülerin eine Anfängerin werden sollte, das war ganz und gar nicht geplant gewesen, im Gegenteil. Und daß Paula Wessely so einfach einverstanden sein würde, das konnten sich weder ihre Tochter noch ihr Mann vorstellen.

Also nicht Konditorlehre, sondern Filmstudio, nicht bürgerliche Sicherheit, sondern Provinztheaterjahre, und die lange Planung umgeworfen – das mußte man der Mutter erst einmal beibringen.

Christiane hatte die väterliche Drehgenehmigung in der

Tasche, nun setzte sie sich in den Zug und fuhr nach Wien. Das Gespräch zwischen Mutter und Tochter war kurz und von einer gewissen Kargheit.
Ausgestattet mit dem Ja der Mutter, skeptisch gewährt, fuhr Christiane zurück, nach Wiesbaden, zum *FILM*!!! Das Ende eines Wechselbads, der romanhafte Abschluß eines Zickzackweges zwischen Klosterschule und Linda Green, Handelsschule und Konditoreivision war erreicht: eine Filmrolle.
Der Major und die Stiere ist immer wieder im Fernsehen zu sehen, und immer wieder bin ich verblüfft, wie die Sechzehnjährige von einst ihrem vierzehn Jahre später geborenen Sohn ähnlich sieht, oder besser, wie sehr Sascha die Züge seiner Mutter, seiner Familie trägt.
»Frierend um sechs Uhr früh losmarschieren, zweimal umsteigen, in eine ungeliebte Schule fahren – und auf einmal ist man der absolut verwöhnte Mittelpunkt einer Filmproduktion! Dieser deutsch-österreichische Film wurde in Wien gedreht, in den Sieveringer Ateliers, und sie waren alle so besonders nett zu mir – wohl auch, damit die ahnungslose Anfängerin nicht befangen ist, eine Leistung bringt. Ich habe das damals als natürliche, als ausgleichende Gerechtigkeit empfunden, hatte das Gefühl, das steht mir jetzt zu, nach der langen, nicht so lustigen Zeit.« Christiane kann sich sehr genau an diesen plötzlichen Wandel in ihrem Leben erinnern.
Als die ersten Muster da waren, als man sehen konnte, wie sie sich bewegte, wie sie wirkte, da hat Christiane erlebt, wie die anfängliche Skepsis ihrer Mutter nun dem ersten professionellen Ratschlag der künftigen

Kollegin wich: »Gut, aber jetzt ab ins Reinhardt-Seminar.«
Vorher hat Christiane noch schnell ihren zweiten Film gedreht, diesmal an der Seite ihrer Mutter. *Die Wirtin zur Goldenen Krone* ist eine Komödie um die Verwechslung zweier Damen, die von ganz unterschiedlichem Stand, aber von ganz ähnlichem Aussehen sind.
Und der Film ließ nicht locker. Eines Tages saß die junge Seminaristin kichernd und plaudernd in der Kantine des Filmateliers am Rosenhügel in Wien, da kam das Schicksal in Form eines Kameramannes, er hieß Günther Anders und gehörte damals zu den besten seiner Zunft. Man machte gerade Probeaufnahmen für einen neuen Film, und Anders meinte, mit der kleinen Hörbiger sollte man etwas versuchen.
»Die haben mir in den Sieveringer Ateliers ein Kleid angezogen, und da war eine Garderoberin, die hat gesagt: ›Fräulein Hörbiger, das ziehen Sie jetzt an.‹ Ich hab gesagt: ›Das ist zu eng‹, sagt sie: ›Nana, das hat auch die Romy Schneider angehabt.‹ Ich hatte damals schon meinen Ehrgeiz, und ich hab die Rolle der Mary Vetsera bekommen, und ab dann war der Himmel. Rudolf Prack! Groß und schön und berühmt und männlich und auch noch zu mir so bezaubernd!«
Das war also nun in kurzer Folge schon der dritte Film, und für Christiane war er der bis dahin wichtigste. Aber die Programmhefte – was heißt Hefte, das waren große Blätter, einmal gefaltet und so auf vier Seiten gekommen, nicht mehr –, sie zeigen alle Darsteller auf diesen zu Montagen zusammengestellten Photos, Christiane

nicht. Diese Programmblätter mit dem kurzen Text und den vielen Bildern, den verführerischen »Sascha-Film«- und »Gloria«-Symbolen, die wir alle gekannt haben, üben heute noch immer ihren Reiz aus. Und wenn auch kein Photo von Christiane zu sehen ist, so wird doch, selbstverständlich, ihr Name genannt. Zu Beginn ihres Wegs heißt sie »Christiane Wessely-Hörbiger«, und immer wieder liest man von ihr als »Christl«.

Die Probeaufnahmen für den neuen Film, er sollte zuerst *Im Schatten des Kaisers* heißen und wurde dann *Kronprinz Rudolfs letzte Liebe* betitelt, hatten also der jungen Reinhardt-Seminaristin eine neue Rolle beschert – und damit auch das Ende der Zeit im Seminar. Christiane war den Spuren ihrer Eltern gefolgt, auf diesem schließlich von Max Reinhardt geprägten Weg, in seiner Schauspielschule, aber sie hatte nur die Wahl Seminar oder Film. Denn die strengen Bestimmungen sahen vor, daß die Seminaristen ohne jeden Einfluß von außen ihre Ausbildung erleben sollten, nicht schon an einer anderen Schule gewesen sein durften, und auch eine vorzeitige Berufsausübung war ihnen nicht gestattet. So hatte Christiane zwar die schwere Aufnahmeprüfung bestanden, hatte vier Wochen lang Unterricht gehabt, aber dann holte sie die österreichische Geschichte in Form jenes Mayerling-Films ein.

Nach sieben Jahren Ostmark und fast zehn Jahren der Besetzung durch die Siegermächte des Zweiten Weltkriegs gab es einen großen Nachholbedarf an Österreichischem, und so erinnerte man sich wieder einmal der tragischen Ereignisse von Mayerling. Rudolf Prack, von dem Christiane noch heute schwärmt, stellte den Thronfolger von Österreich dar, Christiane spielte seine junge Geliebte Mary Vetsera. Prack beherrschte seinen Filmschauspielerberuf, er kannte seine Grenzen, er brachte seine Leistung und hatte auf die Damenwelt eine unbeschreibliche Wirkung. Die Aussicht, mit ihm zu drehen, ja überhaupt wieder in einer zentralen Rolle in einem Filmatelier zu stehen, war für Christiane stärker als der Ruf des Seminars. Die Praxis siegte über die Theorie.

Dazu kam, daß die Besetzung des neuen Films hervorragend war – in der Regie von Rudolf Jugert spielten Lil Dagover, Walther Reyer, Adrienne Gessner, Grete Zimmer, Erik Frey – und Christianes Vater. Er gab den Leibfiaker des Kronprinzen, den berühmten Bratfisch, auch er eine historische Figur und schon im Drehbuch seriös geschildert.

Für die Szene, die die dramatische Nacht von Mayerling zeigt, hat sich Attila Hörbiger etwas einfallen lassen. Selbst sehr musikalisch, hat er dem berühmten Kunstpfeifer und Liedsänger Bratfisch in dieser Szene ein kleines Denkmal gesetzt. Er spielt Zither – das Zitherspiel hat er extra für diesen Film erlernt gehabt –, und er spielt ein ganz bestimmtes Wienerlied. Er singt es nicht, er spielt es nur, und so muß man den Text kennen, um diesen Moment ganz zu verstehen. Attila Hörbiger spielt »Allweil fidel«, dessen erste Strophe, die bekannteste, mit den Worten beginnt: »Wann i amal stirb ...« Und daß er nicht dazu singt, das bewahrt den Augenblick vor der Gefahr der übertriebenen Sentimentalität.

»Ich hab mir gedacht, mit dem Rudolf Prack Walzer tanzen, das ist der Beruf. So gehört's, hab ich mir damals vorgestellt, und es war ja wie ein Traum. Aber die Realität war dann doch etwas anders. Meine Eltern fanden, nun sollte ich endlich den Beruf wirklich lernen. Aber ins Reinhardt-Seminar durfte ich ja nicht mehr zurück.«

Wenngleich Christiane sich gerne an die Mayerling-Zeit erinnert, so ist sie ihr doch auch aus einem ganz und gar anderen Grund dankbar – ohne diesen Film wäre sie nicht vom Seminar abgegangen, und ohne diesen Abgang wäre sie niemals Schülerin der wunderbaren Alma Seidler geworden.

Für Christiane ist diese Zeit des Lernens heute noch nicht selbstverständlich. Es gehört zu ihren stärksten und schönsten Erinnerungen, wie sie in die Seidler-Wohnung an der Ringstraße kommen durfte. »Sie hat sich soviel Zeit genommen für mich, sie hat mich reden lassen. Und wenn ich zum Beispiel von einer Generalprobe im Burgtheater berichtet habe, daß mir diese oder jene Schauspielerin nicht so gefallen hatte, dann hat sie mich oft behutsam korrigiert, hat mich nicht bloßgestellt. Sie war halt eine Naturbegabung an Pädagogik, ich verdanke ihr wahnsinnig viel.«

Der Unterricht bei Alma Seidler diente als Vorbereitung für das Debut am Burgtheater. Und dieser Beginn an jenem Haus, das damals als das erste des deutschen Sprachraums galt, stand unter einem nicht guten Stern. Christiane übernahm 1957 die Rolle der Recha in Lessings *Nathan der Weise*. Die Inszenierung von Lothar

Müthel war seit 1945 im Repertoire, und vor ihr hatten schon Elfriede Ott und Annemarie Düringer die Recha dieser Aufführung verkörpert. Nun stand Christiane mit ihren achtzehn Jahren neben der Theaterlegende Raoul Aslan auf der Bühne, der schon ihre Eltern angehörten, und sogleich munkelte man, zu diesem Engagement sei es ja ohnehin nur den verehrten Eltern zuliebe gekommen. Ein Wiener Kritiker nannte sie »die unbegabte Tochter der Paula Wessely«, und die Tränen, die sie damals geweint hat, hat Christiane bis heute nicht vergessen. »Man war ja so glücklich, wenn ein kleines Lob einen nur gestreift hat! Der Weigel war am Anfang auf mich losgegangen, aber dann hat er mich doch ganz gut gefunden, und der Torberg, der war der gefürchtetste, hat auch irgendwas Gutes über mich geäußert, ja sie haben sogar Irrtümer zugegeben! Was für große Leute das damals waren!«
Ob es ein wirklicher Trost war in dieser Situation, das weiß ich nicht, aber Christianes Filmkarriere lief neben dem Theater weiter. Es muß ein interessanter Kontrast gewesen sein, hier neben Aslan und Hermann Thimig Lessings Worte zu sprechen, und dort den Drehbuchtext von, zum Beispiel, *Immer die Radfahrer*.
Dieser Film wurde in Kärnten gedreht, in Gmünd. Immer wieder, wenn wir durch Österreich unterwegs sind, wird Christiane plötzlich aufmerksam, nimmt Witterung auf und stellt dann fest, daß sie in dieser Kirche, diesem Saal, diesem Städtchen schon einmal gedreht haben muß.
Auf einer leider nur wenige Tage kurzen Urlaubsfahrt

nach Kärnten sind wir auch nach Gmünd gekommen, da stand ich also am Originalschauplatz. Und Christiane hat von ihrem ersten Auto erzählt, das sie sich von der Gage dieses Films gekauft hat, kaufen durfte! Denn ihre Eltern haben diese Gagen behütet, und so hat Christiane ganz früh ein strenges Verhältnis zu Geld bekommen, hat es kultiviert und kann damit, da mag auch die Handelsschule eine späte Rolle spielen, gut umgehen. Das hat sie in mancher kleinen Krise gerettet. Aber ich habe schon bemerkt, daß sie diese Krisen meist nur selbst als solche sieht, in Wahrheit hat sie immer noch irgendwo für den Fall einer Krankheit, einer größeren Ausgabe für Saschas Schule eine Reserve. Solch eine Reserve mußte also dran glauben, und der erste Wagen wurde gekauft, ein maßlos schickes Auto, ein Karman Ghia, Inbegriff der Fünfziger- und Sechzigerjahre. Ein Photo zeigt die stolze junge Besitzerin vor dem glänzenden Wagen, der ihr kein Glück bringen sollte. Mit ihm hatte Christiane später einen schweren Unfall, und daß sie und ihre neben ihr sitzende Freundin noch so gut davongekommen sind, ist ein kleines Wunder.

Auto, Dreharbeiten, Sommertage in Kärnten, das alles konnte nicht darüber hinwegtäuschen, daß der Beginn am Burgtheater eigentlich kein glücklicher gewesen war. Paula Wessely tröstete ihre Tochter: Das sei zwar schlimm und tue weh, aber besser jetzt, da man jung ist, die Kraft hat, da man noch so viele Gelegenheiten vor sich hat.

Christiane blieb am Burgtheater, die Wunden heilten,

sie spielte viele Rollen, aber kaum eine Premiere, fast nur Übernahmen. Den Sommer 1957 verbrachte sie in England, um die Sprache besser zu erlernen, und besuchte in Eastbourne ein College. Während der Saison spielte sie dann die übernommenen Rollen, lebte das unbefangen fröhliche Leben einer jungen Wienerin mit gesichertem Hintergrund, und in diesen Jahren zeichnete sich eher eine Zukunft in Wien ab, ein Weg innerhalb der gesicherten Mauern des Burgtheaters, mit einem Freundeskreis zwischen Theater und Nobelbezirk.

Aber das Schicksal hatte mit ihr etwas anderes vor, und dieses Schicksal trug den Namen Ernst Haeusserman. 1959 übernahm Haeusserman die Direktion des Burgtheaters – er kam vom Theater in der Josefstadt. Schon als ganz junger Mann hatte er richtige Ratschläge zu geben gewußt, hat Schauspielerkollegen bei Vertragsabschlüssen beraten und zeigte Weitblick. Und so war es auch im Falle Christiane Hörbiger.

Die Mitwirkung im Ensemble, am Repertoire, das schien ihm für sie zu wenig. Sie sollte für einige Zeit Wien und das Burgtheater verlassen, war sein Ratschlag, und solch einen Ratschlag seines Direktors befolgt man. Zuerst wollte Christiane nach Göttingen, an das Deutsche Theater des berühmten Heinz Hilpert, dann aber wurde nichts daraus, und so führte der Weg von Wien nach Heidelberg. Am dortigen Stadttheater fand Christiane ein gar nicht provinzielles, gutgebautes Ensemble, Regisseure wie Herbert Kreppel oder Fritz Zecha und einen Direktor, der später, als Chef der Wiener Staatsoper, noch oft an die beschaulichen Hei-

delberger Jahre gedacht haben dürfte – Claus Helmut Drese. Christiane war Goldonis Mirandolina und das Klärchen in Goethes *Egmont*, sie war der Christopherl in Nestroys Posse *Einen Jux will er sich machen* und Napoleons Gemahlin Marie Louise in *Die Abenteuer des Háry János* mit der Musik von Zoltán Kodály – eine Rolle, die sie später auch in Wien im Fernsehen spielte. Christiane verdiente wenig, sparte sehr und war zufrieden. Und als sie nach einem Jahr ans Burgtheater zurückkehrte, warteten viele schöne Rollen auf sie.
Vorher allerdings führte der Weg von Heidelberg nach Salzburg – nicht mehr als Begleiterin der Eltern, nunmehr als Mitwirkende. Die Salzburger Festspiele 1961 bescherten Christiane die Rolle des Lottchen im *Bauer als Millionär* von Ferdinand Raimund, an der Seite ihrer Mutter stand sie auf der Bühne der Felsenreitschule. Hier, an ebendieser Stelle, hatte Paula Wessely viele Jahre vorher das Gretchen gespielt, in Max Reinhardts Regie, nun war sie Die Zufriedenheit.
Regie führte Rudolf Steinboeck, von dem Christiane mit großer Dankbarkeit spricht: »Er hat mich als das genommen, was ich bin, und er hat mir damit sehr geholfen. Ich hab gemerkt, er mag mich, und wenn man sich gemocht fühlt, dann gibt man das Beste. Es wäre ja so einfach, mit jungen Leuten zu arbeiten.«
Die Rückkehr nach Wien brachte Christiane zuerst auf die Bühne des Akademietheaters. Sie spielte in der *Reise* von Georges Schehadé. Am 13. Oktober 1961 hatte sie Premiere mit *Die Uhr schlägt eins* von Carl Zuckmayer, vier Wochen später war sie die Irma in *Die Irre von*

Chaillot von Jean Giraudoux – man kann also sagen, sie kam dran, vom Moment ihrer Rückkehr, ihrer Heimkehr an. Dennoch fand sie auch Zeit zu Privatem, zwischen Vorstellungen und nach der Probe. Und zu einer großen Veränderung ihres Lebens.

»Bildhübsch ist die Christl geworden ...«

Der wichtigste Mann im Leben von Christiane Hörbiger ist ohne Zweifel Sascha Bigler – ich kann mir nicht vorstellen, daß jemand jetzt auf so etwas wie eine Enthüllung hofft. (Dazu ganz schnell und sehr persönlich: Mir selber sind »Enthüllungsbücher« so gleichgültig, daß ich sie nicht lese, auch wenn ich sie geschenkt bekommen habe. Erinnerungen von Menschen, die man schätzt, deren Werk man kennt, Gedanken und Reflexionen – das ja, aber Enthüllungen? Wenn also die Diva X, entweder uralt oder schon seit einiger Zeit im Künstlerhimmel, mit dem Politiker Y vor einundsiebzig Jahren ein Pantscherl gehabt hat, interessiert das heute wirklich niemanden mehr, und wenn die weniger bekannte Schauspielerin Z, die durchaus noch unter uns, aber nicht so berühmt ist, wie die X es war, eröffnet, eigentlich seien ihr Frauen lieber – was soll man mit so etwas anfangen? Es ist so total gleichgültig, ob die Z lieber Männer oder Frauen mit sich beglückt, daß ich das gar nicht wissen will.)

Ich glaube auch nicht, daß der Publikumskreis, den Christiane Hörbiger sich im Laufe von vielen Jahren erobert hat – mit strenger Rollenauswahl, sich niemals schonend, immer den Beruf, das Publikum, die Rolle ernst nehmend –, auf die »Wahrheit über Christiane H.« aus ist. Ja, freilich hat es da die Jugendliebe gegeben, den heutigen Anwalt, oder den unbeirrbaren Liebesbriefschreiber, den viele Theaterbesucher kennen – aber daß *ich* diese Namen nenne, ist von mir nicht zu erwarten. Das ist nun wirklich eine Sache von Christianes Privatsphäre, und wenn sie jemals ein Buch unter dem Motto »Jetzt rede ich« schreiben sollte, kann sie ja entscheiden, ob sie einen vielleicht seit Jahren verheirateten höheren Beamten daran erinnern möchte, daß er vor Jahrzehnten als Jüngling in Grinzing in einer lauen Sommernacht beim Heurigen ... also das muß dann sie entscheiden, und dann hat auch *sie* die Zores mit der Ehefrau. Ich halte mich aus all dem heraus. Das ist doch verständlich, nicht?

Aber lange bevor es Sascha gab, war, ja natürlich, zuerst viele Jahre »der Papa« der wichtigste Mann. Aber das ändert sich bekanntlich. 1957 begann Christiane, noch in der Zeit ihres Schauspielunterrichts bei Alma Seidler, mit den Proben zu einer Boulevardkomödie, deren Titel und deren Autoren, sie hatte gleich zwei, wir lieber nicht nennen wollen, denn da ist einiges schiefgegangen. Peter Loos führte Regie, aber nicht lange, das Stück dürfte ihm auch nicht so sehr gefallen haben, und ein junger Regisseur bekam eine Chance: Wolfgang Glück. Seine Regieassistentin war übrigens Elisabeth Orth, und Christianes Liebespaar-Partner hieß Otto Schenk.

Wie Peter Loos hat auch Christiane sich gar nicht wohl

gefühlt in diesem Stück. Aber nun war man ja schon mittendrin in den Proben, und wenn man so jung ist wie sie damals, hat man noch nicht das Selbstbewußtsein und wirft etwas so schnell hin.
Der junge Regisseur brachte das Stück, mit etlichen Adaptionen und Verbesserungen, bis zur Hauptprobe, und zu dieser Gelegenheit erschienen nun auch die beiden Autoren. Sie fanden, was da zu sehen sei, habe nichts mehr mit ihrem Werk zu tun, und zogen die Aufführungsrechte zurück. So hat es also keine Premiere gegeben. Aber Christiane hatte Wolfgang Glück kennengelernt.
Als sie beschlossen haben zu heiraten, kannten sie einander also schon jahrelang. Am 3. März 1962 bringt die »Arbeiterzeitung« ein Bild von Christiane in einem Kostüm mit Rokoko-Perücke und dem Begleittext:
»Bildhübsch ist die Christl geworden, seit sie mit Regisseur Wolfgang Glück verlobt ist, finden alle Freunde und Kollegen in Wien. Christiane Hörbiger, Tochter von Paula Wessely und Attila Hörbiger, schwamm sich am Heidelberger Theater in klassischen Rollen frei, ist zur Zeit hauptberuflich am Wiener Burgtheater, und ihre bisher größte Fernsehaufgabe bescherte ihr der WDR mit der weiblichen Hauptrolle in der *Nacht in Venedig*.«
Christiane war glücklich, ganz sicher. Daß die Ehe dann nicht gehalten hat, ist kein Wunder – in diesem Beruf ist es doch eher ein Wunder, wenn eine Ehe bestehen bleibt. Ständig andere Orte, man ist oft getrennt, hat immer neue Bühnen- oder Filmpartner und dann – da

hat der eine Erfolg, und der andere muß gerade einen Mißerfolg verkraften, oder man ist vielleicht sogar gemeinsam an einem Bühnenerfolg beteiligt, aber der eine kommt besser an als der andere. Da braucht es schon sehr viel an Philosophie und Charakter, daß man so etwas leicht hinnimmt.
Wie auch immer, Christiane Hörbiger und Wolfgang Glück haben am 27. Juni 1962 geheiratet. Die Zeitungen berichteten ausführlich, das Fest war prunkvoll und das junge Ehepaar glücklich. Es ging auf Hochzeitsreise, durch Österreich, Südtirol und Oberitalien nach Südfrankreich. Dort hatte das junge Paar das gewiß seltene Erlebnis, daß das Hotel abgebrannt ist und die Bewohner, also auch Christiane und Wolfgang Glück, mitten in der Nacht aus den Betten flüchten mußten. Das war wohl kein gutes Omen.
Am 20. März 1967 meldet die Schweizer Zeitung »Blick« denn auch:
»Christiane Hörbiger von ihrem Gatten Wolfgang Glück geschieden. Die beiden waren fünf Jahre miteinander verheiratet. Sie gehen im besten Einvernehmen auseinander ...«
Christiane hatte sich natürlich seinerzeit in den Wiener, den Regisseur, den gutaussehenden jungen Mann verliebt – aber wohl auch in seine Familie, in seinen Stil. Jedenfalls mußte sie selbst Franz Glück die Nachricht überbringen, daß er demnächst nicht mehr ihr Schwiegervater sein werde. Das hat Christiane getroffen, sowohl der Umstand als auch die Tatsache, daß sie selbst die Hiobsbotin sein mußte. Denn sie hat diesen Schwie-

gervater und seine Frau ganz außerordentlich geschätzt – Franz Glück war der erste Direktor des neugeschaffenen Historischen Museums der Stadt Wien, das in den späten Fünfzigerjahren eröffnet wurde. Sein Haus stellte den Inbegriff des kultivierten Wiener Bürgertums dar, und Christiane spricht auch heute noch, so viele Jahre später, mit Hochachtung von ihm.

Die jahrelange Verbindung zwischen Christiane und ihrem nun also geschiedenen Mann hatte dem Publikum etliche Vorteile gebracht. Der Regisseur Glück hat die Schauspielerin Hörbiger mehrmals mit guten Rollen besetzt, und so sind mir einige Fernsehabende in allerbester Erinnerung. Vor allem war da, in der Zeit des Schwarzweißfernsehens, die schon erwähnte Inszenierung von Alexander Lernet-Holenias *Ollapotrida.* Mit hervorragenden Partnern – Peter Vogel, Erika Pluhar, Sylvia Lukan – fand Christiane hier zu einem Tempo des Spiels, zu einem ganz eigenen Stil, ja zu einem so noch nicht von der Bühne bekannten Typ von Wienerin. Hilde Spiel schrieb in der »Frankfurter Allgemeinen Zeitung«: »Nun hat Christiane den Anschluß an die Eltern gefunden ...«

Da hat sich ganz früh eine jener Fähigkeiten der Christiane Hörbiger bewiesen, die ihr heute im Beruf so zugute kommen. Sie kann, freilich mit dem Regisseur gemeinsam, aber doch ganz wesentlich aus Eigenem schöpfend, ihre schauspielerische Phantasie auch im Komischen mit größter Zielsicherheit einsetzen. Sie übernimmt eine bestimmte Rolle, liest einmal, denkt immer wieder an diese Frau, um die es da geht, und

langsam entsteht ein Bild in ihrer Phantasie. Manches, das sie schon gesehen hat, eine skurrile Eigenschaft, eine absurde Angewohnheit, eine besondere Körperhaltung, ein seltsames Kostüm, kann sie nun verwenden. Und sie trifft den Punkt oft unglaublich genau mit einer Kleinigkeit – einem Tonfall, einer Bewegung, die sich wiederholt, oder, wie eben in *Ollapotrida*, durch das Sprechtempo, ja den Rhythmus der Person, die sie darstellt. Diese junge Frau war in allem etwas zu langsam, wirkte ein wenig phlegmatisch, und das hat, inmitten einer turbulenten Handlung, eine Komik ergeben, die jeden, der das damals gesehen hat, noch heute zum Schwärmen veranlaßt.
Als Christiane sich entschlossen hat, Wien zu verlassen und dem ab Herbst 1965 zum Direktor des Zürcher Schauspielhauses ernannten Leopold Lindtberg zu folgen, war ihre Ehe mit Wolfgang Glück noch aufrecht. Man hatte auch für Zürich gemeinsame Pläne, aber aus denen wurde dann nichts mehr. Der entscheidende Einfluß für diesen Ortswechsel war eben ein beruflicher, sie ging wohl aus einer Reihe von Gründen weg von Wien, aber aus einem einzigen Grund gerade nach Zürich, und dieser Grund hieß Leopold Lindtberg.
Ein sehr junger Leser wird nicht mehr wissen, wer Leopold Lindtberg war, und daß man heute schon manchmal seinen Namen erklären muß, macht traurig. Er war eine unglaubliche Persönlichkeit, von beeindruckendem Wissen und einem Reichtum an Phantasie und Seele, daß jeder denkende Mensch ihm schon bei oberflächlicher Bekanntschaft verfallen mußte. In sei-

ner Regie spielen, mit ihm über Proben, Auffassungen, Hintergründe sprechen zu können, gehörte in den Jahren, da ich Leopold Lindtberg aus nächster Nähe erleben konnte, zu den stärksten Eindrücken – und ich hatte, als Anfänger, eine größere Nähe zu ihm im Privaten als im Beruf.

Wie sehr muß also jemand wie Christiane, die in seiner Regie das Gretchen in beiden Teilen des *Faust* gespielt hat, die Rosalie im *Mädl aus der Vorstadt*, die Maria in Shakespeares *Was ihr wollt* und noch vieles andere, unter dem Eindruck dieses Humanisten gestanden sein. Sie ist ihm nach Zürich gefolgt, hat das feste Engagement am Burgtheater verlassen und verdankt so auch noch heute Leopold Lindtberg eine wesentliche Entscheidung, eine gute Entscheidung.

Am Burgtheater hatte Christiane ja eine lange Reihe von schönen Rollen gespielt. Aber nun kamen in Zürich neue Aufgaben auf sie zu, ein anderes Ensemble, geprägt von den großen Jahren der Vergangenheit, immer noch von hervorragendem Ruf im ganzen deutschen Sprachraum, und nun in einem neuen Aufbruch, im Zeichen der neuen Direktion Lindtberg.

Zu seinem achtzigsten Geburtstag am 1. Juni 1982 gab es einen eindrucksvollen Festakt auf der Bühne des Schauspielhauses. Christiane hat damals die Gratulation des Ensembles überbracht, und ihren eigenen Worten läßt sich entnehmen, welchen Stellenwert dieser Mann in ihrem Leben gehabt hat:

Meine Damen und Herren!
Eine Rede, eine Danksagung aus dem vorher zitierten »törichten Herzen«. Lieber Lindi, es gibt Menschen, die sind nie da, auch wenn sie immer da sind; und es gibt solche, die sind immer da, auch wenn sie selten da sind. Leopold Lindtberg gehört zu der zweiten Gruppe dieser Menschen, für mich jedenfalls und, wie ich sehe, für viele andere auch. Wenn dieser Leopold Lindtberg mir damals, sechzehn Jahre sind inzwischen vergangen, nicht einen kräftigen Tritt gegeben hätte, dann stünde ich heute nicht auf dieser Bühne. Die Bühne hätte es, fürchte ich, verschmerzt, ich dagegen hätte vieles versäumt.
Wahrscheinlich wäre ich immer noch das Wiener »Nannerl«, das ausschließlich mit dem alten Nestroy unter einen Hut zu bringen ist. Daß ich mich – von vielem übrigens – freigeschwommen habe, verdanke ich dir, lieber Lindi, dir in erster Linie. Ohne dich hätte ich nie den Mut aufgebracht, die Stadt, die ich liebte und die mir ans Herz gewachsen war, zu verlassen. Also den Absprung aus der zu frühen pensionsberechtigten Sicherheit verdanke ich dir.
Du hattest damals, vor ungefähr einundzwanzig Jahren, *den* entscheidenden Einfluß auf mich. Ich hatte schon eine gewisse Film-Vergangenheit hinter mir, als du begannst, mit mir zu arbeiten; keine Oscar-verdächtige, aber eine in den auslaufenden Fünfziger- und Anfang der Sechzigerjahre übliche, und ich hatte dadurch, neunzehnjährig, bereits meine erste Berufsdepression.
Aber, früher noch, in meinem Elternhaus, war der

Name Lindtberg schon immer mit einem Hauch von Ehrfurcht und allergrößter Wichtigkeit ausgesprochen worden. Deine Inszenierung von Tolstois *Und das Licht scheinet in der Finsternis*, noch im kriegsbedingten Ausweichquartier des Burgtheaters aufgeführt, hat mehr als nur Unruhe in meine Kinderzeit gebracht, da sowohl meine Mutter als auch mein Vater die Hauptrollen spielten. Dann Vaters, bzw. dein, bzw. Ibsens *Peer Gynt*, Vaters nächtelanges Textlernen dafür – ich bekam für eine Stunde Abhören zehn Schilling –, aber über allem die Freude an der Arbeit und der Stolz über das Vertrauen, das du, Lindi, in ihn gesetzt hattest. Eure so erfolgreiche Arbeit in *Maß für Maß* zusammen. Dann folgten monatelange Familienaufregungen, während du mit meiner Mutter und Käthe Dorsch *Maria Stuart* inszeniert hast.
Ich weiß noch: Stumm, blaß und ergriffen stand die Familie bei uns im Stiegenhaus, um meiner Mutter vor dieser Premiere alles Gute zu wünschen, sie anzuspukken, und ihr Scherz: »Heut abend geht's wenigstens wirklich aufs Schafott«, war etwas kläglich.
So übertrieben und verstiegen das auch Nicht-Theaterleuten erscheinen mag, bei Arbeiten, Proben und Premieren mit dir ging es uns allen beinahe wirklich immer ums Leben.
Und so und nur so sollte dieser Beruf aufzufassen und auszuüben sein – habe ich von dir gelernt. Dieser Ritterschlag zum Beispiel, den du Vater ausgeteilt hast, als du ihm telegraphisch vorgeschlagen hast, mit ihm bei den Salzburger Festspielen den *Faust* zu machen. Und viele

Salzburger Sommer sind in der Erinnerung mit dir verknüpft, angefangen von Vaters nächtelangem Klaviergeklimper für seine Couplets in eurem *Lumpazivagabundus* – für mich die unerreicht beste Aufführung dieses Stücks, bis zu deinem *Jedermann*, in dem ich dann fünf Jahre lang die Buhlschaft spielte, nicht sehr gern übrigens, da die Fliegen und das Hundegebell mich immer wieder sehr gestört haben. Aber die Arbeit mit dir war wunderschön.
Zu mir warst du überhaupt von Anfang an streng, taktvoll, unerbittlich und sehr zart. Und angeblich – die österreichische Presse begann sich zu jener Zeit auf junge Leute ohne Provinzerfahrung an großen Bühnen einzuschießen –, angeblich sollst du einem recht bekannten Wiener Kritiker, den ich besonders gestört haben muß, meinetwegen einmal die Meinung gesagt oder geschrieben haben. Ich weiß bis heute nicht, ob das nur ein Gerücht war; ich hab's bis heute geglaubt und will es, wenn's nicht wahr sein sollte, auch gar nicht mehr wissen. So oder so: Du warst und bist zu jungen Schauspielern immer sehr, sehr nett gewesen – und bist es heute noch, und dafür danke ich dir auch im Namen meiner jungen Kollegen. Und ich würde jedem jungen Mädchen, das heute das Gretchen spielen möchte, unsere Proben auf dem Lusterboden, das ist die Probebühne des Wiener Burgtheaters, gönnen.
Mit »Meine Ruh' ist hin« konnte ich dich noch einigermaßen zufriedenstellen, und in die berühmt-gefürchtete Kerker-Szene hast du mich verhältnismäßig leicht hineinversetzen können, aber über mein »Ach neige, du

Schmerzenreiche« bist du tage- und vor allem viele Probenabende lang nicht hinweggekommen, bzw. ich. Und selbst als mir vor Müdigkeit und Verzweiflung über dich, diese dumme Grete und über mich selber die Tränen kamen, die ich dann auch recht sichtbar im Schein der Lampe für dich glänzen ließ, hast du mich ganz kühl und ungerührt ausreden oder deklamieren lassen und nur gesagt: »Liebe Nanni, das ist ganz lieb, aber ich glaube dir noch kein einziges Wort.«

Und dann haben wir wieder von vorne angefangen. Und irgendwann einmal warst du dann während der Endproben sehr gut aufgelegt, und wie dich jemand in meinem Beisein fragte: »Warum?«, hast du mich kurz angeschaut und gesagt: »Man freut sich doch, wenn etwas wächst.« Und von da an haben sie mich in Wien ernst genommen. Danke. Und wie du mich damals hierher gerufen hast – ich glaube, ich wäre dir auch zu Fuß über den Arlberg nachgefolgt.

In der »Süddeutschen Zeitung« stand vor fünf Tagen, dem Tag, an dem du deinen achtzigsten Geburtstag *so* gefeiert hast, wie ich es manchem vierzigjährigen Theatermann wünsche, daß du nie ein modischer Regisseur warst – zum Glück bist du es immer noch nicht –, daß du nie auf Effekte und Gags setzt, sondern immer auf die Substanz der Stücke, die du inszenierst. Du seist ein Humanist des Theaters, war dort zu lesen, und wir alle wissen, daß nur derjenige ein Humanist des Theaters sein kann, der ein Humanist im Leben ist.

Du bist es, Lindi, dafür danke ich dir und herzlichen Glückwunsch.

Ein Chefredakteur im Walzerschritt

Eines Tages lernte Christiane auf dem Flug von München nach Zürich einen Herrn kennen, der von Beruf Journalist und von Geburt Zürcher war, ausgestattet mit einem Faible für Österreich. Er hieß Rolf Bigler, war Chefredakteur der »Weltwoche« und muß Christiane, die gerade eine damals, 1967, sehr erfolgreiche Fernsehproduktion nach dem amerikanischen Theaterstück *Tea and Sympathy* hinter sich hatte, unglaublich imponiert haben. Und nun ging alles ganz schnell.

»Da werden wir also in Zukunft in den Westen schauen müssen«, war Attila Hörbigers erster Kommentar. Und er hat recht gehabt. Die Achse Wien–Zürich besteht noch heute.

Der 1. August ist der Schweizer Nationalfeiertag. Viele Häuser sind beflaggt, auch heute, in dieser Festen nicht geneigten Zeit, und auf vielfältige Weise wird man schon Tage vorher aufmerksam, ob man will oder nicht. Die Zeitungen berichten über Vorbereitungen, von Volksfesten und Politikerauftritten, Brauchtumsvereine nützen die Gelegenheit. Umso mehr wird man 1967

noch gefeiert haben, und so kam der Offizier der Schweizer Armee und Paradejournalist Rolf Bigler auf den Gedanken, an einem 1. August zu heiraten.
Wenn man einen Menschen nicht kennengelernt hat und ihm erst viele Jahre nach seinem Tode nahe kommt, ist das ein seltenes und aufregendes Erlebnis. Ich habe Rolf, recte Dr. Rolf R. Bigler, nicht gekannt. Ich wußte freilich von ihm als dem Journalisten und dann auch als dem Christianehörbigerehemann. Ich bilde mir sogar ein, oder vielleicht will ich das nur heute so sehen, ich sei ein bißchen stolz auf diese quasi österreichische Neuerwerbung gewesen. Was immer die Familie Hörbiger damals tat, es hatte einen offiziösen Charakter. Paula Wessely und Attila Hörbiger beim Opernball oder bei einem Festakt, das war etwas. Als der gemeinsame Freund Franz Bauer-Theussl einen Orden bekam und im Kreis der herbeigeeilten Freunde auch die Eltern Hörbiger saßen, da hat mir dieser Umstand mehr imponiert als der ganze Orden.
Und nun heiratete also eine Hörbigertochter einen prominenten Journalisten aus Zürich, der freilich bei mir schon wegen seiner in meiner Familie stets gelesenen »Weltwoche« mehr als nur einen Stein im Brett hatte.
Von diesem Tag, da man von Christianes neuem Ehemann in der Zeitung las, bis zu Rolf Biglers Tod war das Leben des neuen Schwiegersohnes der Paula Wessely auch ein öffentliches. Man las und hörte und deutete.
Heute, da ich einen Teil meiner Zeit und meiner Arbeit mit der von Rolf Bigler zusammengetragenen Biblio-

thek verbringe, kommt mir das immer wieder in den Sinn. Er hatte die Gewohnheit, in Bücher Notizen zu machen, Wichtiges anzustreichen, auch Kritik zu üben. Und ich mache etwas Ähnliches, ich korrigiere die Fehler. So selbstverständlich ist das ja nicht, man hat uns doch schon als Kleinkindern eine berechtigte und heilige Scheu vor dem Beschmieren von Büchern implantiert. Hineinschreiben – ein Sakrileg! Aber Rolf Bigler tat es, und ich tu es, und wir hatten und haben beide unsere guten Gründe.
Dadurch entsteht eine Art Dialog. Ich bin manchmal nicht seiner Meinung, was eine angestrichene Stelle betrifft, und manchmal doch. Auch die Auswahl der Bücher, die da stehen, ist ja schon eine Art Spiegel. Manches ist ein zugesandtes Rezensionsexemplar, manches das gewidmete Geschenk eines Autors – aber das meiste ist gekauft, und wenn ich diesen Teil der Biglerschen Bücher mit meiner im Laufe von drei Jahrzehnten zusammengetragenen Bibliothek vergleiche, finde ich manch guten Gesprächsstoff und bedaure, diesen Dialog nicht führen zu können. Freilich, könnte ich ihn führen, weil Rolf Bigler doch noch lebte, dann wäre ich ja nicht in die Situation gekommen, seine Bücher kennenlernen zu können, denn dann – ja also genug, zurück zur Realität.
Rolf Bigler hatte Sinn für Glanz. Das stelle ich anhand der Bemerkungen in seinen Büchern fest, das erkennt man an vielen Details. So war er für den 1. August, und also heirateten Rolf und Christiane am Schweizer Nationalfeiertag.

Das Hotel Baur au lac muß man wohl nicht vorstellen – es nimmt in der ewigen Hotelweltrangliste stets einen der oberen Plätze ein und hält auch heute die beste Schweizer Hoteltradition hoch. Dort wurde gefeiert, und der Glanz kam gleich von zwei Seiten zusammen. Da waren nicht nur die Hörbigers, Eltern und Geschwister, es kamen auch andere Größen aus dem Reich des Theaters: Ernst Deutsch erschien als Überraschungsgast, Helmut Lohner und die Wecks waren da. Und von der anderen Seite, aus der Welt der Zeitung, gab es einen »Weltwoche«-Schwerpunkt, aber auch Ebelin Bucerius, die Frau von »ZEIT«-Gründer Gerd Bucerius, viele Freunde und tout Zürich waren anwesend. Andy Berner brachte nicht nur seine schöne Frau Lou mit, sondern auch eine Schweizer Fahne, damit die Neo-Schweizerin Christiane feststellen konnte, woher der Wind weht.
Somit war man also wieder beim Nationalfeiertag. Wie sehr schon 1967 die Öffentlichkeit sich für diesen neuen Ehebund interessiert hat, kann man am Presse-Echo messen. Die Münchner »Abendzeitung« schreibt in der Rubrik »Statt HUNTER Lotte Holetz«:
»Christiane Hörbiger, die gestern abend bei den Salzburger Festspielen Premiere mit *Der Schwierige* hatte, wird am Dienstag einen Abstecher zum Standesamt nach Zürich machen ... Die beiden hatten sich kennengelernt, als Christiane Hörbiger in Zürich als Franziska in *Minna von Barnhelm* und in *Liebelei* auf der Bühne stand. Das Schnitzler-Stück hatte Christianes erster Mann, der Wiener Regisseur Wolfgang Glück, von dem

3 Mit der Mutter auf der Bühne – »Der Bauer als Millionär« von Ferdinand Raimund, Salz- urger Festspiele, Felsenreitschule 1961

24 Mit dem Vater im Bus – in der Mitte: Wolfgang Glück auf Besuch. Tournee »Die Kinder«, 1964

25 Betriebsfest in den Hörbiger-Werken. Rechts Elisabeth Orth, hinter ihr stehend Christiane Hörbiger, neben ihr sitzend Martina Hörbiger, Witwe nach Onkel Alfred, der die Erfindergabe des Großvaters Hanns Hörbiger geerbt hatte.

26 Mit Kurt Meisel in »Leutnant Gustl«, 1963, Fernsehspiel nach Arthur Schnitzler, Regie John Olden

27 Arthur Schnitzlers »Anatol – Abschiedssouper«, 1964, mit Peter Weck und Otto Schenk, Regie Otto Schenk, TV-Regie Kurt Wilhelm

28 Frühe Begegnung mit Baden bei Wien – Christiane als Toni Wagner in dem Fernsehfilm »Ferdinand Raimund«, 1958

29 »Die Abenteuer des Háry János«, eine Fernsehproduktion des damaligen Österreichischen Rundfunks, 1963, mit Boy Gobert und Josef Meinrad

30 »Katharina Knie« von Carl Zuckmayer, mit Attila Hörbiger und Gerhard Riedmann, ZDF 1964

31 Keine Angst vor wilden Tieren – ein zahmes Pferd in »Katharina Knie« …

32 … und Christine von Guldenburg mit ihrem Lieblingspferd – der Schein trügt.

33/34 Zweimal »Nathan der Weise« von Lessing mit Ernst Deutsch im Burgtheater, 1962: Blick in den Zuschauerraum – Blick auf die Bühne

35 Goethes »Faust« – als Gretchen, Burgtheater 1967

40 Salzburger Festspiele
.970, Domplatz: Als Buhl-
chaft mit »Jedermann« Ernst
;chröder

Gegenüberliegende Seite
36–39 Links: Mit Onkel
'aul Hörbiger und TV-
Regisseur Kurt Wilhelm als
ugend im »Bauer als Mil-
ionär«, 1963. – Oben: Debut
m Schauspielhaus Zürich.
Als Franziska in Lessings
Minna von Barnhelm«,
965, mit Joachim Wich-
nann. – Mitte: Als Beatrice
n Shakespeares »Viel Lärm
m nichts«, Zürich 1967,
Regie Leopold Lindtberg. –
Jnten: »Liebelei« von Arthur
chnitzler, Zürich 1966, mit
Karlheinz Böhm

1 Salzburger Festspiele
967, Landestheater: »Der
chwierige« von Hugo von
Iofmannsthal. Neben der
erehrten Lehrerin Alma
eidler

42 Besuch aus Wien: Bruno Kreisky bei Rolf Bigler, Sascha und Christiane in Zürich

43 Sascha – Nanni – Nonno

44 Christiane und Sascha alleine – im Trauerjahr

sie seit nunmehr einem halben Jahr geschieden ist, inszeniert.«

Der »Blick«, Zürich, berichtet vom Fest im Hotel Baur au lac als »einem der in der Schweiz seltenen großen gesellschaftlichen Ereignisse«, und berichtet, daß neben Stadtpräsident Dr. Sigi Widmer auch Heidemarie Hatheyer, Fritz Hochwälder und Cesar Kaiser gekommen waren.

Sehr persönlich haben die »Weltwoche« und die Zürich-Redaktion der »Annabelle« gratuliert und berichtet.

Markus Kutter schrieb in der »Weltwoche«:

»Aus der Perspektive des Kellners: Heute wird es heiß. Und dann diese Leute. Was weiß ich – Presse, Theater, Politik, hat man mir gesagt... Aus der Perspektive des Kollegen: Er macht das schon richtig... Gesellschaftliche Traditionen sind anders als vor zwanzig Jahren, aber man muß immer noch wissen quid decet. Tut er. Herr Stadtpräsident, freut mich... Aus der eigenen Perspektive: Darf ich... die herzlichsten Wünsche zur Hochzeit sagen. Wir sind alle gern gekommen.«

Für »Annabelle« hat Hans Gmür geschrieben:

»Auch wir – verzeihen Sie die ›Blick‹-Formulierung – waren dabei. Schließlich wohnt die ›Annabelle‹ Tür an Tür mit der ›Weltwoche‹. So konnte es uns nicht verborgen bleiben, daß deren sonst so militärisch zackiger Chefredaktor plötzlich nur noch im Walzerschritt, Fiakerlieder trällernd oder Hofmannsthal rezitierend, durch die Redaktion sowie auf rosaroten Wolken schwebte...«

Christiane hatte in den Monaten vor der Hochzeit noch am Burgtheater das Gretchen gespielt, das war nun vorüber, und der Abschied von Wien war somit auch ein beruflicher – am Burgtheater ist sie seither nie wieder aufgetreten.

Das junge Ehepaar zog in eine gemietete Wohnung nach Rüschlikon am Zürichsee, und Rolf ging auf Suche nach einem dauerhafteren Zuhause.

Das stellte sich schon bald als richtiger und wichtiger Entschluß heraus, denn die Vergrößerung der Familie um weitere fünfzig Prozent kündigte sich an und traf am 19. Juli 1968 in Gestalt von Oliver Sascha ein.

Der erste Hörbigerenkel – das war das nächste Ereignis! Wieder reiste die Familie an, diesmal nicht ins Baur au lac, sondern in die Klinik, und die Serie der drei Männer-Enkel, die den drei Töchtern folgten, war eröffnet.

Nun aber mußte jemand für den kleinen Sascha gefunden werden, nach Möglichkeit eine Österreicherin, und so gab man ein Zeitungsinserat in österreichischen Zeitungen auf. So kam es zur nächsten Vergrößerung der Familie Hörbiger-Bigler, dieses Mal kam eine gestandene Wienerin dazu, selbst schon beinahe Großmutter und mit Namen Frau Maria. Sie stammte aus einer außerordentlich wienerischen Gegend, vom Schüttel, und weil Sascha mit der Aussprache von »Bitte, Frau Charouz« Probleme hatte, wurde aus der Marie Charouz die »Dida«, und das ist sie auch heute noch, wenn wir von ihr sprechen.

Die Dida ist also nach Zürich übersiedelt und hat sich

von Anfang an um Sascha gekümmert, bis er aus Kinderschuhen und Schulen und überhaupt der Kindheit herausgewachsen war. Jetzt lebt sie wieder in Wien, bei Kindern, Enkeln, Urenkeln, und wird wohl manchmal wehmütig an die Frankengasse denken, so wie sie damals manchmal wehmütig und sehnsüchtig an den Schüttel gedacht hat.

Dank der Dida ist Sascha zweisprachig aufgewachsen. Dank seiner Mutter, aber auch dank der Dida, hat er neben Züritüütsch auch Wienerisch gelernt. Manches uralte wienerische Dialektwort hat sich auf diese Weise erhalten und mancher Spruch. »Was is'n, was is'n, ka Platz auf der Wies'n?«, gebraucht im vorgerückten Streßstadium zwecks Wiederherstellung vernünftiger Grundlage, ist heute noch im Gebrauch der Frankengassenbewohner.

Denn in der Zwischenzeit hatte Rolf Bigler auch eine neue Adresse gefunden, ein Haus in der Altstadt. Das Haus war ein bißchen baufällig, aber eben alt, in wunderschöner Stadtlandschaft und vor allem zwei Gehminuten vom Schauspielhaus entfernt. Also wurde es erworben, erneuert und endlich, endlich bewohnt.

Das alles muß ohne Ärger abgegangen sein, denn der Architekt und Mitbesitzer ist heute noch ein Freund der Familie: Rudi Zürcher, der sich mit dem Kunsthaus-Erweiterungsbau und mit anderen prominenten Zürcher Gebäuden einen Namen gemacht hat.

Das Haus in der Frankengasse kommt auf diesen Seiten immer wieder vor, so wollen wir nicht gleich so ausführlich darauf eingehen. Das Haus muß vom Tag des

Umbaubeginns an unter einem guten Stern gestanden sein, es hat eine so positive Atmosphäre, ist nicht hochstaplerisch groß und auch wieder nicht zu eng. Wenn seine Bewohner mit ihren extravertierten Berufen vom Kreativitätsschub erfaßt werden, bietet es genug Platz für alle, und das war auch 1969 schon so.

Wenn ich an diese Geschichte denke, die ich da erzähle, so versuche ich gar nicht, eine lückenlose Kontinuität zu erzielen. Ich trete ja hier nicht an als ein Familienhistoriker, ich erzähle aus meiner Sicht, was ich eben weiß. Diese ersten Jahre in dem neuen Haus müssen für die Bewohner eine glückliche Zeit gewesen sein. Aber dann hatte Rolf beruflichen Kummer, und das hat das Leben der jungen Familie stark bedrückt.

Eines Tages wechselte die »Weltwoche« den Besitzer – und der suchte sich einen neuen Chefredakteur. Aus heiterem Himmel bekam Rolf Bigler diese Nachricht, und sie muß ihn unglaublich schwer getroffen haben.

Er hat dann versucht, aus der neuen Situation das noch relativ Beste zu machen und hat sich einen alten Wunsch erfüllt. Rolf hat seine eigene Zeitschrift gegründet, das »Sonntagsjournal«. Er wußte schon Partner, für den Fall, daß es einmal zu dieser Gründung kommen würde, und nun kam der Plan zur Durchführung. Zu seinen Mitherausgebern zählten Friedrich Dürrenmatt und Jean Rodolphe von Salis – es fing also tatsächlich sehr gut an.

Die Redaktion lag wenige Schritte entfernt, Rolf konnte im eigenen Haus arbeiten und schnell hinüberwechseln. Auf diese Weise konnte er Kräfte sparen, denn

auch das war nicht unwichtig – in der Zwischenzeit war nämlich die Gesundheit des neuen Zeitungsherausgebers nicht mehr so, wie sie hätte sein sollen, und Aufregungen waren ja, wie bei jeder derartigen Neugründung, zu erwarten.
Das »Sonntagsjournal« sollte eine Art Schweizer »Spiegel« werden. Man setzte sich selbst ein hohes Ziel, und zu Anfang hat das wohl auch gar nicht schlecht ausgesehen.
Rolf Bigler hat neben seiner Tätigkeit für Zeitungen und Zeitschriften auch Bücher geschrieben, seinem Beruf entsprechend zu zeitgeschichtlichen Themen. Am bekanntesten wurde »Der einsame Soldat«, die theoretische Auseinandersetzung eines Praktikers mit Zukunft und Gegenwart der Schweizer Armee. Das Jahr 1968 fand mit seinen Studentenunruhen seinen Niederschlag in Biglers Buch »Enteignet Deutschland«, das gleich in mehrere Sprachen übertragen wurde und unter anderem auch in einer japanischen Ausgabe in unserer Bibliothek steht.
So hatte der Name auch durch diese Bücher einen guten Klang, der sich eigentlich auf Leben und Entwicklung des »Sonntagsjournals« hätte günstig auswirken sollen. Aber das war dann doch nicht der Fall.
Der jungen Wochenzeitschrift war kein langes Leben beschieden. Man hätte wohl jahrelang durchhalten müssen, bis eines Tages Leserstamm, Inseratenaufkommen und Abonnentenzahl eine wirklich dauerhafte Tragfähigkeit hätten garantieren können. Aber ein so langes Durchhalten kostet ungemein viel Geld, und das

war schließlich doch nicht vorhanden. Das »Sonntagsjournal« mußte eines Tages Konkurs anmelden.
Dieses Wort an sich bedeutet schon eine Katastrophe – vor zwanzig Jahren, in der Schweiz und noch dazu in Zürich war es ungleich schlimmer. An einem Ort, der materieller Ordnung den ersten Rang gibt, auf diese Weise Schiffbruch zu erleiden, wäre auch für jeden anderen eine furchtbare Erfahrung gewesen, nicht nur für einen in Zürich geborenen Major und Chefredakteur. Diese klassischen Streßerlebnisse haben Rolf Bigler natürlich arg zugesetzt, ein erster Herzinfarkt war die Folge.
Christiane hat diese Jahre sehr wach miterlebt, war sie doch immer in unmittelbarer Nähe ihres Mannes. Sie hat ihre beruflichen Entscheidungen im Hinblick auf Rolfs Arbeit getroffen, hat nicht oft gastiert und eher ein gutes Angebot abgelehnt, als einer Film- oder Fernsehrolle zuliebe von Zürich wegsein zu müssen.
Das mag zwar eine bewundernswerte Haltung sein, aber der Karriere ist es nicht förderlich. Doch dafür hatte Christiane ein intaktes und glückliches Familienleben. Und das Schauspielhaus war in der angenehmen Lage, jahrelang auf Christiane Hörbiger zählen zu können. Aber neben allen großen Premieren war da immer die Angst ums »Sonntagsjournal«, um Rolfs Gesundheit, um den pekuniären Hintergrund der Familie.
Von Friedrich Mitterwurzer, dem großen Charakterschauspieler des Burgtheaters, recte Hofburgtheater, im ausgehenden 19. Jahrhundert, gibt es den guten Rat: »Ein Schauspieler braucht seinen Paß und ein Spar-

buch« – damit er flexibel ist und ohne große Probleme das Engagement wechseln kann. Genau das war für die Schauspielerin Christiane nicht möglich, und daß sie das eingesehen, zu ihrem Mann gehalten hat und all das mitgemacht hat – Sorgen, Konkurs, Zahlungsprobleme, dumme Bemerkungen von entfernten Bekannten –, das erfüllt mich mit Hochachtung.
Die neue und absolut unangenehme Lage führte zu beruflichen Entscheidungen. Zürich wurde zunehmend weniger wichtig. Die »Kronen Zeitung« sandte Signale aus, von Wien nach Zürich, das Theater in der Josefstadt lockte mit Angeboten, und so zog die Kavalkade plötzlich ostwärts. Christiane, Rolf und Sascha begannen Wien wieder zu schätzen, man nahm die Angebote an. So stand die Frankengasse leer, und das oberste Stockwerk der Himmelstraße 24 wurde zur vorübergehenden Heimat.
Eine heikle Umstellung – noch dazu mit dem eben erlebten Tiefschlag im Rücken. Die nun sehr eng beieinander wohnenden Familien haben sich oberflächlich gewiß miteinander vertragen, aber in Wirklichkeit war das keine Lösung. Und so blieb es bei einem nicht allzu langen Gastspiel der Biglers in Grinzing.
Die Sommer hatten sie schon seit vielen Jahren in Salzburg verbracht. Christiane hatte dort eine Art Dauervertrag, die Festspiele waren ihr ja schon von der Kindheit her vertraut gewesen und wurden nun auch der jungen Schauspielerin zur Sommerheimat.
Salzburg im Sommer, die Festspiele – das war einmal ein Fixpunkt für österreichische Schauspieler, und so

zog man nach dem Ende der Saison in Wien über die Bundesstraße 1 gen Westen. Die Familie Hörbiger-Wessely hatte seit den frühen Dreißigerjahren ihre Aufgaben im sommerlichen Salzburg gehabt, Paula Wessely war in Max Reinhardts und Clemens Holzmeisters berühmter *Faust*-Stadt von 1933 das Gretchen, Attila Hörbiger spielte erstmals 1931 den Guten Gesellen im *Jedermann*. Als ihm 1935 Max Reinhardt die Titelrolle übertrug, stand für die Familie der Sommer in Salzburg endgültig außer Diskussion.

Zu Anfang Juli wurde gepackt, da kam die Kraftfahrbegeisterung Attilas zu vernünftigen Ehren. Der Horch, heute legendäres Fahrzeug, wurde mit Koffern, Kostümen, Kindern gefüllt, und los ging's. Die Tante Mali, jene Tante, die einst fast alle Familien ihr eigen nennen durften, hatte noch im Juni die Glassteine auf das Jedermann-Kostüm genäht, die dem Vorjahr nicht standgehalten hatten. Die uns allen selbstverständliche Westautobahn gab es noch lange nicht, der Weg führte über die Strengberge, über eine Bundesstraße und durch Städtchen und Dörfer, vorbei an Würmla, durch Enns, über Steigungen, und in der Zeit vor dem Staatsvertrag brachte der Horch die Familie Hörbiger durch alliierte Sperren aus der sowjetischen Zone in die Scheinfreiheit der westlichen Hälfte Österreichs dem *Jedermann* entgegen.

Zum Jedermann-Kostüm gehörte auch ein Beutel voller Theatergeld, aufregendes Objekt für kontrollierende russische Soldaten, die, ohnehin schon von dem Prachtstück verwirrt, verborgene Reichtümer witterten.

Erst lange Erklärungen ermöglichten die Weiterfahrt. Wenn ich mir das heute vorstelle, muß ich ein anderes Bild zu Hilfe nehmen.
Als mir – ich war Oberspielleiter am Klagenfurter Theater – der Jochanaan in Richard Strauss' *Salome* schon in der Premiere wegen Krankheit ausfiel, ließ sich diese Vorstellung, die wir jede Woche zweimal im Repertoire hatten, nur retten mit Hilfe des täglichen Flugzeugs Frankfurt–Klagenfurt. Zu jeder unserer *Salome*-Aufführungen flog ein neuer Jochanaan an, insgesamt hatten wir vier oder fünf verschiedene. Der eine mit einem Stupsnäschen, der andere mit langer gerader Nase, der eine mit breiter hoher Stirn, der andere mit tiefem Haaransatz. Das wäre bei jeder anderen Partie egal – nicht bei Jochanaan, dessen Haupt »in einer Silberschüssel« am Ende zu sehen sein muß. Das fordert der Kunst der Maskenbildner immer einiges ab. Und damit es zu keiner unfreiwilligen Heiterkeit des Publikums kommt, muß dieses Haupt natürlich immer so aussehen wie das des Sängers. So reisten die Klagenfurter Jochanaans, stets von mir abgeholt, mit einem Köfferchen an, in dem nicht nur eine Zahnbürste und ein sauberes Hemd waren, sondern auch ein Kopf mit Bart, langem Haar und Augen, die den Zöllner anstarrten, wenn er auf die unglückliche Idee gekommen war, das Gepäck öffnen zu lassen.
Aber zurück nach Salzburg. Nachdem die Festspielstadt den Biglers durch allsommerlichen Besuch vertraut war, wurde nun Wien zum wirklichen Wohnsitz. Rolf begann eine Wohnung zu suchen, möglichst in der

Stadtmitte, wie in Zürich. In der Walfischgasse fand er eine, über den »Paulus-Stuben«, deren Besitzerin Herta Harmer als Stammtischmutter einer hochkarätigen Runde vorstand. Und zu dieser Runde stieß immer wieder auch Rolf Bigler. Die Chefin, allgemein beliebte Freundin der Künstler, diente Christiane damals, Anfang 1976, als Vorbild für eine neue Rolle: die der Wirtin Josepha Vogelhuber in Ralph Benatzkys *Weißem Rößl* an der Volksoper. Nun war Christiane auch Wiener Hausfrau, im Parterre konnte man am Stammtisch interessante Menschen als Gesprächspartner finden, das »Sacher« lag nahe, und das Leben sah für Rolf wieder schöner aus. Die Wiener »Kronen Zeitung«, die Hamburger »Welt am Sonntag« und andere Zeitungen bemühten sich um Rolf als Kolumnisten, und so wurde auch das berufliche Leben wieder, wie es sein sollte. Rolf Bigler begann damals mit einer langen Reihe von Porträts berühmter Mitmenschen, die er in seinen »Tischgesprächen« vorstellte.

Er war ein guter Beobachter und konnte manches Detail in so knapper und treffender Formulierung darstellen, daß es heute verblüffend wirkt. Diese Gesprächspartner kamen ja zum Teil aus einem Beruf, zu dem Rolf eine besondere Beziehung hatte: Politiker, etwa wie Bruno Kreisky oder der damalige UNO-Generalsekretär Kurt Waldheim. Andere »Tischgesprächs«-Partner aber vertraten Berufe, die für Rolf wirklich nicht vertrautes Gebiet bedeuteten, und auch mit ihnen wußte er kompetente Dialoge zu führen: Ernst Haeusserman, Herbert von Karajan, Paula Wessely – die Reihe ist lang und

eindrucksvoll. Rolfs Selbstbewußtsein begann sich zu erholen. Er war gefragt, er hatte Freude an Wien, am Kaffeehaus, am Gespräch mit dem Herrn Ober im Café Sacher, am Erfolg.
Dem ersten Herzinfarkt war ein zweiter gefolgt, in Salzburg, in der Festspielzeit, und Christiane lief mitten in der Nacht vom Hotel Fondachhof zum nahe wohnenden Festspielarzt Franz Fink. Dr. Fink kam, half, und aus dem Arzt wurde ein Freund. In langen Spaziergängen und mit guten Gesprächen verstand er es, dem gestreßten Journalisten eine positive Sicht auf die Dinge zu eröffnen, mit ihm eine neue philosophische Grundlage zu finden, und so wurde Österreich, wurde Salzburg für Rolf Bigler um noch einen Grad wichtiger.
Rolf begann sich intensiv mit klassischer Musik zu befassen. Seine Plattensammlung verrät einen starken Hang zur Kammermusik, zur Wiener Klassik, aber auch zu Symphonischem, Anton Bruckner vor allem. Sehr vieles für Klavier ist hier zu finden, aber auch Streichquartette sind in großer Zahl vertreten. Der Zürcher, der die Wienerin zur Schweizerin gemacht hatte, verwandelte sich in einen Überzeugungsösterreicher.
Sascha erreichte langsam das Alter für die höhere Schule, das sollte nun ein Gymnasium in Wien und in keiner anderen Stadt sein. Und überhaupt sollte der Haushalt in Zürich aufgelöst werden.
Christiane hatte sich in den Jahren zuvor ganz und gar auf ihren Zürcher Ehemann und seine Stadt eingestellt, hatte seinen Rhythmus übernommen, hatte ihm zuliebe die Sprache seiner Stadt erlernt, hatte die Rolle der

bürgerlichen Ehefrau und Mutter ebenso gespielt wie ihr Repertoire am Schauspielhaus. Nun sollte sie all das wieder ablegen, das Schauspielhaus verlassen und nach Wien zurückkehren.

Das kann für sie keine leichte Situation gewesen sein. Schließlich war sie ja Jahre zuvor ausgezogen, um einen Theaterweg zu gehen, der anders sein sollte als jener der Schwestern, jener der Eltern. Vier weibliche Familienmitglieder an ein- und demselben Theater schienen ihr um eines zuviel, so war sie also gegangen. Und nun hatte Rolf Wien entdeckt.

Das Theater in der Josefstadt hatte sie mehrmals, die Volksoper für die Rößl-Wirtin geholt, und natürlich war sie mit ihrer kleinen Familie zu jedem erdenklichen privaten Anlaß nach Grinzing gekommen. Aber für ganz?

Olympia von Franz Molnár hatte Christiane, vor der Tournee mit ihrer Mutter, am Theater in der Josefstadt gespielt, zu Weihnachten 1972 war Premiere gewesen, zu ihren Partnerinnen zählte Vilma Degischer in der späteren Rolle Paula Wesselys. 1977 gastierte Christiane abermals in der Josefstadt, dieses Mal mit zwei Einaktern von Arthur Schnitzler, *Zum großen Wurstel* und *Der grüne Kakadu*. Und am 1. März 1976 hatte das *Weiße Rößl* Premiere gehabt, mit Peter Minich als Leopold. Das alles aber waren Abstecher, bedeutete Probenwochen und einzelne Vorstellungen, kurze Trennungen nur von der Frankengasse, von Sascha, der ja noch in Zürich die Volksschule besuchte – dann ging es stets wieder zurück ans Schauspielhaus.

Das sollte sich jetzt also ändern. Christiane und Rolf hatten für Herbst 1978 eine längere Zeit für Wien vorgesehen.
Das Jahr hatte viel Arbeit gebracht – Christiane hatte in Zürich im ersten Halbjahr schon drei Premieren gespielt, *Candide* nach Voltaire, *Alle Reichtümer der Welt* von Eugene O'Neill und schließlich *Die Zähmung der Widerspenstigen* von Shakespeare. Als Katharina in der *Widerspenstigen* hatte sie im Juni Premiere gehabt, und in diesen Wochen traf die Familie ein erster schlimmer Schlag. Christianes Schwager, Elisabeths Mann Hanns Obonya, starb nach längerer Krankheit und in verhältnismäßig jungen Jahren. Der kleine Cornelius verlor mit nur neun Jahren seinen Vater. Rolf war nach Wien zum Begräbnis geflogen, Christiane konnte von Zürich nicht weg. Rolf kam zurück, er holte sie vom Schauspielhaus ab und hat auf sie gewartet.
»Er war so bleich, wie er da gestanden ist, ihm war der Tod von Hannes sehr nahegegangen. Und er hat ihm so leid getan wegen seiner Krankheit, und dann hat ihn auch der kleine Bub berührt, der da am Grab seines Vaters stand, und die arme Elisabeth ...«
Der Sommer gehörte wieder den Salzburger Festspielen, im August 1978 spielte Christiane die Flora Baumscher in Nestroys *Talisman*. Der September war für die Wiederaufnahme der *Widerspenstigen* in Zürich und vorher für eine Reihe von *Rößl*-Abenden in Wien vorgesehen. Rolf wollte also länger in Wien bleiben.
Christiane ging am Abend zur Vorstellung in die Volksoper, Rolf holte sie ab, man traf Freunde zum

Abendessen, und man konnte, war der nächste Tag vorstellungsfrei, ein bißchen länger sitzenbleiben. Wien war schön, und der September brachte einen freundlichen Spätsommer.

Am 6. September war alles wie immer. *Im weißen Rößl* war ausverkauft und umjubelt, Christiane ging in ihre Garderobe, zog sich um, ging zum Bühnenportier – und ab da war nichts mehr so wie immer. Denn Rolf stand nicht da und holte sie nicht ab. Zu Hause war er auch nicht – das Telephon wurde nicht abgenommen. Nach einer Viertelstunde Wartens nahm Christiane ein Taxi und fuhr heim in die Walfischgasse.

Die Wohnungstür ließ sich nicht aufsperren. Innen steckte der Schlüssel, und auf Läuten und Klopfen gab es keine Reaktion. Christiane lief die Stiegen hinunter, in Todesangst um den herzkranken Mann. Ein Kellner half ihr, die Tür wurde aufgebrochen, und da lag Rolf. Er hatte den letzten Herzinfarkt nicht überlebt.

Wenige Monate nach ihrer Schwester war Christiane Witwe geworden, und der bleiche Mann, den das Begräbnis von Hanns Obonya so verstört hatte, lag nun tot auf dem Boden vor ihr.

Wie immer in Krisen hielt die Familie eisern zusammen. Die Schwestern kamen, blieben über Nacht, Maresas Mann Dieter übernahm die Behördenwege, die Eltern gingen auf den Grinzinger Friedhof, das Grab auszusuchen. Das Kostüm der Rößl-Wirtin hat Christiane nie wieder angezogen, und auch die Garderobe der Volksoper hat sie erst viele Jahre später wieder betreten.

Der Tod Rolf Biglers hat Christiane unglaublich stark getroffen. Sie hatte ihr Leben auf das seine abgestimmt, er war der Vater ihres Sohnes, sie hatte seine Staatsbürgerschaft angenommen, hatte sich mit seinem Heimatland begonnen zu identifizieren. Maresa war in dieser ersten Nacht bei ihr, hat ihr zugehört und ihr zugeredet, hat geholfen – sofern man in solcher Lage überhaupt helfen kann. Und sie erinnert sich, wie Christiane damals im ersten Schmerz erkannt hat, wie sehr sie sich ausgeliefert hatte und wie sehr sie sich nun alleine gelassen fühlte. Durch die Walfischgasse konnte Christiane jahrelang nicht gehen, und das Haus hat sie nicht mehr betreten, bis wir gemeinsam, zehn Jahre nach Rolfs Tod, in die »Paulus-Stuben« gingen. Aber da hat es auch den Stammtisch schon nicht mehr gegeben.
Das Begräbnis, das Ende dieser glücklichen Ehe, war glanzvoll wie ihr Beginn. Eine letzte Ruhestätte in seinem geliebten Wien, in dem niemand ihm seinen Konkurs vorhielt oder nachtrug, hoch über Grinzing, war im Sinne Rolf Biglers. Und wie einst zur Hochzeit ins Hotel Baur au lac kam auch diesmal der große Kreis der Freunde und Bekannten, ein in den Jahren gewachsener Kreis, nur war diesmal nicht tout Zürich anwesend, sondern tout Vienne.
Wir wollen hier nicht Name-dropping betreiben, aber ich weiß, daß Rolf seine Freude an dieser Runde gehabt hätte. Ebelin Bucerius war wieder da, und die Kollegen von der Volksoper standen in der Trauergemeinde, Kollegen, die mit der Rößl-Wirtin Christiane gerade noch, wenige Tage zuvor, eben an jenem 6. September, geju-

belt hatten »Schön ist die Welt, schön ist die Welt, heute hab'n wir wieder Sonnenschein...« und »Im Salzkammergut, da kann ma gut lustig sein...«! Der Dirigent dieser Aufführung, Rudolf Bibl, setzte sich dem Toten zu Ehren ans Harmonium, und neben den vielen Theaterkollegen, neben Hans Dichand, Friedrich Dragon, Adrienne Gessner und Lilli Palmer, neben der Familie, neben Claus Jacobi, Will Tremper und Hofrat Fink, dem Arzt und Freund, saß der Bundeskanzler. Christiane hat es Bruno Kreisky bis an sein eigenes Lebensende gedankt, daß er ihrem toten Mann die Ehre gegeben hat. Und die Frau Maria hat niemals vergessen, daß sie dem Bundeskanzler von Paula Wessely mit den Worten vorgestellt wurde: »Das ist die Betreuerin meines Enkels Sascha, Frau Maria.«
Dem zehnjährigen Sascha wird an diesem Tag, da ihm der Abschied von seinem Vater wohl erst so wirklich klargeworden ist, der Prominentenaufmarsch nicht viel bedeutet haben. Doch heute muß es ihm, der den inneren Wert Rolf Biglers ja nicht so verstanden haben kann wie ein Älterer, ein Maßstab für den äußeren Wert – Folge des inneren – sein, wenn er sich erinnert, wer damals alles auf dem Grinzinger Friedhof gestanden ist. Wenn wir heute von diesem Begräbnis sprechen, dann kommen immer wieder andere Seiten dieses traurigen Tags zum Vorschein. Und es wäre nicht Wien, hätte nicht auch dieser Tod Anlaß zu Anekdoten geboten.
Als Christiane mit ihrem Vater zum eben ausgesuchten Grabplatz ging, um die Wahl zu bestätigen oder abzulehnen, da versuchte der Friedhofsangestellte die trübe

Stimmung zu heben, die ja für ihn alltägliche Routine war. Während sie den Spuren des Grabsachverständigen folgten, kamen sie an einem frischen Grab vorbei, man trug gerade die Kränze weg und war dabei, das Grab zu schließen. »Ah, da schau her«, sagte der Friedhofsangestellte, »da verstecken s' grad wieder an'.« Zur Trauergemeinde zählte auch Josef von Ferenczy: Ungar, sich dem alten Österreich-Ungarn nahe fühlend, einfluß- und ideenreich. Er war mit einigen »seiner« Autoren gekommen, Schriftstellern, die er betreute, die für seine Agentur schrieben (und noch schreiben). Als sich herausstellte, daß ihnen, als Deutsche mit österreichischem pompe funèbre nicht vertraut, die Trinkgeldzeremonien unbekannt waren, griff er ein: Der Totengräber, der neben dem offenen Grab steht und den Abschiednehmenden eine kleine Schaufel mit Erde reicht, die man dann auf den Sarg wirft, hat eine freie Hand, in die ihm der gelernte Österreicher ein kleines Dankeschön drückt. Um nun eine schlechte Nachrede seiner Autoren zu verhindern, hat Herr von Ferenczy damals an sie alle Zwanzigschillingnoten verteilt.

Das ist ja wirklich nicht so einfach mit diesem sehr österreichischen Brauch, gegen den ich auch mit dieser Geschichte absolut nichts sagen will, weil er doch so menschlich ist. Eine Bekannte, die zu einem Begräbnis in die Schweiz fahren mußte, hat sich extra ein Zweifrankenstück besorgt. Sie ging zum Grab, aber da war kein Totengräber mit Schaufel- und Trinkgeldhand. Sie stand nun da und war trainiert, diese übliche Wurfbewegung zu machen, aber das ging ja nicht, und das hat die Arme so sehr verwirrt, daß sie die Münze ins Grab warf. Das Zweifrankenstück ist mit lautem Knall auf den Sargdeckel gefallen, und alles hat verwundert geschaut. Der Rolf wird mir nicht übelnehmen, daß ich das hier erzähle, er selbst hätte über diese Geschichte sicher lachen müssen.

Zurück in Zürich, hatte Frau Maria einen eigenartigen Traum. Sie hat den toten Rolf Bigler gesehen, sie sah ihn im obersten Stockwerk des Frankengassenhauses sitzen, an seinem Schreibtisch und arbeiten. Da sagte die Dida im Traum zum Vater ihres Sascha: »Aber Herr Doktor, das können S' doch net machen, jetzt war das schöne Begräbnis mit den vielen Prominenten, und nun sitzen Sie da als Lebendiger und arbeiten wie früher, aber Herr Doktor ...«

Zu der großen Trauergemeinde in Wien gehörten auch zwei Menschen, die Rolf Bigler ebenso eng verbunden waren – seine erste Frau Yvonne und Robert, sein älterer Sohn, Saschas Halbbruder.

Christiane hatte vom Beginn ihrer Ehe an sich bemüht, den Kontakt des Vaters mit dem Sohn aus der geschiedenen Ehe aufrechtzuerhalten. Robi kam im Sommer nach Salzburg, war immer wieder zu Gast, und diese Verbindung war geblieben. Nun waren beide Frauen zu Witwen geworden, und in Zürich entstand eine enge Freundschaft. Yvonne hat Christiane in dieser Zeit geholfen, ist ihr zur Seite gestanden, und diese Freundschaft besteht weiter.

Als ich zum ersten Mal für längere Zeit nach Zürich kam, wurde ich Yvonne vorgestellt, bei einem Abendessen in einem italienischen Lokal, und ich weiß noch sehr gut, wie aufgeregt Christiane war. Sie hält viel von Yvonnes Meinung, und daß auch wir uns auf Anhieb gut verstanden haben, war ihr sehr wichtig.

Mit Robert Bigler, der das zweite R. aus seines Vaters Namen übernommen hat, also korrekt Robert R. Bigler, nun schon Dr. Robert R. Bigler, heißt, habe ich eine enge Freundschaft angefangen, die zu vielen guten Gesprächen, einigen Gläsern Wein und einer Dissertation über Schloß und Park von Hellbrunn geführt hat. Robert ist Offizier in der Schweizer Armee wie sein Vater auch.

Und als wir vor einigen Jahren an einem Tag der Offenen Tür den gerade als Oberleutnant diensttuenden Robert bei seiner Einheit besucht haben, nach langer Autofahrt durch eine wunderschöne Schweizer Landschaft, da saßen also Yvonne, Sascha, Robi, Christiane und ich beisammen, und wir haben diese Zusammensetzung sehr erwachsen und richtig gefunden und auch wohl ganz im Sinn von Rolf R. Bigler. Die Frankengassenwohnung trägt heute noch sein Türschild, und so ist dieser große Mann viele Jahre nach seinem Tod mit erst achtundvierzig Jahren durchaus gegenwärtig.

Christiane hält das Andenken an Rolf auf ihre eigene Weise hoch. Sie hat die besten seiner »Tischgespräche« in einem Buch vereint, das sie »Zeitgenossen« genannt hat. Und jedes Jahr zu Weihnachten liest sie bei der einen oder anderen Gelegenheit einen Text aus seiner Feder. »Gibt es einen Weihnachtsmann?« heißt dieser Text, in dem Rolf Bigler von einem Brief eines kleinen

Mädchens an den Chefredakteur einer amerikanischen Zeitung erzählt, der diese Frage beantworten soll. Und dann folgt Rolfs Übersetzung dieser Antwort, einer lebensbejahenden, lebensklugen, gütigen Antwort. Jahr für Jahr am 24. Dezember erscheint »Gibt es einen Weihnachtsmann?« auf der Titelseite der »Welt am Sonntag«, und darunter steht als Autor ebenso Jahr für Jahr: Rolf R. Bigler. Und so lebt auch auf diese Weise die Erinnerung an einen menschlichen Journalisten weiter.

»Ein sehr ein fescher junger Mann«

Die ersten Monate nach Rolf Biglers Tod waren für Christiane geprägt von ungemein viel Arbeit, von täglichen Proben, beinahe täglichen Vorstellungen in Zürich, neben der intensiven Konzentration auf den kleinen Sascha und all den plötzlich alleine zu bewältigenden Problemen, auch finanziellen Problemen.
Als ich die Photoberge durchsah, die sich im Laufe der Jahre angesammelt haben, fand ich ein Kuvert, voll mit ungeöffneter Post. Dabei war ein Brief, der sich auf ein anderes, kleineres Kuvert bezogen hat. In diesem zweiten Kuvert lag ein Text, ein Theaterstück, geschickt von einem Tourneeunternehmen. Und der begleitende Brief war von Klaus Maria Brandauer, der Christiane vorschlug, mit diesem Stück auf Tournee zu gehen. So einen Vorschlag gibt es in der Christiane-Hörbiger-Biographie nur einmal, und er trägt das Datum 22. September 1978. Zu diesem Zeitpunkt war Rolf Bigler gerade zweieinhalb Wochen tot, und ich lasse mir den Gedanken nicht nehmen, daß Klaus Brandauer damals sehr bewußt eine Botschaft gesandt hat, eine hilfreiche Botschaft, die zeigen sollte, daß das Leben weitergeht.

Daß wir diesen Brief und das Stück, auf der Suche nach Unterlagen für dieses Buch, gerade in den Monaten fanden, da Klaus um seine Frau trauert, da Freunde und Bekannte noch erschüttert sind vom frühen Abschied von dieser wunderbaren Persönlichkeit, von Karin Brandauer, diesem im besten Sinne österreichischen Menschen, das hat mich berührt. Klaus hat damals ganz sicher ein Zeichen senden, hat Christiane helfen wollen – aber wenn man sich den Berg ungeöffneter Kondolenzschreiben ansieht, versteht man, daß auch etwas so Wichtiges untergegangen ist.
Die Überbeschäftigung im Theater, der Wettlauf von Probe zu Probe, von Interview zu Vorstellung, von einer Besprechung mit einem Produzenten zu einer Besprechung mit einem Lehrer hat für Christiane sicher auch eine Gnadenfrist bedeutet, bevor der Kummer die Halbbetäubte eingeholt hat.
Paula Wessely und Elisabeth Orth haben in diesem unseligen Jahr 1978 die Tochter und die Schwester, den Enkel und Neffen am Heiligen Abend besucht. Und zu Silvester waren die beiden Biglerwitwen zusammen, im Haus in der Frankengasse, gemeinsam mit anderen durch das Schicksal oder von den Männern verlassenen Frauen – im Gästebuch findet sich eine im Morgengrauen des 1. Jänner 1979 formulierte Verherrlichung des »tollsten Weibersilvesters aller Zeiten«, ein wohl aus dem Champagner entstandenes »Jetzt erst recht«.
Das Jahr 1979 hat ähnlich ausgesehen, viel Arbeit und Umstellung auf das neue Leben ohne Rolf – aber es

gab doch zwei ganz wesentliche Unterschiede zu den früheren Jahren. Der eine betraf den Sommer. Sobald in diesem Jahr Theater und Schule Ferien machten, gingen Mutter und Sohn auf eine große Reise.

Die Salzburger Festspiele hatten zwar den *Talisman* angesetzt, und Christiane sollte wieder mitspielen – never change a winning team. Die Inszenierung war 1976 und 1978 sehr erfolgreich gewesen, man kann sich heute von ihrer Qualität immer wieder im Fernsehen überzeugen. Christine Ostermayer, Vilma Degischer, Senta Wengraf, Dolores Schmidinger hatten neben Helmut Lohner und dem mitspielenden Regisseur Otto Schenk allesamt ihren Erfolg gehabt, auch Christiane – aber nun, bei der Wiederaufnahme, wollte sie nicht mehr dabei sein. Ein Jahr nach Rolfs Tod und dazu noch bei den Salzburger Festspielen, zu denen sie doch Sommer für Sommer mit ihrer ganzen Familie angereist gekommen war, konnte sie sich nicht vorstellen, Sätze zu sagen wie: »Mein seliger Mann hat kurz vorher, als er selig worden ist, g'sagt, ich soll Wittib bleib'n – wie kann ein seliger Mann eine so unselige Idee hab'n?« Und später: »In der Truhen, wo der Zwiefel liegt, find't Er den Hochzeitsanzug von mein' seligen Mann.«

So hat also Christiane mit der verwitweten Gärtnerin Flora Baumscher abgeschlossen gehabt, konnte sich nicht mehr mit ihr identifizieren und hat abgesagt. Otto Schenk hat ihr das übelgenommen. Er wollte, begreiflich, sein erfolgerprobtes Team wiederhaben, die erstklassige Besetzung der Premiere. Aber Christiane ließ sich nicht erweichen, sie legte eine Festspielpause ein

und wußte sie zu nutzen. Sie flog, dem Rat von Freunden folgend, mit Sascha nach Amerika.
Der frühe plötzliche Tod des Vaters hatte für den Zehnjährigen natürlich einen Schock bedeutet. Sascha hat sich, in all den Jahren, bevor er das elterliche Haus angloamerikawärts verlassen hat, immer als Beschützer seiner Mutter gefühlt, hat zu ihr gehalten, hat als künftiger ritterlicher Damenfreund am Beispiel seiner Mutter geübt. Und nun fuhren also der Ritter und seine Mutter in die Vereinigten Staaten.
Die Reise war gut vorbereitet, nicht nur im Reisebüro und auf dem US-Konsulat, auch in vielen Gesprächen. Es gab ja Freunde, die man wiedersehen konnte, und ebenso Freunde der Eltern, die man besuchen sollte. Vor allem dachte Christiane an Walter Reisch, den Autor des Drehbuchs von *Maskerade*, Autor und Regisseur von *Episode*, beides große Erfolge weit über das Herstellungsland Österreich hinaus. Der Besuch der Tochter der Leopoldine Dur, die Paula Wessely in dem Welterfolg *Maskerade* – jawohl, Welterfolg! – gespielt hatte, wurde also angekündigt. Er sollte ernste Folgen haben. Sascha jedenfalls ist seit damals rettungslos verloren, oder gerettet, oder wie man das eben sehen will ...
Nun muß aber zuerst einmal auf Reisen gegangen werden.
Christiane und Sascha machten sich auf den Weg, das Ziel hieß nicht New York, es hieß Kalifornien, und für Sascha war ein Fixpunkt dieser Reise das gelobte Disneyland.
Nun sind ja die Disneyländer schon in der Gegenrich-

tung über den Ozean zu uns gekommen und lauern vor unseren Haustüren, aber damals mußte man Donald Duck noch nachlaufen.

Das eigentliche Erlebnis scheint jedoch nicht der Besuch von Disneyland gewesen zu sein – das wirkliche Abenteuer trug einen anderen Namen: Billy Wilder. Die Drehbuch- und Regielegende aus Wien hatte gehört, daß Christiane und Sascha mit Walter Reisch ein Rendezvous vereinbart hatten, und so kam es also zum Treffen mit dem Giganten.

Billy Wilder, unsichtbar umgeben vom Glanz seiner Oscarsammlung, erschien in Person, ein Idol für den filminfizierten Sascha, von *Zeugin der Anklage* bis *Manche mögen's heiß*. Da saß er also nun und war köstlich und wienerisch und amerikanisch und eindrucksvoll. Selbst noch dieser in vielen Jahren zum Destillat gewordene Erlebnisbericht, dieser Aufguß von Erzählung, läßt mich an der Schreibmaschine erschauern.

Kommt das Thema im Familienkreis auf diese Reise, so beginnen Mutter und Sohn mit Sicherheit irgendwann zu singen: »Heut' geht's der Dolly gut, sie geht nach Hollywood«, denn das hat damals auch Billy Wilder gesungen. Und mir ist schon so, als wäre ich dabei gewesen, aber ich war nicht dabei, und bevor ich zu lügen beginne, wollen wir das Thema wechseln.

Der amerikanische Sommer ist zu Ende gegangen, Bigler & Bigler haben sich nach Hause begeben, kehrten heim zur Frau Maria und zum diensthabenden Au-pair-Mädchen.

Und Sascha sollte Englisch lernen. Der Grundstein war

ja gelegt, nicht wahr? In der Schule wurde Englisch unterrichtet, überhaupt hat man Englisch zu können, heutzutage, jedermann, und wozu holt man denn die Au-pair-Mädchen aus den USA?

Aber Sascha wollte nicht Englisch lernen. Er hatte sich in der Schule nicht als anglophil erwiesen, was also sollte er jetzt anglophon werden. Er interessierte sich für die Filme aus Amerika, aber nicht für die Sprache, für Donald Duck und Mickymaus, aber nicht für Longfellow und Steinbeck.

Eine Nachhilfelehrerin wurde angeheuert – kein Effekt.

Das schien also nicht seine Welt zu sein.

Das eine Au-pair-Mädchen brachte Sascha nicht zum Reden, zumal ja Christie selbst Deutsch lernen wollte. Das nächste war auch nicht erfolgreicher – Sascha schwieg auf englisch.

Aber auf einmal ging es los, ohne Druck und wie geschmiert. Sascha zerschlug selbst diesen englisch-gordischen Knoten, begann ganz plötzlich zu sprechen, und das gar nicht schlecht. Ein zweiter USA-Aufenthalt hat dann Jahre später schon nicht mehr als Sprachschule, eher als Probe aufs Exempel gedient.

Warum erzähle ich das so relativ ausführlich? Weil ich es seltsam finde, wie die Wege oft so verschlungen sind. Ausgerechnet in jener Sprache, die Sascha damals so schwergefallen ist, bewegt er sich heute wie in einer zweiten Muttersprache, und von allen Ländern der Welt, die in Frage gekommen wären, hat es ihn zuerst

für Jahre nach Großbritannien, danach in die USA verschlagen.
1979 war also das Jahr der großen Reise – und gegen Jahresende gab es eine zweite große Veränderung.

Die junge schöne Witwe war seit fast eineinhalb Jahren alleine durch das Leben gegangen, als ihr bei einer Geburtstagsfeier ein Jüngling über den Weg lief, der einen Christiane vertrauten Beruf hatte – er war Journalist. Matthias Nolte schrieb für eine deutsche Illustrierte, die zum großen BURDA-Verlag gehörte, und er gehörte zum Freundeskreis von Will Tremper. Will war schon Rolfs Freund gewesen, hatte Christiane in der schwersten Zeit sehr geholfen, und so mag sie wohl vom ersten Moment an Vertrauen gehabt haben, als sie Matthias kennenlernte. Der neue Freund war ein außerordentlich junger Freund, vierzehn Jahre jünger als Christiane. Das muß nicht ein Hindernis sein, kann aber ein Hindernis sein. Hier war es eines.
Matthias wechselte den Wohnort und zog von Offenburg nach Zürich. Er wechselte die Zeitung und ging zu einer Illustrierten, die weniger für die ganze Familie als eher für Männer war (und ist), zu »Penthouse«. Dort war Matthias stellvertretender Chefredakteur, er hatte seine Aufgabe, mit Sascha hat er sich im großen und ganzen auch gut vertragen, und so wäre das alles ja in Ordnung gewesen, aber ...
Da hat es einerseits Neider gegeben, andererseits Besserwisser – wie kann eine Frau von einundvierzig einen siebenundzwanzigjährigen Freund haben? Und dann –

nach diesem wunderbaren Mann dieser Knabe, und auch noch bei »Penthouse«! Das ist niemanden etwas angegangen, aber ich glaube, auch Matthias hat sich hin und wieder dergleichen anhören müssen.
Als Christiane mit ihrem Freund einmal auf Urlaub fuhr, nach Afrika, hat ein besonders Obergescheiter, der in Christiane verliebt war, ihre Eltern in Wien angerufen. Sie schwebe in höchster Gefahr, sie sei mit einem Gauner unterwegs, und die alten Eltern Hörbiger begannen mühevoll die Tochter via Reisebüro und abenteuerlicher internationaler Verbindungen zu suchen. Sie haben sie gefunden und alles hat sich als Unsinn erwiesen, aber die Aufregung hatte man schon gehabt. Der große Gegensatz zwischen dem Inbegriff bürgerlichen Lebens, Rolf Bigler, und dem doch viel jüngeren und flotteren Matthias Nolte, der eben auch kein gediegener Zürcher war, hat Christiane natürlich interessiert – aber die Bekannten hat er geärgert, zum Teil, und sie haben auf ihre Weise reagiert und sich nicht mehr gemeldet.
In diesen Jahren war das Schauspielhaus Zürich Christianes sicherer Hintergrund, nicht nur als finanzielle Basis, auch als eine Art Heimat. Und eine große Zahl von Kollegen hat Christiane das Leben in Zürich nach Rolfs Tod leichter gemacht.
Sie spielte viel in diesen Jahren. Im Frühjahr 1980 Harold Pinters *Betrogen* und danach wieder die Mirandolina von Goldoni, wie schon viele Jahre vorher in Heidelberg. Im Herbst brachte ihr die neue Spielzeit die Rolle der Arkadina in der *Möwe* von Anton Tschechow, mit Werner Düggelin als Regisseur und in der Ausstat-

tung von Wolfgang Mai und Franziska Loring – mit diesem Team hat Christiane eine ganze Reihe von Premieren gehabt, und alle brachten ihr eine gute Probenzeit, interessante Arbeit. Bald danach spielte sie in Molières *Tartuffe* die Zofe Dorine in der Regie von Jean-Pierre Ponnelle.

Den Festspielsommer 1980 hat Christiane Hörbiger wieder in Salzburg verbracht, nach einjähriger Pause. In der Regie von Maximilian Schell hat sie die Genia Hofreiter gespielt, an der Seite von Walther Reyer, Hilde Krahl, Krista Stadler, Heinrich Schweiger, Romuald Pekny und mit einer eindrucksvollen Reihe von Kollegen.

Sie hat damals nicht mehr den Fondachhof bewohnt, wie in den vielen Salzburger Sommern mit Rolf Bigler und dem noch kleinen Sascha. Christiane hat, nahe dem Festspielhaus, eine Wohnung gemietet, und die Erinnerung an fröhlichere Sommer muß noch so schwer auf ihr gelastet haben, daß sie immer wieder diese Wohnung für die nicht so guten Gedanken verantwortlich macht, die sie noch heute für den Sommer 1980 hegt. An Stück, Rolle, Aufführung kann es nicht gelegen sein – denn dieses *Weite Land* war vor allem für sie, aber auch für den Regisseur und überhaupt für alle ein wirklicher Erfolg, und daran denkt sie sehr gerne. Alles hat seine Zeit, und Christianes Salzburger Zeit, die ihr viele gute Jahre gebracht hatte, war eben vorüber, vorderhand wenigstens.

Das Schauspielhaus Zürich hatte für sie wieder eine große Rolle nach der anderen bereit – die Beatrice in Shakespeares *Viel Lärm um nichts*, die Eurydike in

Offenbachs *Orpheus in der Unterwelt* – da durfte sie wieder mal singen! –, die Ysé in Paul Claudels *Mittagswende*, wieder mit dem Team Düggelin/Mai/Loring.
Mit Matthias gab es ruhigere Zeiten und aufgeregtere, aber langsam wurde Christiane klar, daß sie beide wohl für einen anderen Partner geschaffen waren. Und im Winter 1983/84 begannen sich Veränderungen anzubahnen.
Da war einmal, zu Silvester '83 die Premiere einer Inszenierung von Hans Hollmann, *Baby Wallenstein oder Prinz Hamlet der Osterhase oder »Selawie«* von Fritz von Herzmanovsky-Orlando. Christiane war in dieser Uraufführung die Witwe Zwöschbenflöckh, eine klassisch-komische Rolle im Wiener Dialekt. Sie trug ein unsägliches Kleid, rosarot, und war bis zur Unkenntlichkeit ausgestopft. Franziska Loring hatte ihr wieder einmal ein Kostüm verpaßt, das ganz und gar im Sinne von Christianes Rollenauffassung war, und Hans Hollmann gestaltete eine exemplarische Inszenierung dieses nachgelassenen Stückes des weiß Gott nicht leicht zu realisierenden österreichischen Dichters. Das Ergebnis war grenzenlos vergnüglich, und sogar der noch sehr junge Sascha und seine ebenso jungen und nicht so sehr mit Wien und seinem Witz vertrauten Freunde gingen mehrere Male in diese außerordentliche Vorstellung, für die Christiane sich eine eigene Sprachmelodie entwickelt hatte.
»Gschpaßig. Ein sehr ein fescher junger Mann. Muß von einer Leich kommen. Aber so früh am Morgen? Gschpaßig...«

Christiane Hörbiger sucht immer irgendeinen charakteristischen Zugang – in dem Film *Herr Ober!* von und mit Gerhard Polt zum Beispiel hat sie, einige Jahre später, eine eifersüchtige Ehefrau, eine resolute Geschäftsfrau dargestellt, und sie wußte, daß sie in diesem Fall gewiß nicht die Sympathien des Publikums haben würde. So hat Christiane also gesucht, einen Zugang, eine Erklärung für diese Figur. Und sie hat ihr dann als Charakteristik gegeben, daß diese Frau keinen Satz ganz zu Ende spricht, keinen Gedanken zu Ende denkt, daß die Sätze nur halbgesagt im Raum hängen bleiben. Und als sie damals einen Zugang zur Witwe Zwöschbenflöckh gesucht hat, da konnte sie ihr eigenes Aussehen nicht ganz wegschminken, verstecken, und so kann ich mir diese dicke, rosarote Frau mit der angeklebten Frisur der Dreißigerjahre ganz gut vorstellen, im wirklichen Leben – die ist ja eine seltsam, aber durchaus gutaussehende Frau ...

Damit hatte Christiane ein Tor aufgestoßen, oder richtiger, sie hatte es wieder aufgestoßen. Viele Jahre zuvor war die phlegmatische Wienerin in *Ollapotrida* ein frühes Versprechen gewesen, das sie nun zu halten begann. Der große Bogen von der Elisabeth in *Maria Stuart*, vom Gretchen im *Faust* über die Buhlschaft und die Genia Hofreiter zu Eurydike, der Rößl-Wirtin und schließlich zur Witwe Zwöschbenflöckh, den muß ihr erst jemand nachmachen.

Die Witwe Zwöschbenflöckh hat zudem die Reihe der komischen Rollen eröffnet, die nicht abreißt, die Christiane gerade auch bei einem ganz neuen, einem ganz

jungen Publikum einen Stellenwert gegeben haben, bei Menschen auch, die sie niemals im Burgtheater, in den Münchner Kammerspielen, bei den Salzburger Festspielen gesehen haben.
Denn die Freya in *Schtonk* ist ja eindeutig eine Verwandte der Phlegmatischen aus *Ollapotrida* und auch der Witwe Zwöschbenflöckh, wohl auch mancher Filmfiguren, über die ich noch nicht sprechen kann, weil sie ihr Kinoleben noch nicht haben leben dürfen, denn die Filme kommen erst ins Kino. Christiane hat kein Fach, ist keine Spezialistin für dies oder jenes, und das macht sie so sehr zur absolut modernen Schauspielerin.

Das Frühjahr 1984 hatte für Christiane eine große Freude bereit – eine Filmrolle, nach längerer Zeit wieder. Wohl hatte sie einmal in Stockholm gefilmt, mit dem Regisseur Bo Widerberg, und hatte viel für verschiedene Fernsehanstalten gearbeitet. Mit Peter Weck als Regisseur hatte sie in Georg Kaisers *Kolportage* gespielt – die Fernsehversion wurde in Frankreich gedreht –, sie hat in Köln mit Willy Millowitsch und immer wieder in Wien beim Fernsehen zu tun gehabt. Aber da kam nun eine richtige Filmrolle auf sie zu, und darüber war sie froh. Es war nicht ganz leicht, Gerd Heinz, dem Direktor des Schauspielhauses, das beizubringen, sie mußte ja in der laufenden Spielzeit umbesetzt werden. Aber es gelang, eine Zweitbesetzung wurde gefunden, und Christiane konnte ihren Film drehen.
Damit hat ein neuer Abschnitt ihres Lebens begonnen. Sie kannte und beherrschte dieses spezielle Metier, aber

nun war die Pause ja doch lang gewesen, und die Aufregung war groß. Außerdem wurde in der Nähe von Wien gedreht, ja auch in Wien selbst, und die Aussicht, beim achtundachtzigjährigen Vater, bei der auch schon siebenundsiebzigjährigen Mutter sein zu können, hat für Christiane eine nicht unwichtige zusätzliche Freude bedeutet. Der Kameramann war zugleich der Regisseur, er hatte sich schon Jahre vorher als Kameramann von Rainer Werner Fassbinder einen Namen gemacht, und ebenso gefielen der Filmheimkehrerin das Drehbuch, der Stoff, die Partner.
Xaver Schwarzenberger hatte ein klassisches Melodram im Sinne, seine Frau Ulli schrieb das Drehbuch. Die Handlung begann mit der ungarischen Revolution 1956 und führte in die unmittelbare Gegenwart. Mit Jane Tilden, Hugo Gottschlich, Hans Michael Rehberg, Axel Corti hatte Xaver eine erstklassige Besetzung gefunden, und die Hauptrolle übernahm nun Christiane Hörbiger. Die Titelrolle konnte sie nicht gut übernehmen, der Film sollte *Donauwalzer* heißen.
Im Burgenland wurde gedreht, in der Nähe von Pinkafeld, auch in Pinkafeld selbst, in einem alten Haus, auf einem einsamen Bahnhofsgelände und auf den Straßen und Feldern der Umgebung. Wenn Christiane nicht dran war, konnte sie nach Wien fahren. Sie ist in den Bus gestiegen und fuhr zu ihren Eltern, war froh und ruhig, und so begann sich ein Kreis zu schließen. Sie freute sich über Wien und den vertrauten Ton, über das Team, den Xaver, die Kollegen und die Eltern und wollte wohl höchstens noch wegen des Schauspielhau-

ses zurück nach Zürich. Sascha hätte man ja auch nach Wien holen können, in der Schule in Zürich war es ohnehin nicht immer so leicht ... die Zürcherin begann wieder umzudenken.
Eine lange Sequenz des Films mußte in Italien gedreht werden, in Sabbioneta und in Marina di Massa. Es war noch kühl, aber Christiane war ja nicht in den Urlaub gereist, und nun war man weit weg von allem. In Christiane kreisten die Gedanken ... damals hat sie wohl beschlossen, ihrem Leben eine andere Wendung zu geben, zumindest der Grund zu solchen Gedanken war gelegt.
Um mit Rolf und Sascha in Zürich leben zu können, hatte die junge Ehefrau und Mutter ihren Beruf weitgehend, soviel wie nur möglich, auf die Schweiz konzentriert, hatte manches Angebot abgelehnt. Die Witwe mußte nun Geld verdienen, mußte Angebote annehmen und nun erst recht auf Reisen gehen, obwohl sie gerade jetzt noch dringender zu Hause gebraucht worden wäre, denn Sascha hatte ja keinen Vater mehr. Aber 1984 war das Jahr, in dem Sascha sechzehn Jahre alt werden würde, und vielleicht würde dieser *Donauwalzer* ein Erfolg ... Christiane begann wieder zu träumen, und das ist gesund.
Christiane hat die Tage in Wien genossen, das Zusammensein mit den Eltern, mit Maresa, mit Elisabeth und den Neffen, den noch halbwüchsigen. Aber schließlich war es soweit, der letzte Drehtag war zu Ende, der letzte Abend war da, die Abreise stand bevor.
In Zürich galt es, die Witwe Zwöschbenflöckh wieder zu übernehmen, der ORF wollte die Inszenierung auf-

zeichnen. Der Haussegen zwischen Christiane und Matthias begann schief zu hängen, zudem plante Christiane einen Urlaub mit Mausi Weck, eine Reise nach Griechenland, gemeinsam mit den Kindern, insgesamt also drei Kinder und zwei Mütter, ohne Männer. Das sollte alles sehr lustig werden, aber die Stimmung übertrug sich natürlich nicht auf diejenigen, die da nicht mitfahren sollten.
Schließlich gab es noch eine sehr persönliche Situation, die Christiane Kummer machte, das war der Tod von Leopold Lindtberg. Der große Regisseur war am 18. April gestorben, eine Ära ging zu Ende, eine Zeit, die auch Christianes Leben, ihre Arbeit geprägt hatte. Und die Eltern waren ja mit Lindtberg durch viele Jahre verbunden gewesen, er stellte ein Stück Österreich in Zürich dar, war Humanist voll Humor, Wissender und Könner, und sein Tod hat Christiane hart getroffen.
Das ist dann vielleicht schwer für den Mann daneben, der mit alldem nichts zu tun hat, der aus dem Norden Deutschlands stammt und nicht den Wiener Ton immer zu ertragen in der Lage ist. Ohnehin hat der arme Matthias wohl schon mit dem übergroßen Dauerschatten Rolf Biglers leben müssen – und nun auch noch der Film als Konkurrenz und Wien an sich und jetzt also die Trauer um einen alten Mann, der für andere Menschen natürlich nicht ebensoviel bedeutet hat.
Es muß irgendeinen furchtbaren Krach gegeben haben, ich weiß das nicht genau, ich frage Christiane nicht einmal, und ich will es auch gar nicht wissen. Aber ich erzähle ganz schnell etwas Tratsch.

Der ORF war zwecks Herzmanovsky-Aufzeichnung in Zürich. Die zuständige Dame, hoch sei sie gepriesen wegen dieser Aufzeichnungsidee, war mit Christiane und mit Hans Hollmann zu einem Abschiedsschluck verabredet gewesen, sie heißt Hedda Egerer, und da war also nun in die Bar der »Kronenhalle« ein, wie sie meinte, »finsterer Typ« gekommen und war auf Christiane nicht gut zu sprechen. Gott, muß man achtgeben, habe ich damals gedacht, wer weiß, wie oft ich schon für jemanden als so ein finsterer Typ fungiert habe.
Der finstere Typ war also Matthias, und die Stimmung war schlecht, und Christiane fuhr mit ihrer Freundin und den Kindern zuerst nach Griechenland und dann braungebrannt, selbstsicher und schön nach Salzburg, und wie das in diesem Sommer weiterging, das findet sich am Beginn dieses Buches.
Und nun machen wir einen Sprung, nämlich in die Gegenwart und in ihre unmittelbare Vergangenheit, und wollen nur noch von uns selbst erzählen.

Filmviertel und »Guldenburg«

Christiane und Matthias trennten sich. Gerade in diesen Wochen, ab Mitte September 1984, ging Christiane auf eine Tournee, die vom tiefen Süden, von Lienz in Osttirol, in den hohen Norden führte, nach Schleswig-Holstein, durch alle Länder des deutschen Sprachraums, sogar nach Liechtenstein. Sie spielte die Hester Collyer in *Tiefe blaue See* von Terence Rattigan. Ihre Mutter war in derselben Rolle im Jahr 1953 im Akademietheater aufgetreten. »...mit der Neurose einer echten Liebenden behaftet, die an keinem der bürgerlich-nüchternen oder abenteuerlich-flüchtigen Männertypen unseres Zeitalters ihre Liebe erfüllen kann...« Mit diesen Worten schildert die »Große Österreichische Illustrierte« die Hauptfigur. Paula Wessely hatte damals einen großen Erfolg: »Und so ist Paula Wessely, die von der Bühne und Filmleinwand herab ihrem großen Publikumskreis soviel Glück, Lächeln und frauliche Wärme vermittelt hat, zur Repräsentantin und Anwältin der vergeblich Liebenden geworden...« Zur Generalprobe im Stadttheater Baden habe ich damals Christianes Eltern aus Wien geholt, da ist Paula

Wessely dieser Hester Collyer wiederbegegnet und hat sie dieses Mal in der Gestalt ihrer Tochter gesehen. Attila Hörbiger war zwar hochbetagt, aber in ausgezeichneter Verfassung, und ich erinnere mich mit Freuden der Späße, zu denen ihn die Fahrt von Grinzing nach Baden und die Neugier auf die Generalprobe animiert haben.

Diese Hester in *Tiefe blaue See* hat also ein Problem mit der Liebe. Der weitaus jüngere Mann, in den sie sich verliebt hat, kann mit ihr nicht wirklich etwas anfangen, hat andere Ziele und Vorstellungen, und wie sie nun damit umzugehen lernt, nachdem sie zu Beginn des Stücks daran fast zerbrochen ist, davon lebt die Handlung.

Christiane spielte nun Abend für Abend eine Frau mit einem Problem, das sie selbst in einem gewissen Maße zur selben Zeit ebenfalls hatte. Freilich hat es sich für sie niemals zu jener gewaltigen Lebensbedrohung aufgetürmt, die im Leben der Bühnenfigur entsteht. Aber die Vorstellungsabende werden ihr Denken wohl auch beeinflußt haben.

Sascha blieb in Zürich, von Frau Maria betreut. Die Ferien waren gerade vorüber, als die Tournee begann. Christiane hatte also zwischen sich und ihre Mitwelt durch diese Tournee eine rituelle Distanz gelegt, die ihr nun gestattete, einen Lebensabschnitt abzuschließen, einen anderen zu beginnen – gedanklich, seelisch, organisatorisch.

Und gerade zu organisieren gab es genug. Christiane hatte damals, im Winter 1984/1985, eine Liste von

Sorgen. So war das Eigentum am Haus in der Frankengasse noch nicht geklärt – Rolf Bigler hatte wohl den Hauptanteil des Hauses als Erbe hinterlassen, doch neben der Witwe waren die beiden Söhne auch noch erbberechtigt, der erwachsene Robert und der heranwachsende Sascha. Aus der Zeit des »Sonntagsjournals« saßen drohend die Hypotheken auf dem Dach, eine grundbücherliche Klärung und Übertragung hatte niemals stattgefunden.
Im Frühjahr 1985 hat Christiane dann dieses Problem angepackt, hat mit Robert Bigler gesprochen, hat als Vormund von Sascha auch für ihn entscheiden können, und so wurde in diesem wesentlichen Punkt Ordnung geschaffen. Rolfs ältester Sohn hat sich damals so vorbildlich benommen, daß auch aus diesem Grund eine Freundschaft fürs Leben entstanden ist, zwischen ihm und mir – zwischen Christiane und Robert hatte sie ja schon lange Zeit vorher ihren Anfang genommen.
Eine andere Sorge war Saschas Schulerfolg. Das Schweizer Schulsystem kennt die öffentliche Schule nicht in dem Sinn und dem Maß wie viele andere Länder, und die privaten Schulen sind nicht billig. Sascha hatte in dem traurigen Jahr nach seines Vaters Tod nicht direkt glänzende Zeugnisse heimgebracht, ein Jahr hatte er durch einen Schulwechsel verloren. Sein Handballclub war ihm begreiflicherweise wichtiger als die Schule. Im Jänner 1985 sollte er eine Aufnahmeprüfung in eine neue Schule ablegen, und Wochen vorher begann das große Daumenhalten. Freilich kann der Mensch auch ohne Matura glücklich werden, aber

abgesehen von allem anderen wäre das halt so gar nicht im Sinne von Saschas Vater gewesen.
Noch vor dem Weihnachtsfest 1984 eilten Christiane und ich zu einem familiären Anlaß nach Wien – zu Paula Wesselys sechzigstem Bühnenjubiläum: Am 11. Dezember 1924 ist sie zum ersten Mal aufgetreten, am Deutschen Volkstheater in Wien, und das Stück war, heute kaum noch gespielt, *Cyprienne* von Victorien Sardou. Wir haben damals, den Anlaß spät bemerkend, eine Feier in wenigen Tagen auf die Beine gestellt, mit Familienfest, Presse-Echo, Torte. Die Torte kam aus Salzburg. Ich bat meine Mutter, den von mir besorgten Theaterzettel von *Cyprienne* in die Konditorei Fürst zu bringen, die Heimat der Mozartkugel, und ihn in Schokolade und Marzipan, das ganze eßbar, herstellen zu lassen. Die Zeit war knapp, aber Fürst hat es geschafft, die Torte und ich, wir fuhren miteinander nach Grinzing, und Paula Wessely hat sich gefreut.
Die Weihnachtsfeiertage verbrachten wir gemeinsam in Wien. Ich hatte mehrere Hörfunksendungen zu gestalten, und auch meine allmonatliche Fernsehsendung, die von Bundesland zu Bundesland wanderte, machte in diesen Tagen in Wien Station. Und Christiane und Sascha kamen zu Besuch zu Eltern, Großeltern, Schwestern, Vettern in die Himmelstraße.
Damit war das Schicksal von Saschas Prüfung entschieden. Denn nicht nur wir verbrachten diese angeblich stillste Zeit des Jahres in Grinzing, auch eine größere Berliner Gruppe aus Maresas Bekanntenkreis war zwecks Silvestervergnügens nach Wien gezogen. Zu ihr

gehörte ein Mädchen namens Friederike, hübsch und mit Sascha ungefähr gleich alt. An Lernen war nicht mehr zu denken, Friederiken sehen und den spießigen Gedanken an eine Prüfung über Bord werfen, war für Sascha eins. Die Tage zwischen Weihnachten und dem Dreikönigsfest gehörten einem gröberen Flirt zwischen Berlin und Zürich. Neben allem möglichen anderen hat Sascha damals auch die Berliner Schnauze kennengelernt, die sich hervorragend mit seinem Wiener Schmäh vertrug. Die Kombination von beiden hat uns in Zürich noch wochenlang zu Rekordleistungen im Wändehochgehen animiert. Wenn wir, ein Beispiel, damals angemerkt haben, daß ein Zwanzigminuten-Telephongespräch Zürich–Berlin eine kostspielige Sache sei, hat Sascha zu unserer Freude geantwortet: »Ach nee.«

Maresa versteht es, ihren Gästen schöne Stunden zu bereiten, also gab es tolle Einladungen und Abende voll guter Gespräche. Sie wohnte ganz nahe dem elterlichen Hause, man konnte zwischen den verschiedenen Adressen pendeln, das Vergnügen wurde nur durch rasch absolvierte Hörfunkstunden oder Bühnenproben unterbrochen, aber die Zeit ist wie immer in solchen Fällen viel zu schnell vergangen, und wir fuhren nach Zürich zurück.

Wenige Tage später ging Sascha mit grauem Antlitz zu seiner Prüfung, schwergeprüft und tiefgefallen kam er mit dem gleichfärbigen Antlitz wieder heim. Kurze Zeit danach hat er sich selbst in einer privaten Schule angemeldet, die schon im Kentern begriffenen Freunden zum rettenden Hafen geworden war, und dort hat er in der dafür kürzestmöglichen Zeit seine Matura gemacht. Aber auch das ist eine eigene Geschichte, und zu ihr kommen wir noch.

Im Frühjahr 1985 erhielt Christiane ein Angebot vom ORF für eine sechsteilige TV-Serie. Gerade das hatte sie sich erhofft. Da lag nun das Angebot, sie brauchte nur ja zu sagen, und sie wollte auch ja sagen. Ich habe zaghaft, dann immer sicherer dagegen opponiert, habe die Drehbücher gelesen, Gegenargumente gesammelt, meinen Freund Michael, mit dem ich damals noch zusammen wohnte, zu Hilfe gerufen, und so lange geredet, bis Christiane meiner Meinung war. Und dafür ist sie mir heute noch dankbar. Denn hätte sie damals die Rolle einer Wienerin, die nur im breitesten Dialekt spricht und auch nicht nur Erfreuliches sagt, angenommen – niemals wäre es zu den *Guldenburgs* gekommen, das heißt, dazu gekommen wäre es schon, aber ohne sie.
Sie hört auf meinen Rat, ich auf ihren. Ich weiß, daß sie es mir nur gut meint, daß da nur positive Gedanken zutage treten, und ihr geht es mit mir ebenso. Christiane mit ihrer Lebensklugheit, ihrer Sicherheit in Fragen des Berufs ist eine ausgezeichnete Ratgeberin, und diese Erfahrung hat mich ein bis dahin geschätztes Sprichwort als Unsinn erkennen lassen: »Einen Rat geben, ist Überheblichkeit, einen Rat brauchen, Dummheit.« Das wollen wir lieber vergessen, und das, unter anderem, verdanke ich Christiane.
Um Ostern herum hatte Christiane wieder Premiere am Schauspielhaus Zürich: *Die Stühle* von Eugène Ionesco.

Die Aufführungsserie lief bis zum Ende der Spielzeit, aber einige freie Tage hatte sie sich ausbedungen, zu Pfingsten wollte sie für eine knappe Woche frei haben. Sie bekam Urlaub, und wir gingen an die Durchführung eines Plans – Saschas Firmung. Er war damals fast siebzehn Jahre alt, also in einem für Firmlinge vorgerückten Alter.

Wir planten die Firmung in Wien, die Hinreise, das dazugehörige kleine Fest und auch den Rückweg von Wien nach Zürich. Wir fuhren mit dem Auto, nahmen Saschas besten Freund Guy mit und nützten ab Salzburg die Reise, um Sascha sein Zweitheimatland zu zeigen. Hauptstraßen vermieden wir, wählten den Weg durch die Wachau und ließen keines der klassischen Ziele auf dieser Reise aus. Kirchen und Museen, die herrliche Landschaft an der Donau – wir haben ihm gezeigt, was wir nur unterbringen konnten. Ich nehme an, wir haben das auch für uns selbst getan, denn Christiane und ich lieben dieses Land, gerade den Reichtum von Niederösterreich.

Diese Reise war ein großer Spaß. In Salzburg haben wir im Haus meiner Eltern übernachtet, die ebenfalls zur Firmung nach Wien reisten, in St. Michael in der Wachau saßen wir beim Heurigen, in Dürnstein haben wir zu Mittag gegessen, im Schloß Pottenbrunn haben die Buben sich von je zwei G'spritzten erholt, und keine Minute war ohne Sonnenschein. Den Vorabend haben wir bei einem Heurigen in der Himmelstraße verbracht, mit Saschas Großeltern. An diesem Abend saßen wir, auch Attila Hörbiger, der Nonno, bis zwei Uhr früh

beisammen, und er war doch schon neunundachtzig Jahre alt.
Der Firmung folgte die Heimreise. Dann gab es Wochen in Zürich, die letzten Vorstellungen der *Stühle*, und danach begann der Salzburger Sommer, der erste, den wir gemeinsam verbrachten.
Ich hatte 1982 die Intendanz eines kleinen Festivals übernommen, das 1970 zum fünfzigsten Geburtstag der Salzburger Festspiele gegründet worden war. Sein erster Präsident war der damalige Festspielpräsident Bernhard Paumgartner gewesen, die künstlerische Leitung hatte Oscar Fritz Schuh inne, und für mich war das »Fest in Hellbrunn« Sommer für Sommer Anlaß zu zwei bis drei Monaten in Salzburg.
Nun hatten wir beide, Christiane und ich, gesehen, daß Sascha in der Schule zu wenig an Kunsterziehung erfuhr – kein Musikunterricht, Literatur nur mit wenigen Stunden. Und er interessierte sich brennend für alles, was mit Organisation zu tun hatte. So kam mir der Gedanke, Sascha als zweiten Regieassistenten einzusetzen, ihn vom Klaviertransport bis zur Requisitenbeschaffung am »Fest in Hellbrunn« mitwirken zu lassen. Er war begeistert und bat sofort, ich möge doch seinem Vetter Cornelius, dem Sohn der Elisabeth, das gleiche Angebot machen. Ich habe angeboten, Cornelius hat angenommen. Die beiden Buben haben im Haus meiner Eltern gewohnt, und ich habe bewundert, wie sie mit der schmalen Gage das Auslangen fanden. Daß sie aber auf der einen Seite von ihren beiden Müttern mit Taschengeld, auf der anderen Seite von meiner Mutter mit

Bergen an Verpflegung versorgt wurden, habe ich erst so nach und nach registriert.
Die beiden Assistenten Bigler und Obonya brachten schon durch ihre Herkunft eine ganze Reihe von Vorteilen mit. Sowohl Christianes als auch Elisabeths Sohn hatten ja von der Gehschule an das Theater und seine alles übertreffende Wichtigkeit kennengelernt – in solchen Familien dreht sich alles um dieses Thema, um Premieren, Proben, Regisseure. So haben sie also nicht, wie etwa ein in den Ferien ein wenig arbeitender Student, bei dringenden Aufträgen gelangweilte Gesichter gemacht oder versucht, es sich leichter zu machen. Sie wußten, der Wunsch eines Regisseurs ist ein Befehl und so schnell wie möglich zu erfüllen. Der Choreograph Wazlaw Orlikowsky hat damals Sascha – mit stark russischem Akzent – mit den Worten gelobt: »Wenn ich sage, Saschenka, komm, ich brauche Rose, er sagt njicht, wieso brauchst du Rose, Orli? Er sagt ja und: Bitte aus Papier, echt oder Plastik?«
Das war die erste engere Begegnung, eigene berufliche Erfahrung, die Sascha auf diesem Gebiet gemacht hat, und Conny wohl auch. Für Sascha blieb das »Fest in Hellbrunn« für viele Jahre ein fester Punkt der sommerlichen Planung, selbstverständlich für mich auch, und erst sein Studium hat dieser Zeit ein Ende gemacht.

Nach dem »Fest in Hellbrunn« 1985 hatte ich in Niederösterreich zu tun. Ich hatte eine Lesung aus eigenen Büchern zugesagt.

Wir fuhren von Salzburg nach Ravelsbach, aus dem turbulenten, glänzenden internationalen Festspielort in die Beschaulichkeit des Landes im Norden von Wien. Auf dem Weg durch das Waldviertel in das Weinviertel nützten wir wieder manchen Umweg, um Sascha ein schönes Stück seiner Zweitheimat zu zeigen. Vom Stift Melk, Höhepunkt des süddeutschen Barock, wo uns ein Pater die berühmte Bibliothek zeigte, durch das Kamptal bis Zwettl und weiter durch das nördliche Weinviertel führte unsere Reise. Schon damals, beim Anblick von Raubritterburgen auf Felsenklippen, von unerwartet aus dem verwachsenen Zauberwald auftauchenden grünen Teichen, hat Sascha immer wieder gesagt: »Da muß man drehen.« Und heute ist er knapp davor, solche Ideen zu verwirklichen.

Nach der Lesung fuhren wir weiter von Nieder- nach Oberösterreich. Einige Jahre lang hatten Christianes Eltern es sich zur Gewohnheit gemacht, im August auf Kur zu gehen – Paula Wessely auf den Dürrnberg bei Hallein im Salzburger Land, ihr Mann nach Bad Hall in Oberösterreich. Während des »Festes in Hellbrunn« waren wir einmal, Christiane, Conny, Sascha und ich, nach Hallein gefahren, hatten dort die Mutter besucht, und nun war also der Vater und Großvater an der Reihe.

Der kleine Kurort mit seinem täglichen Kurkonzert war Attila Hörbiger ans Herz gewachsen. Die Kuranstalt lag zentral und günstig, Attila konnte zu Fuß vieles erreichen, auch das Kurkonzert, und er nützte diesen Vorteil beinahe täglich.

Jahre später hat mich in Baden eine sehr alte Dame angesprochen, sie hatte lange als Pianistin bei diesem Bad Haller Kurkonzert mitgewirkt. Der Kurerfolg wirkte sich offenbar auch auf Nichtkurgäste aus – sie wirkte jedenfalls wie fünfundachtzig und war doch schon fünfundneunzig, in einem sogenannten biblischen Alter also, und sie hat mir Photographien mit Attila Hörbiger gezeigt.
Da sah man ihn alleine sitzend, quietschvergnügt, lächelnd, einmal in Begleitung von Franz Bauer-Theussl, Freund, Dirigent, Austria-Fußball-Vereins-Kumpel Attilas. Allen diesen Bildern merkte man an, wie gut Attila Hörbiger trotz seines hohen Alters allein in Bad Hall zurechtgekommen ist. So haben wir ihn noch erlebt, haben mit Christianes Vater Spaziergänge gemacht, zu Abend gegessen, haben zusammen gelacht über Anekdoten und Pointen.
Bei der Weiterfahrt haben wir weniger gelacht. Kaum waren wir auf der Autobahn, hat unser Wagen sich eigenartig zu benehmen begonnen und bald darauf seinen Dienst quittiert. In ungefähr fünfhundert Meter Entfernung hat sich ein Parkplatz angekündigt, so haben Sascha und ich das nicht so handliche Auto geschoben, geschoben, geschoben.
Christiane hatte, denn so ist sie nun einmal, helfen wollen, doch das haben wir nicht erlaubt, es genügte, daß ich mit gesenktem Kopf mich als PKW-Schieber betätigte, in der Hoffnung, es möchten zumindest keine persönlich bekannten Menschen in eleganten und funktionierenden PKWs vorbeifahren. Daß auch noch Chri-

stiane da mitgemacht hätte, das hätte uns gerade noch gefehlt.
Mit einem Mietwagen reisten wir weiter, nach Stuttgart, zu einer Lesung Christianes. Und dann ging es zurück nach Zürich. Dort erreichte uns die Nachricht, daß wenige Tage nach unserem Besuch Attila Hörbiger einen Schlaganfall gehabt hatte.
Maresa hatte ihren Vater besucht, da war es schon passiert gewesen. Selbst die Ärzte konnten nicht genau sagen, ob Attila gestürzt war und durch die Aufregung des Sturzes einen Schlaganfall erlitten hatte oder ob er infolge eines Schlages zu Sturz gekommen war. Wir haben uns also in Zürich in unser repariertes Auto gesetzt und fuhren wieder nach Bad Hall.
Angekommen, ging Christiane sofort zu ihrem Vater. Ich hatte noch einen Weg zu machen, stellte dann das Auto auf den Parkplatz vor der Kuranstalt und folgte.
Attila Hörbiger lag in seinem Zimmer. Er war damals fast neunzig Jahre alt, und er hatte die Aufregung erstaunlich gut bewältigt. Eine ältere schöne Krankenschwester namens Erna war bei ihm.
Beim Betreten seiner Sommerwohnung geriet ich in eine Diskussion. Schwester Erna und Christiane versuchten dem im Bett Liegenden einzureden, Joseph II. habe die Schlacht von Königgrätz verloren und nicht Franz Joseph I. Ich schlug mich auf die Seite des Siegers dieser Diskussion, Attilas Seite also, und war erstaunt, denn daß solche Themen nach wenigen Tagen schon aufs Tapet kamen, bewies uns, daß der Schlaganfall so schlimm nicht gewesen sein konnte.

Und wirklich hat sich Attila wieder erholt, aber das Ereignis hatte dennoch seine Spuren hinterlassen. Alleine auf Urlaub konnte Christianes Vater danach jedenfalls nicht mehr gehen.
Wenige Tage später kehrte Attila Hörbiger heim nach Wien, und wir waren wieder in Zürich. Christiane mußte ihren Text lernen, der Probenbeginn für *Totentanz* von August Strindberg stand knapp bevor. Regie führte wieder Werner Düggelin, die Ausstattung lag in den Händen von Wolfgang Mai und Franziska Loring.
Ich hatte mich vom ersten Augenblick an in Zürich wohlgefühlt. Zwar hatte ich den Plan gehabt, mich in Venedig niederzulassen, auch eine Wohnung war schon gefunden und vieles vorbereitet – umso leichter war es nun, die Vorbereitungen einfach in Richtung Schweiz umzuleiten. Die Wohngemeinschaft zweier geschiedener Männer – Michael und ich haben das lange Zeit durchgehalten – hatte sich zwar bewährt, aber das ging nun nicht mehr, mit Christiane und Sascha. Waren wir zu dritt in Wien, mußten wir ins Hotel ziehen, Gäste zu empfangen war nicht möglich, eine Lösung empfahl sich dringend.
In der Neubaugasse in Wien VII haben wir im Herbst '85 eine Wohnung gemietet, schön, geräumig, an einem Straßeneck, im ersten Stockwerk. Die Gegend war uns vertraut – wenige Häuser weiter hatte mein Atem- und Sprechlehrer gewohnt, Zdenko Kestranek, ein großer Mann, der schon zu Max Reinhardts Zeiten am Seminar unterrichtet hatte. Das ganze Quartier war viele Jahre lang fest in der Hand unseres Berufes gewesen, »Film-

viertel« wurde es genannt. Dort hatten große und kleine Filmfirmen ihre Büros, auch kleinere Ateliers gab es hier. An den Häusern las man die Namen »Schönbrunn-Film«, »Sascha-Film«, »Austria-Wochenschau«, »Wessely-Film«. Im Zentrum des Filmviertels lag das Café Elsahof, dort saßen die, die Verträge machten und die, die auf Verträge hofften. Dort also, freilich Jahre nach dem Ende der Glanzzeit der österreichischen Filmwirtschaft, mieteten wir uns ein.

Bei der House-warming-Party nahmen wir das »warming« so ernst, daß wir beinahe abgebrannt wären. Der von der Cateringfirma geschickte Kellner hatte die Zigarettenreste in einen Plastikkübel geleert. Ein Krach hat uns gerettet – aus irgendeinem läppischen Grund waren Christiane und ich nicht einer Meinung. Das war unser Glück, denn so wurde geredet, und wir fanden statt ins Bett den brennenden Kübel in der Küche. Im anderen Falle hätte das eine interessante Pressemeldung ergeben, von der wir freilich nur wenig gehabt hätten.

Christiane hat diese neue Adresse nur selten erlebt – das Schauspielhaus in Zürich war für sie damals noch ein regelmäßiger Partner, und während Vorstellungsserien wegzukommen war natürlich kaum möglich. Aber da sollte sich bald einiges ändern.

Im vorangegangenen Sommer hatte eines Tages ein Anruf für Aufregung gesorgt. Carla Rehm, Agentin und Freundin dazu, hatte Christiane gefragt, ob sie für das ZDF an einer Serie mitwirken wollte. *Die Erbin* würde diese Serie heißen, und diese Erbin wäre also Christiane Hörbiger, in der Rolle einer Wiener Aristokratin, die nach Norddeutschland geheiratet hatte und mit dem Erbe fertig werden mußte, das ihr der plötzlich verstorbene Ehemann zurückgelassen hatte.

Die Grundidee gefiel Christiane, die Sache hat gut ausgesehen, und so ist sie zu weiteren Gesprächen bereit gewesen.

Der Regisseur wollte sie persönlich kennenlernen – Jürgen Goslar. Nun war aber er nicht bereit oder in der Lage, deshalb nach Zürich zu kommen, und so machte Christiane sich auf den Weg und flog nach München. Im Flughafenrestaurant, damals noch in Riem, kam es zu einem Treffen. Goslar meinte, er habe sie schon länger nicht mehr gesehen und habe nach einem Dokumentarfilm den Eindruck gehabt, sie sehe nicht sehr gut aus, auch mit ihrem Haar sei etwas nicht in Ordnung. Christiane hat sich bei diesen Sätzen jäh daran erinnert, daß der einzige Dokumentarfilm – wenn der Ausdruck überhaupt angebracht ist –, an dem sie jemals mitgewirkt hat, einer über die Darstellerinnen der Rössl-Wirtin gewesen war, und damals hatte sie große Bedenken wegen des Lichts und wegen der Maske gehabt. Diese Bedenken erwiesen sich also nun als nicht unbegründet, aber durch ihre persönliche Zusammenkunft mit dem Regisseur war ja diese allererste Klippe umschifft.

Dann kamen die Änderungen der Drehbücher, aufgrund deren Christiane ja ihre Zusage gegeben hatte. Nun war nicht mehr am Schluß jeder Folge ihr Gesicht

zu sehen, die Rolle war kleiner, weil eine zusätzliche Rolle hineingeschrieben worden war, und endlich hieß die Serie nicht mehr *Die Erbin*, sondern *Das Erbe der Guldenburgs*.
Dafür hat Christiane Hörbiger zuerst nicht sehr viel Verständnis gehabt. Ihr Angebot hatte anders ausgesehen. Aber sie hat sich dann damit getröstet, daß in der neuen Form nicht die Gesamtverantwortung auf ihr lasten würde, und sie hatte sich ja tatsächlich jahrelang solch eine Fernsehserie gewünscht gehabt.
So begann also nun im Herbst 1985 die lange Vorarbeit zu den *Guldenburgs*, aber damals war Christiane ja am Schauspielhaus noch voll und ganz mit Strindbergs *Totentanz* und manch anderem beschäftigt. Da gab es eine Matinee in einem Zürcher Theater, das nicht mehr existiert, dem »Off-Theater Zürich«. Sie hat gelesen, ich hatte ihr das Programm zusammengestellt, es gab einen Pianisten – solche Matineen oder Abende sind nicht so selten.
Der Tag dieser Matinee zählte dann aber doch zu den seltenen. Das Publikum war hervorragend, man hat sehr intelligent und schnell reagiert und gelacht, und nach der Matinee gab es für einen kleinen Kreis eine Einladung zum Mittagessen bei der »Off«-Prinzipalin. Dabei kam es zu einem Wiedersehen mit einem Manne, der für Christiane ein alter Freund, für mich ein großer Name war – Jean Rodolphe von Salis.
Der Historiker, Autor einer langen Reihe wichtiger Bücher, darunter einer »Weltgeschichte der Neuesten Zeit«, hatte es im Zweiten Weltkrieg zu einer singulä-

ren, unverwechselbaren Berühmtheit gebracht. Er hatte mit seinen regelmäßigen Kommentaren über den Radiosender Beromünster vielen deutschsprechenden Hörern auch außerhalb der Schweiz Gelegenheit gegeben, die wahren Zustände kennenzulernen, und er hatte damals Mut bewiesen, und das über viele Jahre. Salis war als junger Mann längere Zeit in Wien gewesen, hatte schon infolge seines gediegenen familiären Hintergrunds viele Große seiner Zeit, besser seiner Zeiten, gekannt und war nun schon ein Herr von sechsundachtzig Jahren. Er war, als einer der Partner Rolf Biglers, Mitherausgeber des »Sonntagsjournals«, und ich hatte die Freude, neben ihm zu sitzen und ein wunderbares Gespräch führen zu können. Christiane hatte oft von Salis' schönem Bündner Akzent gesprochen, davon konnte ich mich jetzt selbst überzeugen. Und ich konnte wieder einmal verstehen, daß Christiane Hörbiger die Schweiz in Schutz nimmt, wenn man den Schweizern Humorlosigkeit oder ausschließlich materielles Denken vorwirft.

Im Laufe des Gesprächs kamen wir auf Thomas Mann zu sprechen, den Salis persönlich gekannt hatte, und zwar schon vor dem Krieg, zu einer Zeit, da der Dichter noch in München lebte. Eine der Geschichten, die da nun aufs Tapet kamen, führte uns den Nobelpreisträger Mann so deutlich geschildert, vom Historiker genau und vom Mann der Feder Jean Rodolphe von Salis so plastisch beschrieben vor Augen, daß ich sie in Bildern denke, als wäre ich dabeigewesen.

Thomas Mann hatte Salis auf seinem Schloß Brunegg

besucht. Mit dem Auto holte der Gastgeber den großen Mann vom Bahnhof ab. Der Chauffeur lenkte über die weite Distanz den Wagen, während die beiden Herren im Fond saßen und Salis nicht wagte, von sich aus das Gespräch mit dem weit älteren berühmten Mann aufzunehmen. Er wartete, schließlich konnte er ja annehmen, daß Thomas Mann irgend etwas sagen werde, schon vor der Ankunft auf dem Schloß. Dazu kam es auch, nach langer Fahrt. Da brach Thomas Mann sein Schweigen für einen einzigen Satz, mit dem er sich an den neben ihm sitzenden Salis wandte: »Es rollt sich gut auf diesen Straßen.«

Wenige Tage nach der Begegnung mit Salis hat Christiane mich zu einer Fernsehsendung begleitet. Wir fuhren einen Umweg, um nach Graz zu kommen, dort sollte sie ein weiteres Treffen mit Jürgen Goslar haben. Wir kamen in eine tiefverschneite steirische Landeshauptstadt, Regisseur und Hauptdarstellerin trafen sich, dann ging es weiter. So kamen damals immer wieder Drehbücher und Anrufe, es gab Gespräche mit Kostümbildnerin und deren Assistentin, Vorboten der für das Frühjahr 1986 geplanten ersten *Guldenburg*-Drehwochen.

Im Jänner 1986 wurde *Donauwalzer* mit dem Großen Bayerischen Filmpreis ausgezeichnet. Einen bronzenen Leoparden hatte der Film schon in der Schweiz bekommen, beim Filmfestival von Locarno, und diesmal galt die Auszeichnung der Hauptdarstellerin und dem Regisseur. Von den verschiedenen Preisverleihungen will ich aber hier nicht berichten, davon erzähle ich an anderer Stelle, schon, weil der Vergleich interessant ist. Und als die Monate am Zürcher Schauspielhaus zu Ende waren, begannen in Hamburg die Dreharbeiten für *Das Erbe der Guldenburgs*.

Christiane verließ Zürich, Sascha, Frau Maria und weitgehend ich blieben da. Ich selbst bin immer zu meinen Terminen nach Wien oder München gereist, in den ersten Wochen gar nicht nach Hamburg. Wir waren immer sehr vorsichtig, was eine Beeinträchtigung des anderen in solch heiklen Zeiten betrifft – gerade erste Probenwochen, dichte Drehtage lassen keinerlei Privatleben zu. Da sitzt dann der eine und fühlt sich nicht beachtet, während der andere berufliche Höchstleistungen vollbringen muß. Christiane hat erzählt, Rolf sei in den Tagen vor einer schweren Premiere sogar einmal ins Hotel übersiedelt, um nicht in die Schußlinie zu geraten.

Ich reiste also nicht nach Hamburg, wartete und blieb in Zürich, soviel ich nur konnte. Zu Ostern trafen wir uns alle in Wien, und auch der neunzigste Geburtstag von Attila Hörbiger am 21. April 1986 war ein Anlaß zu einem Familientreffen.

Danach trennten sich unsere Wege wieder, in Richtung Zürich und Hamburg. Ich hatte jede Woche eine Hörfunk-, jeden Monat eine Fernsehsendung zu absolvieren und verbrachte das Jahr mit den Vorbereitungen für das »Fest in Hellbrunn« und immer auch mit irgendeinem Buchmanuskript – arbeiten konnte (und kann) ich ebensogut in Wien wie in Zürich oder an anderem Ort, denn telephonieren, nachdenken, schreiben kann man ja überall. Schließlich haben wir uns dann, nach den ersten Wochen, entschlossen, einige Tage miteinander in Hamburg zu verbringen.

Ich kam zu Besuch. Christiane wohnte sehr einfach, in einer kleinen Wohnung nahe dem Großneumarkt, in der Neanderstraße. Sie hatte gerade einen Reitunfall hinter sich, ohne ein Pferd gesehen zu haben. Das ist gewiß selten und will deshalb erzählt sein.
Der Beruf des Schauspielers bringt fast jeden früher oder später mit einem Pferd in Berührung, Christiane machte da keine Ausnahme. Als sie zum ersten Mal reiten sollte, es aber noch nicht konnte, war man verwundert. Ihr Vater war schließlich nicht nur einfach ein guter Reiter, er war ja beinahe ein Kunstreiter, ein Teufelsreiter gewesen, begabt und bereit zu auch gefährlichen Kunststücken. In dem Wessely/Hörbiger-Film *Die Julika* zum Beispiel spielt Attila den Gutsherrn seiner Frau Paula. Er besucht das Nachbargut und kommt fröhlich im Morgengrauen heim – wer diesen Film kennt, wird sich der Szene erinnern. Denn da sieht man einen Husarenoffizier mit einem leisen Schwips, die Klänge des Csárdás noch im Ohr, der sein Pferd dazu bringt, auf dem Heimweg nicht im Schritt oder im Trab oder im Galopp sich zu bewegen, sondern im Csárdás-Schritt.
Und die Tochter dieses Mannes sollte nicht reiten können? Unglaublich, das mußte geändert werden. Christiane lernte – der Sohn ihrer damaligen Lehrerin, Frau Kottas-Heldenberg, ist übrigens heute Oberbereiter der

Spanischen Hofreitschule. Aber Christiane hatte Angst – vor dem Herunterfallen, vor dem Pferd an sich. Es kam also damals zu keiner Wechselbeziehung Pferd – Christiane und daher auch zu keinem gerittenen Csárdás.
Jahre später, Anfang der Sechzigerjahre, hatte Christiane für das Fernsehen wieder mit einem Pferd zu tun, an der Seite ihres Vaters in einer Adaption von Zuckmayers »Seiltänzerstück« *Katharina Knie*. Aber da mußte sie nicht aufsitzen, da war es mit Stallarbeit und etwas Bewegung getan.
Das war nun anders. Die Gräfin Guldenburg konnte nicht mit dem Mofa über die Felder fahren, zu Fuß wäre wenig glaubwürdig gewesen – wer hat schon ein so kleines Gut? –, und standesgemäß ist es auch nicht. Also mußte geritten werden.
Die Sache stand auch diesmal unter keinem guten Stern. Denn zuerst einmal versuchte Christiane, das Aufsitzen wieder zu erlernen, und als ich zu ihr auf Besuch kam, war sie schon bei einem solchen Versuch abgestürzt, aber nicht von einem Pferderücken, sondern von einer Sofalehne. Diese Lehne sollte den Steigbügel markieren, sie hat auch dreißig-, vierzigmal in dieser Funktion Dienst getan, hat sich aber dann ihrer eigentlichen Funktion erinnert und Christiane abgeworfen. Die Arme fiel unglücklich, eine Rippenprellung war die Folge, das hat die Nähe zum tatsächlichen Steigbügel nicht vergrößert und die Furcht vor dem unweigerlich hinter dem Steigbügel lauernden Roß nicht verkleinert.
Der Arzt tat das Seine, die Rippen heilten. Dann ging es

in die Reitschule. Das ist auch eher danebengegangen. Der Lehrer war, klar, in Hamburg, Norddeutscher und als solcher ein Trakehner-Verehrer – die Lipizzaner, naja, und auch die Reitschule und die ganze Richtung, doppelt naja. In Christiane erwachte die Patriotin, und sie wurde in Minuten zur überzeugten Anhängerin der alten Hohen Schule der Wiener Lipizzaner. Empört berichtete sie mir – ich sah Hoffnung für die gerittenen Szenen, bei dem Interesse!

Dann ging es also in die Praxis, und es kamen die Drehtage mit der Probe aufs Exempel. In Andeutungen muß es gutgegangen sein, davon kann man sich in den entsprechenden Folgen ja überzeugen, aber eben nur in Andeutungen. Denn das nicht filmfreundliche Pferd war sich nicht im klaren darüber, wer hier auf seinem Rücken saß, hatte niemals von Buhlschaft oder Gretchen oder Paula Wessely oder Paul und Attila Hörbiger gehört und war frei von jeder Ehrfurcht. Ein unfreiwilliger Parforceritt brachte das Ende des Drehtags, der Szene und der Pferdelust Christianes. Ab diesem Tag wurde sie nur mehr in weiter Ferne zu Pferd gezeigt oder nur als ein Rücken mit Reiterkappe – und beides gehörte der Tochter des Reitlehrers.

Wir erholten uns von solchen Unfällen, aber auch von den Mühen des Tages auf weiten Spaziergängen. Wenn man wie wir aus einer Großstadt stammt, deren höchste Erhebung ein Hügel namens Kahlenberg ist, hat man nicht von vornherein Entzugserscheinungen, durchwandert man eine ebene Landschaft wie jene rund um Hamburg. Mir hat es vor allem die Gegend an der Elbe

angetan, Övelgönne, ab Blankenese. Das Museum von Altona, die alten Schiffe an der Teufelsbrücke, die kleinen und von Aussehen und Angebot her für die Wiener aus Zürich geradezu exotischen Kneipen, das alles waren damals und sind auch heute sichere Ziele, wenn wir auch nur wenige Tage in Hamburg verbringen. Zudem ist diese Stadt, neben Berlin, aber auch München, für einen Wiener begreifbar, bei allen Unterschieden ist doch manches sehr vertraut, ja ähnlich. Und zwischen Hamburg und dem wesentlich kleineren Zürich gibt es noch mehr Parallelen. Hafenrundfahrten, die für ewig dort vor Anker gegangene Ricke Rickmers, die Fischrestaurants – wir sind das absolute Zielpublikum.
Auch der nahe bei Christianes Wohnung gelegene Großneumarkt oder das Museum für Hamburgische Geschichte am Holstenwall wurden uns vertraut. Das ist eine der vielen schönen Seiten dieses Berufs, daß man immer wieder neue Städte und damit also neue Menschen kennenlernt. Nicht wie ein Tourist lernt man sie kennen, oberflächlich, für nur wenige Tage – man erfährt sie viel intensiver. Wenn man nicht im Hotel wohnt, sondern eine Wohnung gemietet hat, selbst kocht, also auf den Markt geht und dort einkauft, dann ist schon vieles gewonnen. Und so war es auch in Hamburg.

Mein Geburtstag liegt ungünstig. In der Schulzeit hatte man keinerlei mildernde Umstände zu erwarten, die Geburtstagskinder vom 10. September an bis gegen

Mitte Juni erhoffen durften, wenn man, wie ich, Ende der Saison erst gefeiert wird – ich bin am 26. Juni zur Welt gekommen, damit also immer in das Ende des österreichischen Schuljahres geraten. Da wurde nicht mehr geprüft und somit eventuell auch geschont, da wurde nur mehr durchgeflogen oder durchgekommen. Und so ähnlich ist es auch später gewesen. Ein gänzlich unbrauchbarer Geburtstagstermin ist das: Die Theater schließen gerade, und auch runde Geburtstage animieren den Freundeskreis nicht zum Rücktritt vom schon im Herbst gebuchten Ferienarrangement bei den Botokuden.

Aber in diesem Jahr 1986 ließ ich mich vom Feiern nicht abbringen. Ich hatte vierzigsten Geburtstag und in diesen Tagen Vorträge und Pressekonferenzen in Rom und Mailand. Christiane ist mitgekommen, die *Guldenburgs* haben sie für einige Wochen freigegeben gehabt.

Mit solchen Tagen betrügen wir uns selbst, täuschen uns darüber hinweg, daß wir noch nie im Laufe der vielen Jahre einen Urlaub machen konnten, einen gemeinsamen schon gar nicht. Habe ich einige Tage mit Müh und Not freigehalten und sehne mich nach Paris, dann ist Christiane ganz sicher im letzten Moment gebeten worden, den Bayerischen Filmpreis an Barbara Auer zu übergeben – genauso war es –, und hat sie eine theater- und filmfreie Zeit und kann mich nach Madrid begleiten, so kommt in letzter Stunde vor der Abreise eine dringende Anfrage wegen einer *Derrick*-Produktion in München und einer Premiere in Zürich, wir verbringen die Abende in der klimatisierten Hotelhalle und warten

auf das Telephon, statt durch den Retiro parque zu schlendern und Rioja zu trinken.
1986 war eine kleine Ausnahme. Ich habe ein bißchen gearbeitet, Christiane hat in diesen Tagen, ein Wunder, gar nicht gearbeitet, und wir saßen auf der Piazza Santa Maria di Trastevere, an der Via Appia und im Café an der Piazza del Popolo und haben uns Urlaub vorgetäuscht. Aber schon wartete das »Fest in Hellbrunn«, der Probenbeginn in Salzburg stand vor der Tür, und die Freude währte sehr kurz.
Zur Freude von Sascha und mir hat Christiane in manchem Jahr in Hellbrunn selbst mitgewirkt, mit einer Lesung, so auch in diesem Sommer. Da hat sie die Sprecherin in Prokofjews *Peter und der Wolf* gemacht, mit unserem Hellbrunner Orchester unter Ernst Märzendorfers Leitung. Das hat dann immer bedeutet, daß wir den Sommer miteinander verbringen konnten, daß für Christiane die Hellbrunn-Vorbereitung, das Textlernen für den Herbst, der Saunabesuch ineinander übergingen und wir an den Abenden im Schloßhof von Hellbrunn den Mondaufgang erwarteten.
Diese Sommer in Hellbrunn waren natürlich immer im Zeichen der Proben, bei allem Vergnügen also letztlich im Zeichen der Arbeit gestanden. Aber immer hat sich auch eine Gelegenheit zu einem guten Gespräch, zum Wiedersehen mit Freunden finden lassen. Und jeden Sommer hatten wir Besuch von bekannten Kollegen, von Verwandten. Paula Wessely hat Sommer für Sommer den regieassistierenden Enkel Sascha, die Tochter, die ebenfalls mitwirkende ältere Tochter Elisabeth in

Hellbrunn besucht, und mit Rafael Kubelik, Otto Edelmann, Josef Meinrad, mit Mirella Freni und Nicolai Ghiaurov und auch mit all den nicht als Besucher, sondern als Mitwirkende erschienenen Kollegen gab es lange Abende im Schloßrestaurant, im Weinkeller. Mit Friedrich von Thun, Partner in der Rolle des Verwalters der Guldenburgs, unter seinem eigenen Wappen vor der Türe des Weinkellers zu sitzen, mit Fritz Molden an die österreichische Nachkriegsgeschichte zu denken, mit Karl Michael Vogler zu lachen, wurde zur guten Erinnerung.

Christiane hat diese Hellbrunner Sommerabende stets genossen, und daß sie mir auch eine kleine Alternative zu den nicht endenden Intendanzsorgen bedeutet haben, hat sie mir doppelt wert gemacht. Den 1. August haben wir immer gefeiert – stets gab es Mitwirkende aus der Schweiz, die an diesem Tag ihren Nationalfeiertag zu begehen haben, und wenn es nur Sascha und der eine oder andere aus Zürich mitgebrachte Freund waren. Aber gerade diese Schweizer Kolonie war recht groß – Philipp Weck, Peters und Mausis Sohn, hat als Techniker mitgemacht, auch er besitzt die Schweizer Staatsbürgerschaft, und ich selbst weiß ja seit Jahren, daß ich zwar in Wien geboren bin, aber gerne in Zürich lebe –, und so stand der 1. August in Hellbrunn immer im Zeichen des Rütlischwurs. Damit wurde er wieder zu einer Erinnerung an Rolf Bigler und seine Hochzeit mit Christiane, für die dieser Tag ja auch der Jahrestag der Hochzeit ist.

Mit den vielen Drehtagen für *Das Erbe der Guldenburgs*,

mit der langen Abwesenheit von Zürich für einen *Alten*, einen *Derrick* rückte das altvertraute Schauspielhaus Zürich langsam in Christianes Hintergrund. 1986 im Herbst war schon nicht mehr an acht lange Probenwochen zu denken, und sie war in neuer Form an ihrem langjährigen Stammhaus vertreten. Mit Helmut Lohner probte sie im Dezember und spielte in den letzten Tagen vor Silvester den *Reigen* von Arthur Schnitzler.
Nur zwei Vorstellungen waren den beiden Vielbeschäftigten damals möglich, dann haben sie Zürich in verschiedene Richtungen wieder verlassen. Wir haben am zweiten, dem Silvesterabend, im tiefen Schnee noch heftig gefeiert – wenn die Glocken des Großmünsters um Mitternacht läuten wie die Marangona in Venedig, wie die Pummerin in Wien, dann können wir unsere Fenster in einem der oberen Stockwerke öffnen und empfangen den Glockenton in der direttissima. Tiefverschneit war Zürich an diesem *Reigen*-Silvester, wir haben Schnitzler zu Ehren ein bis ins Detail österreichisches Buffet erdacht gehabt, und als am nächsten Morgen die große Freundesrunde von der Schwester Elisabeth bis zu Schönherrs und Kumpfs auseinanderlief und der Alltag uns wiederhatte, haben wir uns mit der Fernsehübertragung des Neujahrskonzerts getröstet.
Bei diesem außerordentlichen Anlaß innerhalb der vielen ohnehin schon ungewöhnlichen Konzerterlebnisse zu Jahresbeginn – niemals versäumt, wo immer man auch dieses Neue Jahr begann – gab es einen eminent österreichischen Moment. Ich bin mit Gottfried und Guni Kumpf und Christiane am höchsten Punkt des

Hauses gesessen, ganz unter dem Dach. Die halbe Welt konnte an diesem 1. Jänner 1987 das Neujahrskonzert unter der Leitung von Herbert von Karajan sehen, manches war in langsamerem Tempo gespielt worden, weil die Lipizzaner dazu tanzten. Der »Frühlingsstimmenwalzer« war hinreißend gespielt und gesungen worden, das Konzert ging zu Ende, ein historisches Konzert, und das Telephon hat geläutet. Christiane ging ein Stockwerk hinunter, hat abgehoben und zu sprechen begonnen, und wir haben uns oben über das Konzert unterhalten, schon wieder gelacht, ich weiß es nicht mehr – jedenfalls hat unser Gespräch mit einem Schlag ein Ende gefunden. Denn wir hörten, wie Christiane in höchster Aufregung immer wieder sagte: »Mama, Mama.« Damals war Attila Hörbiger schließlich im einundneunzigsten Lebensjahr, sofort dachte man – aber man dachte falsch. Mutter und Tochter waren von dem Anlaß, von Kathleen Battles Sopran, der Herrlichkeit des Konzerterlebnisses hingerissen gewesen, und ich habe mir vergegenwärtigt, daß da Christiane Hörbiger sich mit Paula Wessely über das Erlebnis Karajan unterhält.

5 »Olympia« von Franz Molnár, Probe für die Tournee 1974 mit Erik Frey, Paula Wessely,
lisabeth Stiepl

6 »Travesties« von Tom Stoppard,
ürich 1977, mit Bettina Lindtberg, der
ochter des großen Leopold

47 »Maria Stuart« von Friedrich
Schiller, Zürich 1975: Als Elisabeth mit
Renate Schroeter

48–50 Oben: »Alle Reichtümer der Welt« von Eugene O'Neill, Zürich 1978, mit Matthias Habic und Maria Becker. – Links: In »Baby Wallenstein von Fritz von Herzmanovsky – Orlando, Zürich 1983, als Witwe Zwöschbenflöckh, mit Johannes Silberschneider. – Unten: »Reigen« von Arthur Schnitzler, Zürich 1986, Probe mit Helmut Lohn

Gegenüberliegende Seite
51–54 Drei Schwestern (o. l.). – Die erste gemeinsame Lesung, aus Anlaß der Schubertiade Hohenems in der Schattenburg in Feldkirch, Vorarlberg, eine ORF-Produktion (o. r.). – Will Tremper lädt ein – Mittagessen im »Kopenhagen am Kurfürstendamm. Ganz links Peter Tamm, fünfter von links Will Tremper, zweiter von recht Peter Bachér (M.). – Paula Wesselys 60. Bühnenjubiläum. Familienfeier mit dem Debut-Theaterzettel als Torte (u.)

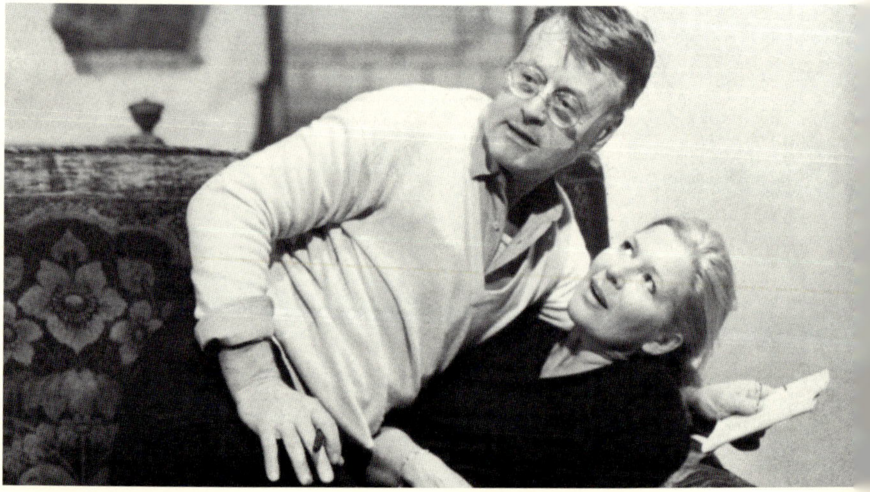

Deutsches Volkstheater
Cyprienne

55/56 Links: Paula Wessely 1988 zu Besuch in Zürich. Beim Spaziergang durch die Umgebung. – Rechts: Zürich, Hotel Baur au lac, beim Presseball 1991. Vorne links Suzanne Speich

57/58 Links: »Donauwalzer« – der erste Drehtag. Vorne links Hugo Gottschlich, rechts Jane Tilden, stehend Xaver Schwarzenberger. – Rechts: »Das andere Leben«, Drehtag in Griechenland, links der Regisseur Nicolas Gessner, rechts ein griechischer Schauspielerkollege

9 »Das Erbe der Guldenburgs«: Vor Schloß Wotersen mit Brigitte Horney und Daniel Gélin

60–64 Oben links und unten: Geburtstagsfeier – im engsten Familienkreis … und mit der Mutter und Freundin Mausi Weck. – Oben Mitte: Die Nacht nach der Goldenen Kamera, Hotel

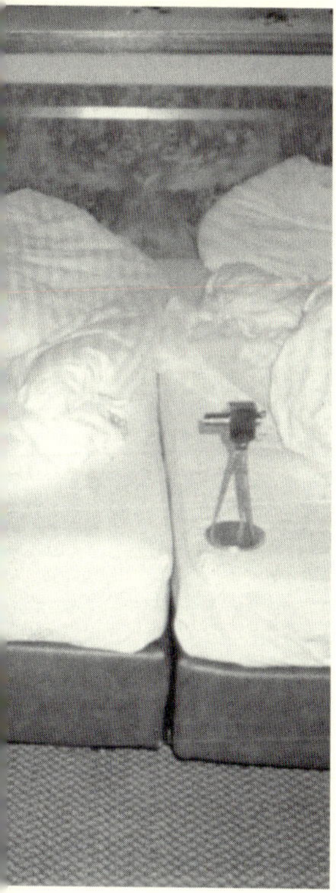

Kempinski, Berlin. Ein Such-
bild. – Oben rechts: Übermut
n Rom – vor dem Colosseum
mit Gottfried und Guni
Kumpf. – Unten rechts: Peter
Weck hat Geburtstag, Kitz-
bühel 1990

65 Als Genia Hofreiter in »Das weite Land« von Arthur Schnitzler, Zürich 1988

Abschied und Wiedersehen

Anfang Jänner 1987 sind wir nach Wien geflogen – Christianes Mutter beging ihren achtzigsten Geburtstag. Es gab ein Fest, ohne Melancholie, mit einer kleinen Feier im Kreis der Familie, mit einer großen, ja demonstrativen im Kreis der Wiener Theaterfreunde. Paula Wesselys Lesung *Traumbilder* im Akademietheater hatte zu diesem Zeitpunkt schon viele Reprisen erlebt – nun wurde ein festlicher Abend daraus, der uns, natürlich, unvergeßlich bleibt. Kardinal König und Altbundespräsident Kirchschläger, Regierungsmitglieder, Burgtheaterdirektion, Theaterfreunde und Wessely-Verehrer erlebten einen Abend lang, wie diese Frau mit einer Atempause, einem Ton am Ende einer Passage, einem Blick ein Theater zu füllen vermag. Und ich werde nicht vergessen, wie ihre begeisterte und aufgeregte Tochter, neben mir sitzend, gar nicht mehr Schauspielerin, angereister Geburtstagsgast war, sondern nur noch begeisterte Theaterbesucherin, allenfalls eine von der Mutter hingerissene Tochter, die applaudierte und Bravo rief und nicht mehr das Lächeln ihrer Umgebung bemerkte.

Claus Peymann hat einen schicken schwarzen Niki getragen, und der langjährige Herausgeber und frühere Chefredakteur der »Presse«, Otto Schulmeister, hielt eine Laudatio, die der verlorengehenden Kunst des Feuilletons als Wegweiser dienen kann.
Wir saßen nachher im Hotel Imperial zusammen, haben auch dieses Feuilleton Schulmeisters noch zum Anlaß für ein gutes Gespräch nehmen können und haben uns über den wachen und klugen Abend gefreut – dann flogen wir wieder nach Zürich.
Christiane hat sich zu dieser Zeit auf eine Rolle in einem Fernsehspiel des WDR vorbereitet. Nicolas Gessner hatte sich aus Paris gemeldet. Vor langer Zeit hatte er in Zürich gelebt und am dortigen Schauspielhaus gearbeitet. Er war mit der Intendanzsekretärin und Christianes Freundin Bibi verheiratet und hatte einen wirklichen Erfolg hinter sich – *Das Mädchen am Ende der Straße* hatte der Film geheißen, der auf einem guten Stoff und einem hervorragenden Drehbuch basierte. Christiane sagte für seinen neuen Film zu, der ursprünglich *Agnes* heißen sollte und dann in *Das andere Leben* umgetitelt wurde. Sie freute sich auf die Arbeit mit dem alten Freund aus Zürich.
Das Thema kam ihr sehr entgegen: Agnes steht ganz plötzlich und unerwartet alleine da, der Ehemann hat ihr aus heiterem Himmel eröffnet, daß er eine andere vorziehe. Die Ehe war ihr bis zum letzten Moment gut erschienen, die Kränkung ist also sehr schlimm, und nun muß sie mit dem neuen Leben zurechtkommen – eine Situation, wie sie unzählige Frauen und Männer in

allen Ländern Europas kennen. Alle daran Beteiligten schufen einen ausgezeichneten Film, und Christiane bekam nach ungezählten hymnischen Kritiken die Goldene Kamera dafür.

Gedreht wurde in Köln. Die Woche davor verbrachte Christiane in Zürich, ich ebenso. Ich hatte meine letzten regelmäßigen Hörfunk- und Fernsehsendungen vorzubereiten und war im Begriff, beiden Reihen und überhaupt dieser an sich zur Gewohnheit gewordenen TV- und Radiopräsenz ein Ende zu machen. Sascha näherte sich der Matura, in homöopathischen Dosen, noch waren ja zwei Jahre Zeit. Christiane hatte zu lernen – für die *Guldenburgs*, für *Das andere Leben* –, ja und ich schrieb auch noch an einem Buch über das »Fest in Hellbrunn«. Also hatten wir einige ruhige Wochen in Zürich, vordergründig ruhige Wochen. Dann reiste Christiane ab nach Köln und blieb dort für viele Wochen.

Die Rolle war groß – sie reist immer gerne etwas früher an und findet zur Ruhe, bevor der erste Drehtag seine Forderungen stellt. Diese Zeit in Köln hat die Gelegenheit zum Wiedersehen mit Willy Millowitsch, dem Herzlichen, geboten. Wenn Christiane einen Grund zur Freude hat, wenn sie einen Preis bekommt, wenn Zeitungen ihre Leistungen loben – ein sicherer und früher Anrufer ist Willy Millowitsch.

Sascha und ich haben Christiane damals gegen Ende der Dreharbeiten besucht, und wir kamen gerade rechtzeitig zu einer unvergeßlichen Spargeleinladung bei Millowitschs. Die südländische, dem Wiener so nahe

Gastgeberlaune des Hausherrn, seine Erzählfreude, die Porzellansammlung der Hausfrau und nicht zuletzt der Spargel – also das war ein unvergeßlicher Sonntagmittag und Sonntagnachmittag und beinahe auch Sonntagabend.

Für mich waren das unbeschwerte Tage, zwischen Kunstmuseum und römischer Ausgrabung, Besteckmuseum und Kabarett. Christiane und Sascha waren schwer beschäftigt. Jawohl, auch Sascha. Er hatte in dem Film, mit zwei oder drei Drehtagen, die Rolle eines Studenten übernommen, der in einer Bibliothek Bücher ausleiht. Und Christiane war ja beinahe täglich dran.

Vor diesen Kölner Wochen hatte sie schon in Griechenland gedreht, dem Autor sei Dank. In ihrer Sehnsucht nach einem »anderen Leben« hatte Agnes, die Hauptfigur, sich nach Hellas gewandt, und so war Christiane zu einigen Tagen im griechischen Vorsommer gekommen, während wir noch mit aufgestellten Krägen durch die Straßen von Zürich rutschten.

Das andere Leben kam an sein Ende, und Ostern näherte sich. Sascha mußte kurz nach Zürich, er reiste auf den Flügeln der Liebe, und wir nahmen etwas prosaischer den Nachtzug nach Wien. Rund um den Palmsonntag waren wir alle in Wien verabredet.

Der April 1987 hatte Tage anzubieten, als gelte es, den Frühling in Mode zu bringen. In Christianes Elternhaus, in seinen Garten hielt dieses Frühjahr Einzug, daß einem das Herz aufging, und wir verlebten, nun wieder mit dem aus Zürich nachgereisten Sascha, einen unvergeßlichen Ostersonntag.

Der Tag hatte damit begonnen, daß Christiane mit ihren Eltern ein Konzert mit Werken von Gustav Mahler im Fernsehen erlebt hatte, Sascha und ich saßen nebenan in der Bibliothek. Der alte Mann, Christianes Vater, war viele Monate nach seinem Sturz in Bad Hall wieder so weit genesen, daß er Spaziergänge machen konnte, in Begleitung einer der Pflegeschwestern. Die Erna von Bad Hall hatte eine Nachfolgerin gleichen Namens bekommen, die sich mit einer Kollegin abwechselte. Vor allem mit Erna ging Attila Hörbiger gerne durch die Himmelstraße, sie ist langsam zum Familienmitglied geworden und betreut nun schon seit vielen Jahren auch Paula Wessely.

So saß also Attila beim Mahler-Konzert, erfreute sich danach am schönen Garten im weichen Frühlingslicht und hatte eine gute Zeit.

Attila Hörbiger ist in Budapest geboren. Christiane war noch nie in Ungarn gewesen – wir haben damals beschlossen, einen Ausflug in das väterliche Geburtsland zu machen, das auch in der Geschichte meiner Familie eine Rolle gespielt hat. Der erste Tag der Fahrt sollte der 21. April sein.

Wir nahmen einen Leihwagen und packten für den nächsten Morgen. Dieser Tag begann in unserer Planung mit einem Besuch in Grinzing, zum Abschied, aber auch und vor allem aus Anlaß von Attilas einundneunzigstem Geburtstag.

Am Vorabend saßen wir zusammen beim Abendessen, wir haben über vieles gesprochen, haben auch gelacht, aber dann ist der Gesprächsstoff ausgegangen gewesen, für nur kurze Zeit zwar, und es war still. »Lauter Stumme«, sagte Attila Hörbiger, »da geh ich schlafen.« Er stand auf und ging zu Bett.

Am nächsten Morgen sind wir schon sehr früh aufgestanden und freuten uns auf die Fahrt nach Budapest. Da läutete das Telephon zu ungewöhnlicher Zeit, und Elisabeth teilte uns mit, daß Attila Hörbiger am frühen Morgen einen Schlaganfall erlitten hatte, diesmal einen schwereren. Das heißt, sie teilte es nicht uns mit, sondern nur mir, und während wir nun mit dem gepackten Auto zur Blumenhandlung und dann in die Himmelstraße fuhren, habe ich Christiane langsam beigebracht, was geschehen war.

Wir haben dann den Wagen in Grinzing vor die Haustür gestellt, und dort ist er für fast eine Woche geblieben. Denn nun war nicht mehr an eine Reise zu denken. Maresa war in Berlin, sie spielte damals am Schiller-Theater, Elisabeth hatte Drehtage in Oberösterreich für ihre Museumssendung, konnte also im Augenblick auch nicht fort, aber wir waren ja auf einen Aufenthalt außer Haus eingerichtet gewesen. So lösten wir uns nun mit den Pflegeschwestern in Attilas Betreuung ab, unterstützt von dem glücklicherweise gegenüberwohnenden Arzt, der zu allen Zeiten des Tages und der Nacht zu kommen bereit war. Er machte uns wenig Hoffnung, auch die Schwestern mit ihrer Erfahrung sahen, daß das Ende nahe sein mußte.

Attila Hörbiger war am Morgen aufgestanden, hatte in seinem Badezimmer Toilette gemacht. Kurz nach sechs Uhr früh hatte der Briefträger geläutet und den ersten

Schub Geburtstagstelegramme gebracht. Die Schwester war zum Tor gegangen, und als sie zurückkam, war es geschehen.
Nun lag Christianes Vater in seinem großen Bett, in dem mit Erinnerungen übervollen Schlafzimmer, und ich werde seine großen Augen nicht vergessen, die manchmal wirkten, als verstünde er, was hier geschah, und manchmal etwas von einem Kind bekamen.
Um ihn zu ernähren, waren Infusionen notwendig, das hat dem alten Arm Schmerzen bereitet, und vielleicht hat Attila an dieser Schwelle auch schon gefühlt und gewußt, daß das doch letztlich sinnlos war, was immer er da verabreicht bekam.
Ich war in diesen Tagen außer Attila Hörbiger der einzige Mann im Haus, und so hielt er mich einmal für den Arzt, als ich mich an sein Bett setzte. Seine beiden Hände, ungemein eindrucksvolle Hände einst im Spiel auf der Bühne, immer noch kräftig selbst jetzt noch, lagen auf der Bettdecke, und um seinen Arm vor der Nadel zu schützen, zog er sie nun vor dem vermeintlichen Arzt zurück und versteckte sie unter der Decke. Ich begann leise und begütigend auf Christianes Vater einzureden, und langsam kam eine Hand wieder unter der Bettdecke hervor und ergriff meine dargebotene, auf dem Bett ruhende Linke.
Die Verständigung in diesen letzten Tagen ging nur mit Hilfe von Blicken, selten ließ sich noch ein anderer Zugang finden. Als Attila einmal nach dem Arztbesuch aufgeregt wirkte, begann ich meine äußerst spärlichen Ungarischkenntnisse zu nützen und redete begütigend

in der Sprache seiner Kindheit auf ihn ein. Die Augen haben ganz deutlich reagiert, und als ich bald am Ende meiner Möglichkeiten war, habe ich mich nur mehr singend ausdrücken können, im Ungarischen, denn Texte wußte ich einige. So sang ich, ganz leise, dem alten Mann in seinem Bett manches vor, das er kannte – »Szeretnek majus« oder »Piros, piros, piros«, und da hat er begonnen mitzusummen.

Mit Gesang hat auch eine Erinnerung dieser letzten Tage und Wochen zu tun, die ich nur indirekt erlebt habe. Da lag auf einem Tisch in Attilas Zimmer eine maschingeschriebene Briefkarte, und darauf stand kein Brief, da war ein Text geschrieben, den der gelernte Österreicher sofort erkennt: »Da draußen im luftigen Garten ...« – zwei Strophen aus dem *Walzertraum* von Oscar Straus, mit dem Refrain »Leise, ganz leise ...«. Wieso denn das hier läge, habe ich gefragt, und da hat man es mir erzählt.

Wenige Tage vor seinem Schlaganfall hatte Attila Hörbiger sich gewünscht, dieses Lied zu hören, aber es gab keine Schallplatte vom *Walzertraum* im ganzen Haus. Doch an diesem Tage waren beide Schwestern da, und so rief Erna den Freund Franz an, Prof. Bauer-Theussl, Dirigent an der Wiener Volksoper. Der Franz hat dann der Erna den Text via Telephon diktiert, sie hat ihn mit der Maschine geschrieben, und dann haben die beiden Schwestern und der alte Schauspieler »Leise, ganz leise ...« gesungen.

Die letzten Tage im Leben Attila Hörbigers waren voll von Leben und Würde, trotz des seltsamen Gegensatzes:

die Heurigenmusik vom danebenliegenden Lokal, das Lachen durch die Nacht über Wien und in seinem Bett der alte Mann. Besuche kamen, die Schwägerin Martina Hörbiger, Witwe nach dem Bruder Alfred, und manche Freunde. Immer waren viele Menschen um ihn, oft bis spät in die Nacht, um bei einem allfälligen Erwachen für diese letzten Möglichkeiten eines Wohlbefindens sorgen zu können. Maresa kam aus Berlin, Elisabeth von ihrer Fernseharbeit.

Am Abend des sechsten Tages nach seinem Schlaganfall ging Attila Hörbigers Leben zu Ende. Paula Wessely war bei ihm, die Töchter waren bei ihm. Wir haben an seinem Bett gebetet, haben noch viele Stunden miteinander verbracht, um drei Uhr früh fanden Ehefrau und Töchter endlich zur Ruhe und ins Bett, und ich blieb im Sterbezimmer. Der Arzt und ich hatten die notwendigen Schritte schon unternommen gehabt, um sechs Uhr früh stand der amtliche Leichenbeschauer da, ein Arzt, und stellte den Totenschein aus. »Das wird ein Begräbnis werden!« hat er gesagt. »Können Sie mir eine Eintrittskarte reservieren, nein, zwei, auch für meine Tochter?«

Bald danach kamen drei Herren in Uniform vom gemeindeeigenen Wiener Bestattungsinstitut. Wenn man solche Männer sieht, denkt man an Routine – wie oft erleben sie das, Tag für Tag, Woche für Woche! Aber diese drei Herren gingen still, behutsam an ihr Werk, sie haben dem Toten die von uns vorbereiteten Kleider angelegt, und während sie ihre Arbeit taten, haben sie den leblosen Körper immer wieder gestreichelt, gingen

um mit ihm, als lebte er, keine Spur von Routine, nur von großer Menschlichkeit.
Menschlich hat auch die Stadt Wien reagiert. Ich hatte, als wir sicher wußten, daß es zu Ende ging, den Bürgermeister gebeten, das vorgesehene Ehrengrab auf dem Zentralfriedhof gegen ein Grab der Gemeinde Wien auf dem Grinzinger Friedhof tauschen zu wollen, und Helmut Zilk hat das auch sogleich zugesagt. Auf diesem Friedhof liegt ja auch Rolf Biglers Grab, und der Spaziergang von der Himmelstraße zum Grab würde dann nicht weit sein und weniger mühevoll für Paula Wessely als der Weg quer durch Wien zum Zentralfriedhof im elften Bezirk.
An diesem Morgen ging ich, um die Männer von der Bestattung in Ruhe ihre Arbeit abschließen zu lassen, aus dem Haus und spazierte zum Grinzinger Platz. Da sah ich an der Tür der Tabaktrafik die neuen Zeitungen und über die ganze erste Seite der »Kronen Zeitung« das schöne alte Gesicht Attilas, dem ein kompetenter Nachruf von Georg Markus gewidmet war.
Christiane und ich fuhren mit dem Nachtzug nach Zürich, um Trauerkleidung zu holen, um Sascha mitzunehmen. Wir kauften für ihn die obligate schwarze Krawatte und ein Paar einfacher schwarzer Schuhe, und der Verkäufer, der uns erkannt hatte und wohl den einen oder anderen Nachruf in den Schweizer Zeitungen gelesen hatte, sagte mit stark ungarischem Akzent zu Sascha: »Fahren Sie zu Begräbnis von Großvater?«
Einen ungarischen Akzent sollte auch dieser Abschied haben, sowohl die traditionelle Trauerfeier im Burg-

theater als auch der Abschied der Familie in der Kapelle des Grinzinger Friedhofs.
Christiane und ich gingen zur Besprechung der offiziellen Parte und der Trauerfeier ins Burgtheater. Wir vereinbarten, daß als Abschiedsmusik für Attila die alte Kaiserhymne von Joseph Haydn und die Zweite Ungarische Rhapsodie von Franz Liszt zu hören sein sollten, Musiker der österreichischen Bundestheater würden spielen. Das hat dann auch so stattgefunden, aber gerade an der Stelle, um die es uns Attilas wegen gegangen war, wo die Fröhlichkeit beginnt, der Csárdás im zweiten Teil, hat das Orchester abgebrochen. Das haben sie sich nicht getraut, und das ärgert mich noch heute.
Thomas Bernhard, der große Schwierige, den jetzt alle verstanden haben und posthum umarmen, war ein Verehrer von Paula Wessely und Attila Hörbiger. Damals, am Tag des Begräbnisses, sah ich ihn am Wegrand stehen, und wenige Monate später konnte man lesen, er habe sich dieses »Lemurentreffen« angesehen. De mortuis nil nisi bene.
Hinter dem Sarg gingen Witwe und Töchter und Enkel, die drei Buben, Sascha, Cornelius und Manuel. Attila war auch ein wunderbarer Großvater gewesen, er muß seine eigene Bubenzeit noch deutlich im Gedächtnis gehabt haben, sonst ist das nicht zu erklären.
In der Kapelle wurde das Schubert-Streichquintett gespielt, der alte Freund Pater Beda Döbrentei sprach die letzten Worte in ungarischer Sprache. Er hatte schon den letzten Weg Rolf Biglers begleitet, und er hat Sascha getauft.

Für Paula Wessely müssen das unfaßbare Tage und Stunden gewesen sein. Jeder Mensch, der seinen Partner liebt und ihn nach so vielen Jahren verliert, hat das erlebt. Aber hier nahmen zwei Theaterlegenden voneinander Abschied, hier war eine große Künstlerin im Begriff, ihren Lebens- und den wichtigsten Bühnenpartner zugleich zu verlieren – Genia Hofreiter verlor Friedrich Hofreiter, Cornelius Melody sagte Nora Melody adieu, die Henriette Alt aus dem *Engel mit der Posaune* nahm Abschied von Franz Alt.

Ich habe Christianes Mutter mit ihrer konzentrierten Ruhe, ihrer Würde bewundert. Sie hat Anordnungen getroffen, ist stundenlang am Rand des Bettes gesessen, sie hat den Priester ins Haus gebeten, und in den Tagen und Wochen nach Attilas letztem Weg hat sie mit Stil und Sicherheit Dank zu sagen gewußt, hat sich um Grabstein und Inschrift gekümmert, hat mir unwahrscheinlich imponiert. Und die Freundschaft, deren Attila Hörbiger mich gewürdigt hatte, ging nun auf seine Frau über.

An einem der Abende nach Attila Hörbigers Tod sind Christiane, Elisabeth und ich bei Erich Winterstein gesessen, der Attila noch aus Max Reinhardts Zeiten gekannt hatte, aus Salzburg, wo er Regieassistent gewesen war. Der ORF hat zu Ehren des Toten das Programm geändert gehabt und brachte die unvergeßliche *Lumpazivagabundus*-Aufführung der Salzburger Festspiele, in der Attila den Schuster Knieriem gespielt hatte.

Den großen Komödianten in dieser Rolle wiederzusehen, mit ihm und über ihn lachen zu können, die beiden Töchter neben sich zu wissen, denkend, wie ihnen wohl zumute sein würde – das alles ging noch. Aber als ein Moment kam, in dem Attila aus der Figur des versoffenen Schusters herauswuchs, in einer Traumszene, und mit aller Eleganz, zu der er fähig war, sich im Csárdásschritt bewegte, da hat es uns alle erwischt, an diesem Abend.

Die nächsten Monate brachten Christiane wieder nach Hamburg zum *Erbe der Guldenburgs*, mich zuerst und dann auch Sascha nach Salzburg. Im Herbst waren wir wieder zusammen in Zürich. Kurz war alles wie früher, denn Christiane hatte eine Premiere im Schauspielhaus, sie wirkte in einer Revue mit, die an die Zeit der Emigration erinnerte – *Werft Eure Herzen über alle Grenzen* hieß sie und zwang Christiane wieder einmal zum Gesang.

Sie ist dann immer sehr aufgeregt und zeigt, wie schwer das alles ist, aber sie singt in Wirklichkeit außerordentlich gern, denn sie kann es ja auch. Wenn man als Rößl-Wirtin, Offenbach-Eurydike, wenn man in *Kiss me Kate* bestanden hat, kann einen ein Chanson nicht wirklich mehr schrecken.

Im Frühjahr 1988 wurde Christiane von einer Rolle eingeholt, die sie Jahre zuvor schon bei den Salzburger Festspielen verkörpert hatte – der Genia Hofreiter im *Weiten Land* von Arthur Schnitzler. Daß dieses Stück in Baden bei Wien spielt, hat mir Gelegenheit gegeben, schon eingangs davon zu berichten.

Im Sommer hat Christiane, wenn es sich irgendwie mit ihren anderen Arbeiten vereinen ließ, ja gerne beim »Fest in Hellbrunn« mitgewirkt. Diesmal kam sie auch zur Präsentation meines Buches »Hellbrunn. Ein Fest«, das wir im Rahmen eines eigens für diesen Anlaß mit dem Verlag erdachten Prunkfestes vorgestellt haben. Für Christiane war und ist Salzburg eben die Stadt des Jedermanns Attila Hörbiger, des Gretchens Paula Wessely, der Buhlschaft Christiane Hörbiger, und seit Jahren schon setzt, nunmehr allein, die Schwester Elisabeth Orth diese Familientradition fort.
Im Herbst 1988 lief unser Mietvertrag in Wien ab. Wir haben ihn nicht verlängert, aus mehreren Gründen. Damals waren wir, fast das ganze Jahr 1988 über, auf Haus- oder Wohnungssuche. Christiane, die oft mehr an andere als an sich selbst denkt, hat mich immer wieder ermuntert, nun den alten Gedanken zu verwirklichen und in Italien einen Zweitwohnsitz zu nehmen, der ja eines Tages auch ein Hauptwohnsitz sein könnte. Solange ich als Aushängeschild für mein Heimatland, rund zehn Jahre lang, durch eine monatliche Fernsehsendung für Österreich tätig war, hätte ihr das weniger gefallen, aber jetzt fand sie das eine gute Idee. Ich war nicht ihrer Meinung, denn je älter man wird, desto mehr sehnt man sich wohl nach den eigenen Wurzeln, den Freunden der Kindheit, und, selbst wenn man in einem anderen Idiom noch so sehr zu Hause ist, auch nach der eigenen Sprache. So wurde es also nach langem Suchen Baden bei Wien.
Diese Jahre, vergleicht man sie miteinander, mögen

manchmal austauschbar wirken, haben ähnliche Abläufe. Aber immer wieder sticht das eine oder andere Ereignis hervor, und solch ein Ereignis war seinerzeit der erste Abend der Ausstrahlung von *Das Erbe der Guldenburgs*.

Christiane kam nach Zürich, sie war länger weggewesen und bemühte sich um ein Flugzeug, das sie noch am Spätnachmittag des ersten *Guldenburg*-Tages ankommen ließ. Sascha und ich bereiteten ein Abendessen vor, stellten Champagner kalt und erwarteten neben Christiane auch noch ihre Freundin Bibi Gessner. Als alles soweit war, machte ich mich auf den Weg zum Flughafen, um Christiane abzuholen.

Ich hatte genügend Zeit, so schlenderte ich durch die Zürcher Altstadt und nahm am Bahnhof einen Zug zum Flughafen Kloten. Die Abfahrtszeit stimmte, ich stieg ein, setzte mich ans Fenster, der Zug fuhr los. Als er entgegen seiner Gewohnheit die ersten Stationen durcheilte, eine andere Strecke als die vertraute wählte und kräftigjubelnd am Zürichsee dahinzog, anstatt mich via Oerlikon nach Kloten zu bringen, hätte ich eher an eine Eisenbahnentführung gedacht als an falsches Einsteigen. Der Kondukteur meinte, der Zug führe durch bis zum St. Gotthard – aber dann hat er gelacht, nein, nein, das wäre ein Witz gewesen, der nächste Halt sei Ziegelbrücke, und von da hätte ich einen Zug retour nach Zürich um... also, ich bin jedenfalls noch mit Müh und Not zurechtgekommen.

Christiane hatte mich nicht in der Flughafenhalle gesehen, hat also geschlossen, ich hätte es nicht geschafft

und war heimgefahren. So begann für mich die erste Folge jener Serie, die Christiane wieder eine neue Art von Bekanntheit verschaffte, die sie auch in nicht deutschsprachigen Ländern zum Publikumsliebling machen sollte, mit einer nicht geringen Aufregung.
Ich kann mich einfach nicht mehr an unsere ersten Reaktionen erinnern. Mir hat diese erste Folge, glaube ich, gut gefallen, aber ich weiß es nicht mehr sicher. Mich hat aber an der gesamten Serie so beeindruckt, daß da eine stolze Reihe erster Schauspieler ihre Aufgabe ernst genommen hat. Wenn man diese Serienkonflikte nämlich nicht ernst nimmt, wenn man zeigt, daß man das alles ohnehin nur für Schmarren hält, dann wird es auch einer. Aber so, ernst genommen, wurden die vielen Folgen zu einer Reihe von Begegnungen mit schauspielerischen Leistungen von Brigitte Horney und Bernhard Wicki, von Stewart Granger und Ruth Maria Kubitschek und all den anderen Darstellern. Natürlich hat mich Christianes Anteil immer am meisten interessiert, und gerade sie hat in den vielen ernsten Szenen zeigen können, was sie alles kann.
Immer wieder gab es in dieser Serie einen Wechsel der Darsteller und einmal auch des Regisseurs. Von Jürgen Goslar hat Gero Erhardt die Regie übernommen. Da er den größten Teil dieser langen Arbeit begleitet und geleitet hat, wuchs zwischen dem Sohn des prominenten Komikers Heinz Erhardt und der Tochter der berühmten Theaterfamilie eine Freundschaft, über die wir alle uns heute noch freuen, denn Christiane kann mit Gero sehr gut arbeiten und freut sich über seine Angebote.

Lieblingsregisseure – das wäre auch ein Unterkapitel, ein langes! Neben einigen anderen ist da wohl an erster Stelle Xaver Schwarzenberger zu nennen, dem Christiane nicht vergessen hat, daß er ihr zu ihrer zweiten intensiven Wiederbegegnung mit dem Film verholfen hat. Und Peter Weck, mit dem Christiane mehrmals für das Fernsehen, einmal auch für den Film gearbeitet hat. Und dann natürlich die Lieblingsregisseure am Theater, aber nun wollen wir beim Film bleiben.

Als 1984 das Schauspielhaus und sein Direktor Gerd Heinz, der damals sehr verständnisvoll war, grünes Licht und einen Urlaubsschein gegeben hatten, begann Christiane in Xaver Schwarzenbergers Regie *Donauwalzer* zu drehen, bald folgte ein weiteres Angebot von ihm, das sie nicht wahrnehmen konnte. Aber eine der Folgen von *Donauwalzer* hieß *Schtonk*.

Xaver hatte Christiane bei der Wiener Filmpremiere von *Donauwalzer* im Metro-Kino mit Helmut Dietl bekannt gemacht. Der hatte schon einen tollen Ruf in der Branche, nach seinen TV-Erfolgen mit *Monaco Franze* und *Kir Royal*, und er hat Christiane dann die Rolle der Freya von Hepp in *Schtonk* angeboten.

Mein Gott, ich darf nicht daran denken, wie skeptisch ich zu Beginn war! Das Drehbuch hatte freilich noch etwas anders ausgesehen, darin drohten Christiane manch heikle Szenen, und da in Österreich ja die Diskussion über die Vergangenheit im Dritten Reich bis heute nicht abgeschlossen ist, fand ich auch die Idee, daß Christiane eine Nichte von Hermann Göring spielen sollte, nicht wirklich gut.

Wir saßen im ersten Stock des »Pfauen«, des Restaurants im Gebäude des Zürcher Schauspielhauses. Christiane hatte Vorstellung gehabt, *Der Geizige* von Molière in Rudolf Noeltes Regie. Wir begannen, Für und Wider abzuwägen, und »Für« war zu diesem Zeitpunkt vor allem das Team Helmut Dietl/Xaver Schwarzenberger für Regie und Kamera. Doch dann gab es, wenige Tage später, eine Besprechung mit dem Kostümbildner Bernd Stockinger, ein geändertes Drehbuch und keine Bedenken mehr. Christiane spielte ihre Rolle inmitten einer allerersten Besetzung von Götz George bis Harald Juhnke, von Martin Benrath bis Rolf Hoppe, von Ulrich Mühe bis Uwe Ochsenknecht, und ein Erfolg war eigentlich zu erwarten. Daß es ein so großer Erfolg sein würde, das war schon wieder eine Überraschung.
Journalisten, die wegen *Schtonk* anriefen und mit Christiane gerade darüber sprechen wollten, befreundete Kinobesucher, die Kritiken brachten mir zuerst die Kunde von Christianes persönlichem Erfolg. Als der Film in Wien anlief, hatte ich Gelegenheit, mich selbst davon zu überzeugen, und ich ging mit Christianes Mutter in ein Kino im ersten Bezirk. Vor dem Kino standen schon sehr viele sehr junge Besucher, und gerade die Reaktion dieser sehr jungen Zuschauer hat Paula Wessely gefallen.
Das war aufregend, zugleich Christiane in dieser Rolle, mit diesem von ihr auf der Drehbuchgrundlage erfundenen Typ von Frau zu sehen, das Echo der Kinogänger mitzuerleben und dazu noch die Reaktionen von Christianes Mutter beobachten zu können, die ja in diesem

Moment nicht nur die Tochter sieht, sondern auch die Kollegin aus der Filmbranche.

Wir sind damals nach der Vorstellung in das italienische Restaurant gleich ums Eck gegangen, und ich habe am nächsten Morgen telephonisch das Wessely-Lob für Kamera, Regie, Tochter-Darstellerin weitergeben können. Das tut man gerne, Überbringer guter Nachrichten machen sich beliebt, und das Lob der Paula Wessely hat sein Gewicht.

Mit *Donauwalzer* und *Schtonk* hatte Christiane an ihre erste Filmzeit angeknüpft, eine ganz andere Zeit freilich, und wenn man dem deutschen oder dem österreichischen Film in Zeitungsartikeln oder Gesprächen keine gute Chance gibt, ärgert sie das, verständlich, denn sie hat ja erlebt, daß es auch anders geht. Nun bin ich über das Thema Lieblingsregisseur zum Film gekommen, vorsichtig versuche ich in die Chronologie unserer gemeinsamen Jahre wieder zurückzufinden.

Das *Erbe der Guldenburgs* hat Christiane auch noch lange nach dem letzten Drehtag begleitet, und so ist es auch heute noch. Immer wieder kam damals die Nachricht, dieses oder jenes Land habe die Serie angekauft: Italien, Finnland, Ungarn, England, China, Großbritannien und viele andere Länder. Das führte dann dazu, daß ich, dank Kabelfernsehen in Zürich, Christiane ebenso als Contessa di Guldemburg – jawohl, kein Setzfehler, sondern Übersetzung – sah, wenngleich nicht hörte, die Stimme gehörte ja einer Italienerin, wie auch in der französischen Version. Synchronisiert in weiteren Sprachen habe ich sie leider nicht erlebt, schade.

Eines Tages kam ein Anruf aus Budapest, das war etwa 1989 oder 1990 und kam nicht oft vor. Der Chefredakteur der Zeitung »Nepszabadság« meldete sich und berichtete, man würde demnächst die Fernsehbeilage in Farbe gestalten – das gab es bis dahin noch nicht in Ungarn –, und das Titelphoto werde ein Bild von Christiane Hörbiger sein. Dazu werde nun also ein Interview gebraucht. Damals haben wir gerade eine kleine Ungarnreise geplant, wir wollten sie gemeinsam mit Christianes Mutter machen. So haben wir dieses Telephongespräch als guten Beginn empfunden, haben unsere Reise angekündigt, einen uns allen möglichen Termin gefunden, diesen dann vor anderen beruflichen Terminen geschützt, und dann ist aus der Reise wieder nichts geworden. Inzwischen hatte Paula Wessely auch gemeint, sie sähe zuerst lieber Prag als Budapest, und wir haben die Planungsrichtung geändert.

Prag war immer schon eine Stadt von großer Bedeutung für einen Wiener. Die gemeinsame Geschichte, gewisse Ähnlichkeiten in Stadtbild und Charakter der Bewohner, die Freude an der Musik, der Architektur, dem Theater, all diese Zeichen einer Verwandtschaft haben uns in den Jahren des ärgsten Kommunismus mit all der grauen Stimmung, die er an der Moldau hervorgerufen hat, immer wieder nach Prag blicken und auch reisen lassen.
Für Paula Wessely gab es viele persönliche Gründe, gerne an Prag zu denken. Sie bekam als junge Schauspielerin am Deutschen Volkstheater in Wien einen

Antrag des Deutschen Theaters Prag und zog für die Spielzeit 1926/27 von der österreichischen Hauptstadt in die böhmische. »Ein wienerisches Kind, wie ihre berühmte Tante Josefine in jungen Jahren zu gutem Namen aufgestiegen, wird sie auch in Prag zu entzücken wissen«, schrieb damals das »Wiener Tagblatt«.
Paula Wessely wußte zu entzücken, ihr Publikum, die Kritik, die Theaterdirektion, die sie nicht mehr nach Wien zurücklassen wollte, und einen Schauspieler am Deutschen Theater namens Attila Hörbiger. Und so dachte Paula Wessely eben gerne an Prag, an ihre damaligen Quartiergeber, an alte Freunde.
Die Reise hat stattgefunden, im Herbst 1990. Ich hatte gleich mehrere Gründe, gerade um Allerheiligen nach Prag zu fahren: Ich hatte einen kleinen Vortragsabend, und zu ebendiesem Termin waren auch einige Freunde auf Kunstreise und planten Station in Prag zu machen. Ich rief den damaligen österreichischen Botschafter Dr. Karl Peterlik an, erzählte ihm von unserem Plan und reservierte mit seiner Hilfe unsere Hotelzimmer.
In der Himmelstraße in Grinzing sind wir losgefahren, in Budweis sind wir zum erstenmal stehengeblieben, und das ist eine weite Strecke. Aber wir hatten so ein Vergnügen an dieser Fahrt, und Christianes Mutter war voller Vorfreude und Neugier. Sie hatte die Stadt seit den Vierzigerjahren nicht wiedergesehen, und zuletzt war sie mit Attila dort gewesen.
Wir wohnten in einem damals ganz neuen Hotel, nahe dem Hradschin, im Stadtteil Dejvice. Drei Tage lang sind wir durch Neustadt, Altstadt, Kleinseite, Kampa

spaziert, drei Tage lang hat Paula Wessely Wiedersehen gefeiert. Da gab es die Wiederbegegnung mit der alten Apotheke gleich unterhalb des Hradschin, mit der damaligen Wohnung der kaum Zwanzigjährigen, und immer wieder eine Erinnerung, eine Frage, ein Lächeln. Die Österreicher konnten sich auf dem Prager Burgberg behaupten, konnten die Residenz ihres Botschafters gegen alle Übernahmegelüste der früheren tschechoslowakischen Regierungen verteidigen. Dr. Peterlik hatte mit seiner Familie einen Wien-Urlaub verkürzt, und wir waren Gäste eines österreichischen Mittagessens in Vollendung. Auf dem Weg zu dem kleinen Palais der Botschaft kamen wir gerade in dem Augenblick am großen Eingangstor des Hradschin vorüber, als die Garde mit Fanfaren und in neuer Uniform Wachablöse hatte – auch das war ein Zeichen der damals noch jungen demokratischen Freiheit. Diese bunten Spielzeugsoldaten in ihren rot-weiß-blauen Uniformen mit den säbelbewehrten Offizieren ließen nicht an Krieg und Gefahr denken, ihre Vorgänger hatten die schon durch ihre Farbe unerfreuliche Armeeuniform getragen, mit Maschinenpistolen und ohne jegliche Fanfare. Vor dem Erzbischöflichen Palais hielten schwarze Autos, über die Köpfe der Menschenmenge hinweg konnte man sehen, wer da wen besuchte: der deutsche Außenminister Genscher den uralten Kardinal Tomaschek – und wir spazierten zu unserem österreichischen Anlaß. Man mußte keine Angst mehr vor Geheimpolizisten und für die Prager Demokratie haben, und das hat auch noch alles zu einem schönen Sonntag beigetragen.

An unsere Pragreise denkt Christiane ebensogerne wie ihre Mutter. Die Ungarnreise sollte, gerade unter dem frischen Eindruck der Fahrt durch Böhmen und Mähren, möglichst bald nachgeholt werden – aber dann brach sich Christianes Mutter den rechten Unterarm, und so ist bis heute nichts daraus geworden.
Als einen bescheidenen Ersatz konnte ich ihr einen Dreiländersonntag bescheren – von Grinzing nach Rohrau in das Geburtshaus von Joseph Haydn, weiter nach Ungarn zum Mittagessen in Mosonmagyarovar und danach zum Kaffee nach Preßburg, das heute Bratislava heißt.
Dort hat Paula Wessely mir die Stelle gezeigt, an der Attila Hörbiger und der Prager Konditor Schuh einander wiedergesehen haben, nach einigen Jahren, und aus dieser Begegnung ist dann ja jene Konditorei in Badgastein entstanden, die als wirtschaftliches Rückgrat gedacht und als katastrophaler Subventionsfall zur Last gefallen war. »Wenn ich bedenke, was wir bei jedem Tortenstückel draufgezahlt haben, da hätten wir allen Angestellten einen Mercedes kaufen können«, hat Attila Hörbiger immer wieder gesagt. Aber mit der zeitlichen Distanz von vielen Jahren war der Ärger über den wirtschaftlichen Verlust geschrumpft, und so standen wir nun auf dem Platz vor dem Theater und mußten plötzlich lachen über dieses Symbol der Sinnlosigkeit vieler Pläne. Doch da war ja Christiane nicht mit, also gehört die Geschichte nicht hierher, und so wollen wir Preßburg schnell wieder verlassen.

Auch zur Ungarnreise ist es noch gekommen, denn Christiane hatte ein Angebot des Ungarischen Fernsehens angenommen und hat an Béla Ernys Fernsehshow mitgewirkt. Aber diese Reise haben wir eben leider ohne ihre Mutter antreten müssen, der Termin der TV-Show stand schließlich fest.

Immer wieder hatten wir solch eine Fahrt geplant gehabt, und immer wieder war das schiefgegangen. Richtig gutgegangen war es ja auch dieses Mal nicht.

Beim ersten derartigen Versuch waren wir mit dem Auto unterwegs. Sascha, Christiane, ich. Wir hatten unsere österreichischen Pässe mit – Christiane und Sascha haben ja auch einen eidgenössischen Paß. Zwei Tage waren vorgesehen, dann wartete in Wien wieder irgendeine Arbeit auf uns. Der Ruf Wiens war aber so stark, daß er uns schon an der Grenze eingeholt hat, noch am selben Abend waren wir wieder in unserer damaligen Wohnung. Christiane hatte zwar einen Paß, aber der war abgelaufen, und was in den westlichen Ländern schon seit langer Zeit üblich war, galt nicht an der ungarischen Grenze – daß nämlich ein Paß auch noch sechs Monate nach dem letzten Gültigkeitsdatum zum Grenzübertritt verhilft. Die Zöllner und Grenzsoldaten hatten für Christianes Paß kein Verständnis, und Sascha hat zum ersten Mal etwas mehr vom Burgenland gesehen, auch nicht schlecht.

Der nächste Startversuch fiel dem gebrochenen Arm der Paula Wessely zum Opfer, und zum übernächsten hätten wir lieber erst gar nicht antreten sollen.

Die Reise in der Eisenbahn war angenehm und nicht zu

lang, das Hotel war das berühmte »Gellért« und den Erwartungen entsprechend in Ordnung. Die TV-Show war anständig gemacht, der Gastgeber Béla Erny machte seinem Land als einer Heimat der Kavaliere durchaus Ehre, und am zweiten Tag wären wir beinahe eingesperrt worden.

Jedermann hat seine Lieblingsgeschichten. Die mögen dem Zuhörer manchmal auf die Nerven fallen, aber dann sind sie nicht gut erzählt oder strotzen von Selbstlob. Kleine Erzählungen, in denen die berichtende Hauptperson nicht allzu gut aussteigt, die mag man besonders gern. Wer über sich selbst lachen kann, ist zumeist auch ein guter Erzähler, und beides trifft auf Christianes Mutter zu.

Sie hatte als junges Mädchen mit einem schon bekannten Namen bei einer Einladung vor der Gesellschaft mit ihren Berichten aus Prag, aus Berlin geglänzt, begann nun, Vergleiche zu ziehen und erwähnte beiläufig, wie kurz und lächerlich doch die U-Bahn von Budapest sei und wie sehr stolz die Bürger auf diese technische Leistung seien. Es wurde still, man nahm den Faden nicht auf, und ein Herr mit mächtigem Vollbart fragte, ob sie denn wisse, wer diese so lächerliche Budapester U-Bahn konstruiert habe. Nein, nein, das wisse sie nicht, antwortete die sehr junge Wessely. »Ich«, sagte der Herr im Vollbart.

Das ist ein guter Moment, angenehm, wenn einem das widerfährt – da muß man erst wieder herausfinden.

Paula Wessely hat herausgefunden. Der Herr fand sie köstlich, er war nicht böse, er hat sich vielmehr sehr

amüsiert, und die Wessely hat später seinen Sohn geheiratet.
Das Lexikon nennt unter »Hörbiger, Hanns, 1860 – 1931« zwar das von ihm erfundene Stahlplattenventil und auch die Welteislehre, aber die Budapester U-Bahn kommt da nicht vor. Nun erwachten Christiane und ich also im schönen Jugendstilhotel, der Himmel war blau, die Luft mitten in der Stadt einladend gut, und die Donaubrücke gerade vor der Hoteltüre führt in das Zentrum. Wir machten uns auf den Weg. Durch die Váci utca spazierten wir gemächlich zum Vörösmarty-Platz, nahmen unseren Kaffee in der nun wieder nach ihrem Schweizer Gründer Gerbeaud benannten Prachtkonditorei, freuten uns an den sichtbaren Zeichen des Aufschwungs von Chanel bis Escada anstelle der letzten Modelle aus Moskau und näherten uns jenem historischen Stückchen U-Bahn.
Heute ist das unterirdische Schienennetz der Hauptstadt der Magyaren dicht und viele Kilometer lang. Im Jahr der Millenniumsfeier 1896 betrug die Länge dieser ersten U-Bahn von Europa nur etwas mehr als einen Kilometer. So mußten wir also suchen und uns durchfragen, und schließlich standen wir vor einer modernen Station, die man uns aber als den Beginn geschildert hatte, und so gingen wir auf die Suche nach der verlorenen Millenniumsbahn. Wir nahmen, wie eine große Menge um uns auch, die Rolltreppe, die abwärts, lang und modern, gar nicht historisch-hörbigerisch, führte, kamen auf anderem Niveau an, erkannten das als die falsche Station, fuhren mit der Rolltreppe wieder auf-

wärts, verließen die Station und wurden von Männern in verschiedenen Uniformen festgehalten. Was sie von uns wollten, verstanden wir nicht auf der Stelle, aber bald, und ich begann ungarisch-deutsch, leider im Verhältnis 1:10, zu erklären, daß wir ja keine Fahrkarte bräuchten, weil wir ja nicht mit der U-Bahn zu fahren gedächten, sondern nur die Station ansehen wollten, die schließlich vom Großvater der neben mir stehenden Dame im Jahre 1896 anläßlich der Ankunft des Helden Arpad in Begleitung des sagenhaften Vogels Turul... aber das war den Männern eher gleichgültig. Sie wollten eine Fahrkarte sehen, die hatten wir alle beide nicht, ich rief die Polizei, die Männer wurden böse, die Polizei kam in Form einer hilflosen jungen Frau, alle Erklärungen begannen von vorne.
»Lassen Sie meinen Arm los«, höre ich Christiane ausrufen, »Lassen Sie ihren Arm los!« hört Christiane mich rufen, und ich beginne wieder: »Also, der Großvater dieser Dame, sie ist wegen einer TV-Show – Magyar televizio, nem? – hier, bitte, also Hörbiger János, Ingenieur, Millenniumsbahn, nicht fahren wollen –«, sinnlos. Die Polizeifrau sagt leise zu uns in halbwegs gutem Deutsch: »Seien Sie vorsichtig mit diesen Männern«, oder so ähnlich, der eine sagt dann auch noch etwas in Deutsch, aber das mag ich hier nicht niederschreiben, und wir werden sehr ängstlich. Als man uns losläßt, gehen wir kleinlaut davon, setzen uns in eine Bar und verzichten auf den Anblick des großväterlichen Meisterwerks, wir haben heute der Geschichte Opfer genug gebracht. Ich nehme einen Magenbitter Marke Unicum

und beschließe, dieses Land nie wieder zu betreten. (Vier Wochen später gehe ich mit der Kollegin Lotte Ledl auf Lesereise von Miskolc bis Budapest. Konsequenz ist ungemein wichtig, aber der schönste Sieg ist der Sieg über sich selbst.)
Diese Reise also haben wir ohne Christianes Mutter gemacht, und im Augenblick der Schmach, am Rande der Verhaftung war ich darüber froh. Das hätte eine gute Schlagzeile in den Zeitungen ergeben – »Paula Wessely, Christiane Hörbiger und Gerhard Tötschinger in Budapester Gefängnis. U-Bahn-Schwarzfahrten, Widerstand gegen die Staatsgewalt. Die Untersuchungen sind im Gange.« So weit ist es also nicht gekommen.
Mit Christiane zu reisen ist an sich ideal. Vorher ist es immer mühevoll, aber hat die Reise einmal begonnen, ist alles ganz einfach. Ihr Humor hat angesichts der neuen Eindrücke viele Gelegenheiten zu prächtiger Entfaltung, auch wenn sie zuerst immer in den Widerstand geht. Wenn ich Museumsbesuche androhe, marschiert sie stundenlang neben, mit und sogar vor mir durch Vatikanische Museen und ungarische Galerien. Ist es einmal soweit, dann hat sie auch nicht mehr Angst, daß der Wasserhahn in der Badewanne laufen könnte oder daß wir vielleicht in der Küche nicht alle Herdplatten abgestellt hätten. Da wird noch einmal zurückgegangen, wenn schon das vollgepackte Auto vor der Tür steht, manchmal muß man auch zweimal zurückgehen, das Haus wieder aufsperren und noch ein allerletztes Mal nachsehen. Aber wenn wir dann in einem Lokal an der Piazza in Bergamo sitzen oder gerade in Budapest

verhaftet werden, denkt Christiane nicht mehr an diese häuslichen Sicherheitsfragen und ist der angenehmste Reisekamerad, den man sich denken kann.
Leider läßt sich nicht oft die Probe aufs Exempel machen, denn wir schaffen es einfach nicht, einmal wirklich auf Urlaub zu gehen. Doch darüber habe ich mich schon beklagt, und so will ich das nicht wieder aufwärmen.
Vor einigen Jahren hat sich in unser beider Leben, in unserem gemeinsamen Leben eine neue Wendung ergeben, eine spannende Wendung, und die ist mir ein eigenes Kapitel wert.

Miteinander arbeiten

Als wir einander kennenlernten, hatte Christiane natürlich schon ihren großen Namen, aber ich hatte auch schon einen gewissen Erfolg im Rücken. Christiane hat mich nicht zu ihrer Karriere gebraucht, sie hat immer mit bedeutenden Regisseuren, guten und oft wunderbaren Bühnenpartnern zusammengearbeitet – was also sollte ich da?

Ich habe mich jahrelang gewehrt, gegen gemeinsame Fernsehsendungen, Lesungen, gegen jede gemeinsame berufliche Tätigkeit. Damals lief meine TV-Serie *Quiz in Rot-weiß-rot* jeden Monat – aber niemals habe ich Christiane gebeten, dabei mitzumachen. Das haben wir jahrelang mit großer Konsequenz so gehalten. Es gab nur eine Ausnahme: Christianes Lesungen.

Ich habe immer wieder, manchmal für mich selbst, oft für Kollegen, Leseprogramme gestaltet. Ich suche Texte, die noch nicht so bekannt sind, bin beinahe jeden Tag in einem Antiquariat, in einer Bibliothek, renne in jede Ausstellung – also irgend etwas muß ja da hängenbleiben, das wäre ja traurig. Und so finde ich eben manches Mal etwas Ungewöhnliches.

Christiane hat vor vielen Jahren die Idee des Zürcher Theaterdirektors Eynar Grabowsky aufgegriffen, hat damals eine Lesung mit Dichtung aus Österreich gestaltet, selbst zusammengestellt, und hat auch später viele Auftritte mit einem Heinrich-Heine-Programm und mit Goethe-Gedichten gehabt.
Da konnte ich im Hintergrund stehen, mußte nicht auf dem Programm und nicht in der Ankündigung aufscheinen, und so habe ich vom ersten Tag unseres Zusammenseins an über Christiane-Hörbiger-Lesungen nachgedacht: zum siebzigsten Geburtstag eines Freundes, für die Matinee der »Freunde des Schauspielhauses Zürich«, für den ORF, zu einem caritativen Anlaß, zum Thema Buch, zum Thema Muttertag und zum Thema Romantik.
Schließlich hat einmal einer dieser Veranstalter ganz bewußt und mit Absicht nach uns beiden gefragt. Christiane hat zugesagt, und so stand ich vor der vollendeten Tatsache.
Das sagt sich so. Ich habe ja niemals vergessen, wer Christiane ist – eben nicht irgend jemand, mit dem ich einkaufen und Mittagessen gehe und wasweißich, sondern immer auch und vor allem Christiane Hörbiger. Mit ihr nun da zu sitzen und neben ihr zu lesen, laut, vor Publikum, dazu hat mir das Selbstbewußtsein gefehlt, und ich war nicht nur einfach nervös, ich war unglücklich. Aber jetzt wollen wir die Koketterie nicht weitertreiben, es ist ja gutgegangen, und ähnliche Angebote haben wir dann ganz gerne angenommen, nach genauer Überlegung.

Christiane bereitet sich in stundenlanger, genauester Arbeit vor, mit großer Akribie. Dennoch ist sie nervös, hat Lampenfieber und ist froh, wenn alles gutgegangen und auch das Publikum froh ist. Adele Sandrock hat gesagt: »Das Lampenfieber kommt mit dem Talent«, und Christiane ist der lebende Beweis dafür.
Apropos – eine Sandrock-Schnitzler-Lesung habe ich auch für Christiane gebaut, richtig gebaut, aus einem Berg von Material. Zuerst hat sie alleine diese Texte vorgetragen, den Briefwechsel Sandrock-Schnitzler, und dann *Halb zwei*, ein kleines Stück von Arthur Schnitzler, dazwischen ein Walzer, komponiert vom Autor selbst für seine *Liebelei*, den die Regisseure nie verwenden, weil sie ihn nicht kennen. Dann wurde daraus ein Leseprogramm für Christiane Hörbiger und Peter Weck, als logische Konsequenz aus der gemeinsamen großen Schnitzler-Erfahrung dieser beiden. Aus dem Programm entstand eine ORF-Sendung und dann noch eine Schallplatte.
Im Laufe der Jahre haben wir eine ganze Reihe solcher Programme entwickelt. Für eine Lesung zum Thema »Romantik«, in zauberhaftem Rahmen auf der kleinen Insel im bayerischen Königssee, oder zu den Themen »Wein« oder »Österreich-Schweiz« und zu vielen anderen Themenkreisen. Diese Lesungen haben uns durch all unsere gemeinsamen Jahre begleitet, aber eines Tages entstand aus dem Plan zu solch einem Programm etwas ganz anderes.
Anne-Marie Blanc, in Zürich wohnend, aus dem frankophonen Teil der Schweiz stammend, Dame, Schau-

spielhausstütze, mit einem Lächeln, auf das man sich verlassen kann, hatte an einem Sonntagmittag zum Essen in ihr schönes Haus gebeten. In der Runde saßen gleich mehrere Theaterleute, das Gespräch bewegte sich aber nicht nur rund um den gemeinsamen Beruf, sondern auch um ganz anderes, und so kamen wir auf Thomas Mann zu sprechen.

Christiane Hörbiger hatte seit Jahren schon vorgehabt, eine Erzählung Manns, die letzte, die er geschrieben hat, entweder in einer Filmversion zu spielen, hat auf eine Dramatisierung gehofft oder wollte sich jedenfalls in irgendeiner Form mit dieser Geschichte künstlerisch auseinandersetzen. Christiane hat immer wieder davon zu sprechen begonnen, und eines Tages habe ich diese Erzählung gelesen und konnte Christiane verstehen.

»Die Betrogene« behandelt ein Thema, über das man nicht so gerne spricht. Im wesentlichen geht es um die Geschichte einer Frau von fünfzig Jahren, die sich leidenschaftlich in den weit jüngeren Hauslehrer ihres Sohnes verliebt, sich wieder jung fühlt, vermeint, von der Natur mit der Rückkehr der Jugend beschenkt zu werden, aber nicht merkt, daß sie dem Tod nahe ist. Auf dem Sterbebett hadert sie nicht mit ihrem Geschick, sie ist mit sich im reinen und stirbt »einen milden Tod, betrauert von allen, die sie kannten«.

Diese Erzählung, immer wieder Anlaß zu auch heftigen Diskussionen, wurde nun also an diesem Sonntagnachmittag unser Gesprächsgegenstand. Wir sprachen über ihre Aussage und ihre Entstehung, und plötzlich bekam das Thema eine Wendung ins Praktische. Denn unserer

Runde gehörten auch die Direktorin des Zürcher Theaters am Neumarkt an, Gudrun Orsky, und ein kommunaler Kulturmanager, der das Theater am Hechtplatz leitet, Nicolas Baerlocher. Beide schlugen Christiane nun eine Lesung in ihrem Theater vor, und da wir nicht gut vor den Anwesenden pro und kontra erörtern wollten, versprach Christiane, sich in den nächsten Tagen zu melden.

Wir haben uns dann aus mehreren Gründen für das Theater am Hechtplatz entschieden, und die Vorbereitung begann. Doch da zeigte sich, daß die Erzählung zu lang für eine Matinee oder einen Abend ist, daß man auch eine gekürzte Version nicht einfach nur würde vorlesen können, und daß wohl jegliche Veränderung der Zustimmung des Verlags, ja vielleicht auch der Thomas-Mann-Erben, bedürfen werde. Kurz, es war leichter gesagt als getan.

Schließlich habe ich eine Bearbeitung versucht, habe sie dem Verlag vorgelegt, der sie akzeptiert hat, und so machten wir uns an die Arbeit. In einer halb gespielten, halb gelesenen Fassung, mit Kostüm, ja Kostümwechsel und Bühnenbild, mit Musik und Licht wurde aus der »Betrogenen« ein Abend für eine Schauspielerin, und er wurde zu einem der größten Erfolge Christianes. Die Premiere in Zürich am 16. März 1990, wieder in der Ausstattung von Wolfgang Mai und Franziska Loring, brachte die Bestätigung einer langen und intensiven Vorbereitungs- und Probenzeit.

Ich hatte mich für eine Reihe von Tagen im Thomas-Mann-Achiv vergraben, in einem schönen barocken

Haus. Hier hat Johann Jakob Bodmer gelebt, Freund Goethes, von ihm in diesem Haus besucht, und auch die berühmten Brüder Stolberg und Goethes Dienstherr, Herzog Karl August, waren Besucher des großen Mannes. Im obersten Stockwerk befindet sich also das Thomas-Mann-Archiv, hier kann man die Räume sehen, in denen der Nobelpreisträger seine letzten Jahre verbracht hat – oder zumindest die rekonstruierten Räume, denn man hat die komplette Einrichtung von Bibliothek und Arbeitszimmer aus dem Hause Manns in Kilchberg hierher ins Bodmerhaus transferiert. Da stehen die Bücher, mit denen er gearbeitet hat, der breite Schreibtisch mit seiner akribischen Ordnung. In einem Nebenraum saß ich über dem Originalmanuskript und den Arbeitsunterlagen Manns, den Photographien und Büchern, und wir haben Teile davon in der szenischen Umsetzung verwenden dürfen.

Nun war es also soweit, die Premiere war da, sie war ein Erfolg, die Kritiken waren gut und das Theater bumvoll und Christiane wieder einmal erleichtert.

Aber dieses Mal war es anders als sonst: Sie war ja ganz allein auf der Bühne gestanden. Sie hatte nicht nur Rosalie, die Hauptfigur, gespielt, sondern auch die Tochter, den Hauslehrer, den Sohn, sie war Erzählerin und Darstellerin, sie stand einmal auf der Seite des Publikums und beobachtete, was sich da abspielte, und sie wechselte blitzschnell den Tonfall und stand mitten in der Handlung.

Dieses Bravourstück dankte ihr das Publikum mit einem ab der dritten Vorstellung für drei Wochen all-

abendlich ausverkauften Haus. Die damals amtierenden Zürcher Theaterdirektoren zählten ebenso zu diesem Publikum wie viele Kollegen, viele junge Leute ebenso wie manche Bewohner der Goldküste am Zürichsee und der herrschaftlichen Villen am Zürichberg.
Das Theater am Hechtplatz bekam Anträge zu Gastspielen, nicht alle ließen sich wahrnehmen, aber in Wien und in München haben wir die *Betrogene* auch noch gezeigt, und jeder Abend brachte Christiane ihren verdienten Erfolg.
Den ersten Abend in der Komödie im Bayerischen Hof in München am 27. November 1992 werde ich mein Lebtag nicht vergessen. Da stand Christiane am Ende der zweieinhalb außerordentlich anstrengenden Stunden umjubelt in endlosem Applaus, vor einem Publikum, in dem auch Kollegen mit großen Namen saßen – Maria Wimmer, Lola Müthel, Eva Pflug, Rolf Schimpf, Friedrich von Thun und viele andere. Sie hielt ihre Blumen, drückte sie an sich, und ihr Gesicht war das eines Kindes, das etwas geschenkt bekommt, sie war absolut glücklich in diesem Augenblick. Der Applaus dieses gediegenen Publikums erreichte eine Lautstärke, wie man sie vom Rockkonzert kennt, und der nächste Morgen brachte ihr gleich mehrere Angebote.
Solch einen Abend lang alleine auf der Bühne zu stehen, das hat etwas von Stierkampf. Man hat keine Chance, wenn man im Text steckenbleibt, denn da mag zwar die Souffleuse hilfreich flüstern, doch die Kontinuität ist gestört, man muß mühevoll wieder zurückfinden, und man kämpft Minute für Minute um die Aufmerksam-

keit des Auditoriums. Das läßt sich auch nicht mit einer Lesung vergleichen, denn da liegt ein Buch und man liest, aber man muß nicht aufs Trapez, ohne Netz.
In Wien hat Christiane in der Freien Bühne Wieden, bei Topsy Küppers, die *Betrogene* gebracht, und ein Jahr später auf derselben Bühne zehn Abende lang aus Werken von Stefan Zweig gelesen – da hat man einen direkten Vergleich, unter ähnlichen Umständen, und kann konstatieren, daß sich solche Abende eben nicht miteinander vergleichen lassen.
Dem akrobatischen Akt im Theater am Hechtplatz ließen wir im Jahr danach eine Serie folgen, die Christiane zwar wieder einen Erfolg brachte, sie aber bei weitem nicht so forderte wie *Die Betrogene*.
Ursula Lingen hatte nach Ida Ehres Tod die Leitung der Hamburger Kammerspiele übernommen, von ihr kam ein Angebot für das Frühjahr 1991. *Love Letters* von A. R. Gurney würde in mehreren Besetzungen gebracht werden, und Christiane Hörbiger sollte mit Kurt Meisel auftreten.
Das Stück besteht nur aus Briefen, es kann, ja muß also gelesen werden. Damit erspart man sich eine lange Probenzeit, was den Theaterpuristen zum Nasenrümpfen verleiten mag. Dieser Trick des Autors gibt aber die Möglichkeit, bei kurzer Probenzeit und ohne mühevolles Auswendiglernen zu einer ersten Besetzung zu kommen – Charlton Heston, Shirley MacLaine, Robert Wagner und viele andere prominente Schauspieler haben Melissa und Andy im englischen Original dargestellt, Bruno Cremer und Anouk Aimée haben *Love*

Letters in Paris gespielt, Ursula Lingen und Michael Heltau haben in Hamburg die Serie begonnen und wurden von Kurt Meisel und Christiane abgelöst.
Als ein Gastspiel der Hamburger Kammerspiele war der Abend in der Besetzung Christiane Hörbiger/Michael Heltau im Herbst 1991 in Wien zu sehen, im Akademietheater. Er brachte einen bejubelten Erfolg, ein volles Haus, das zwanzig Minuten nach Kassenöffnung ausverkauft gewesen war. Und nun planten wir also *Love Letters* für Zürich.
Wir ließen Musik der Zeit, also der vielen Jahre der Handlung, von der Öffnung der Theatertore bis zum Beginn des Abends das Publikum in die Atmosphäre versetzen, es gab ein Bühnenbild und nicht nur einen Tisch mit zwei Stühlen, und es gab vor allem eine hervorragende Besetzung. Christiane spielte sechs Wochen lang die Melissa, die Herren wechselten alle zwei Wochen, und der Vergleich war faszinierend. Der erste Andy war Martin Benrath, ihm folgte Peter Bongartz, und nach ihm kam Klaus Wildbolz. Die Folgen waren ein sechs Wochen lang ausverkauftes Theater und zwei neue Freundschaften – mit Peter Bongartz war ich schon jahrzehntelang bekannt und befreundet gewesen.
Der Montag war vorstellungsfrei, also ließ sich an den Sonntagen nach der Vorstellung ein Abendessen organisieren, eine Flasche Wein trinken, auch eine nach der anderen. Aber diese freien Montage waren dann eben doch nicht immer frei, und einer dieser Tage brachte Christiane ein Wiedersehen mit einem berühmten Kollegen.

Der ORF produzierte damals eine Reihe von TV-Porträts. *Ich über mich* hieß die Serie, Fritz Muliar, Maximilian Schell erzählten aus ihrem Leben, und nun sollte eine Folge mit Christiane gedreht werden. Ein erstklassiger, Hollywood-erprobter Kameramann, Karl Kofler, und eine kluge Redakteurin, seine Ehefrau Jutta, waren uns Garantie für eine sinnvolle Arbeit – das ist nämlich gar nicht immer selbstverständlich. Das Konzept der Sendung sah vor, daß neben einem langen Monolog über das Leben, die Ideen, die Gedanken und neben vielen Ausschnitten aus Filmen, aus Theateraufzeichnungen auch eine kurze Szene neu gedreht werden sollte, die ganz dem Wunsch der Hauptperson entsprach.
Darüber haben wir nachgedacht, manches notiert, manches verworfen. Ein Wiedersehen mit Federico Fellini und Giulietta Masina kam nicht in Frage, aus Termingründen. Dann verfielen wir auf Paris, auf Charles Trenet, die Chansonlegende, und klopften bei ihm an. Aber er machte nicht auf, denn er bereitete gerade eine neue Schallplatte vor, und diese Arbeit für einen Fernsehdrehtag zu unterbrechen war ihm zu mühevoll.
Aber über Trenet kam ich auf einen anderen Gedanken. Christiane hatte im *Erbe der Guldenburgs* einige Folgen mit Daniel Gélin gedreht, Star vieler großer französischer Filme, und er hatte Christiane an einem Drehtag auf Sylt von einer Venedigreise mit einer verflossenen Geliebten erzählt, und da begann er ein Lied seines Freundes Charles Trenet zu singen – »que reste-t-il de nos amours ...« Daran also dachte ich. Wir riefen Da-

niel Gélin an, er sagte zu, wir vereinbarten einen Tag, und Christiane begann »que reste-t-il ...« zu lernen.
Das sagt sich schnell, aber wenn man nicht Französisch kann, ist es nicht so einfach getan wie gesagt. Nun hat Christiane aber eine Begabung für Sprachen überhaupt, und ihre Musikalität hat es ihr möglich gemacht, in wenigen Tagen Text und Melodie zu beherrschen, sie kann das Chanson noch heute.
An einem *Love Letters*-freien Montag flogen wir also mit dem TV-Team nach Paris, gingen in eine dunkelbraun getäfelte Jugendstilbar mit großer Freitreppe, hatten einen Konzertflügel und einen Trenet-erfahrenen Pianisten und am Abend eine hervorragende Szene für Christianes *Ich über mich*.
Gélin zeigte, wie sehr ihm das Wiedersehen Freude bereitete, er schenkte Christiane sein Erinnerungsbuch, auf französisch, und sie konnte es ebensowenig lesen, wie Gélin dieses Buch wird lesen können, wenn er es von uns geschickt bekommt.
Als wir an einem Abend im Spätsommer durch den Badener Doblhoffpark spazierten und in dem von Tausenden verschiedenen Rosen herrlich übervollen Teil des Parks die »Christiane-Hörbiger-Rose« besuchten, freuten wir uns über eine sublime Form von Wiedersehen, denn dort blüht auch eine »Daniel-Gélin-Rose«.
Immer noch prüfen wir sehr genau, ob wir uns auf das Abenteuer einer gemeinsamen Arbeit einlassen sollen, aber da es ja nicht erst einmal zu einer guten Erfahrung geführt hat, sind wir heute mutiger. Den Druck der Termine, den Probenstreß, die künstlerischen Mei-

nungsverschiedenheiten nicht einfach beim Bühnenportier, am Garagentor der Fernsehstudios abzugeben, sondern all das in das gemeinsame Zuhause mitzuschleppen, bedeutet ein Risiko. Aber gerade in den Tagen, da dieses Buch seinen Weg antritt, bereiten wir gemeinsam eine neue Premiere vor, in München in der Komödie im Bayerischen Hof, im Dienste der erprobten Partnerin Margit Bönisch. Denn wir haben ja auch erlebt, daß man die Freude über die gute Probe, den gemeinsamen Erfolg mit nach Hause nimmt und nicht nur die Sorgen.

Alltag

Man meint manchmal von sich selbst, heute habe man einen wirklich guten Tag, und das gleiche stellt man an Freunden fest. Ein Erfolg, der Biorhythmus, die innere Chemie, irgend etwas löst in einem Menschen plötzlich Eigenschaften aus, die sonst nicht so deutlich zutage treten. Charme, Geistesgegenwart, Esprit lassen jemanden in solchen seltenen Stunden scheinbar in anderem Licht erscheinen. Ob das nun an uns liegt, weil wir dem oder der Betreffenden zu wenig zutrauen, oder an dem plötzlich Erleuchteten, das läßt sich hier nicht klären. Sicher ist, daß solche Momente selten sind. Zumeist herrscht in den menschlichen Beziehungen ein gleichförmiger Alltag, und der kommt ganz wesentlich daher, daß wir den Nebenmenschen, die Mitmenschen zu kennen meinen. Aber das ist ein Irrtum, und mit diesem Irrtum fügen wir uns selbst Schaden zu.

Mit Christiane wird der Alltag lustig. Er wird nicht immer fröhlich, aber er wird spannend. Daß bei einer glanzvollen Premiere oder bei einer Preisverleihung Stimmung aufkommt, das ist zu erwarten, und ist das nicht der Fall, wird es bedenklich. Aber im Alltag?

Christiane kann sich über einen Erfolg freuen, sie kann sich auch über den Erfolg eines Kollegen freuen – hier beginnt es ungewöhnlich zu werden –, sie kann sich über eine gute Probe und ein interessantes Angebot freuen. Auch das scheint plausibel, ist verständlich, und den meisten Menschen ginge und geht es wohl nicht anders. Christiane Hörbiger aber kann sich auch über Ereignisse und Begegnungen, Stimmungen und Antworten freuen, die jemand anderer gar nicht wahrnimmt. Und das macht den Alltag mit ihr anders.
Ich entsinne mich eines Schlüsselsatzes vor vielen Jahren. Ich war Intendant, dazu gehörten auch Sommerspiele in einem Schloß nahe der ungarischen Grenze. Wir waren dort jahrelang sehr erfolgreich, man war gerne bei uns engagiert, und so hatten wir eine hervorragend gute Probenatmosphäre. Da war eine Schauspielerin als Gast im Ensemble, die nach einem schweren Unfall endlich wieder spielen konnte, und da ihr nach langer Pause niemand so schnell eine Chance gegeben hatte, bekam sie eben bei uns eine. Sie bekam eine sehr anständige Gage, befand sich in einer Schar von ausgezeichneten Schauspielern, ging jeden Morgen für drei oder vier Stunden zu einer Probe in einem stimmungsvollen Schloßhof – und hat all das nicht begriffen. Und als sie eines Morgens in breitem Wienerisch mit finsterem Gesicht bei Probenbeginn sagte: »Na, wenigstens die Sunn scheint!«, war es um ihre künftigen Verträge geschehen, wenigstens bei diesem Unternehmen.
Christiane Hörbiger ist anders. Alles ist großartig, sie ist auf die Menschen neugierig, freut sich über jedes noch

so unwichtige Wiedersehen und gewinnt Freunde, wo man gar keine vermutet hat. Vor allem einfachere Leute haben es ihr angetan und solche, denen das Schicksal schon einen Streich gespielt hat, und so werden Umwege gegangen, damit man die simpelsten Einkäufe bei jener jungen Frau erledigt, die mit ihrem Kind, dessen Vater schon vor der Geburt mit gleich zwei anderen ... und man könnte ganz nahe, eine Gasse weiter, haargenau dasselbe einkaufen – nein!

Das neue Dirndl, für den Sommer in Salzburg, ließe sich sehr gut bei dem einen oder anderen Feudaldirndlschneider in Wien oder in Salzburg oder im Ausseerland bestellen – nein, kommt nicht in Frage. Da gibt es die kleine Änderungsschneiderei, die immer ausgezeichnet arbeitet, mit der Schneiderin, die, in ihrer Firma abgebaut und also arbeitslos, sich selbständig gemacht hat und immer so nett ist – dorthin wird gegangen. Daß auch der Feudaldirndlhersteller sehr nett ist, sich aus kleinen Anfängen emporgearbeitet hat, uns jeden Sommer zum Abendessen auf die Prunkterrasse seines Prachthauses bittet – uninteressant, der hat ja alles.

Und das führt zu einer unüberschaubaren Fülle von Nebenfreundschaften, die der mit Christiane durch die Stadt spazierende Nebenmensch erst bemerkt, wenn scheinbar fremde Menschen gegrüßt werden, wenn es zu minutenlangen Gesprächen in Geschäften kommt, wenn man, wie ich, Auslagen auswendig lernt, weil eine dieser Nebenfreundinnen mit strahlendem Gesicht »Grüezi, Frau Bigler« oder »Grüß Gott, Frau Hörbiger« gerufen hat.

Vor allem die Sauna, das Fitneß-Zentrum, Orte also, wo man lange und ungestört sprechen kann, bieten sich an. Immer wieder vergesse ich die sehr runde Frau mit der sehr großen Masche im Haar, mit der Christiane stets einige Worte wechselt, und immer wieder erzählt Christiane mir dann ihre Geschichte.
Dann weiß ich, daß die Frau zu rund ist, weil sie Kummer hatte, und die Masche zu groß ist, weil sie ihr Selbstbewußtsein sucht, und überhaupt sei sie nicht rund, sondern das was man früher in Wien pakschierlich genannt hat, und die Masche trage sie heute zum erstenmal.
Heimliche Geschenke an die Kinder solcher Nebenfreundinnen, Schokolade-Pipelines zu Buben, deren Mütter Schokoladefinanzierungsprobleme haben, Ideen für gänzlich fremde Kinder, all das kommt dazu. Die Heimlichkeit kann ich dann nie ganz begreifen, denn ich finde das ja alles bewundernswert und würde mich hüten, ein Widerwort zu geben. Aber diese Heimlichkeit ist wohl Teil des Reizes, Symbol für ein eigenes Leben, und ich erzähle ja auch nicht von jedem Antiquariat, in dem ich glücklich war.
Diese Heimlichkeit hat noch einen großen Vorteil – den ich soeben im Begriffe bin zu stören, wie ich merke. Aber diese Zeilen geben mir Gelegenheit, etwas anzumerken, das ich schon seit langer Zeit einmal sagen wollte.
Die Heimlichkeit schützt vor zu heftigem Ausgenütztwerden. Denn es ist ja unglaublich und manchmal auch erschütternd, mit welcher Unverfrorenheit manche

Leute in eine Freundschaft drängen wollen, mit welcher Unverschämtheit jemand sich in das Leben einer, zugegeben verehrten, Persönlichkeit drängen möchte.
Wie oft habe ich im Laufe dieser Jahre schon erlebt, daß ein Brief meldet, nun habe man sich endlich gefunden. Wenn Männer so etwas schreiben, dann wollen sie immer geheiratet werden. Da hat einer Christiane Hörbiger in dieser oder jener Rolle gesehen, hat Verständnis für sich selbst bei ihr zu spüren vermeint, und nun ist er also ganz sicher. Sie oder keine, jetzt muß geheiratet werden. Aber so etwas läßt sich mit einem Brief zumeist schnell bereinigen, der Briefempfänger zählt danach vielleicht nicht mehr zum Fanclub, so nett der Brief auch gewesen sein mag, aber die Sache ist ausgestanden. Arg sind die Geisterseher, und das sind zumeist Frauen.
Auch wenn man selbst, wie wir es sind, bereit ist zu glauben, daß es mehr Dinge im Himmel und auf Erden gibt, als unsere Schulweisheit sich träumen läßt, so ist es doch nicht möglich, daß ein und derselbe ägyptische Gott gleich vier oder fünf Frauen in verschiedenen Gegenden Europas amtlich mitteilt, sie wären in einem früheren Leben Christiane Hörbigers Schwester gewesen, oder ihre Bestimmung sei es, als Christianes beste Freundin mit ihr durchs Leben und auch auf Urlaub zu gehen. Wäre das der Fall, dann hätte der betreffende ägyptische Gott sich ja mit einigen der Empfängerinnen dieser Botschaft einen Witz gemacht, oder er hätte sich geirrt.
Christiane tritt im Fernsehen in einem ganz bestimmten

Kostüm auf, sagen wir, in einer weißen Jacke und einem roten Rock mit einem Regenschirm. Drei Wochen später schreibt ihr eine Frau, sie habe sie ganz deutlich im Traum mit weißer Jacke, rotem Rock und Regenschirm gesehen, und nun wisse sie, das sei der Beweis, daß deshalb... das geht ein bißchen zu weit. Vor allem, wenn dann die Briefschreiber eines Tages vor der Tür stehen und enttäuscht sind, daß Christiane weit weg ist und die Haus-Mitbewohner erfolglos beteuern, sie sei nicht hier und komme auch so bald nicht wieder.
Das darf man nun nicht falsch verstehen – ich mache mich nicht lustig über Menschen, die wirklich so etwas wie ein zweites Gesicht haben, die vielleicht tatsächlich in schwieriger seelischer Lage sind und Hilfe brauchen –, aber ich kann nicht verstehen, wie jemand meinen kann, er oder sie dürfe über andere verfügen, und das auch noch mit PSI-Drohungen untermauert. Denn die kommen ja auch: Man werde schon sehen, was passiert, wenn man sich dem Ruf dieses oder jenes Gottes entzöge. Da hört der Spaß doch eigentlich auf, nicht?
Zurück zum Spaß, das ist klüger.
Dieses Vergnügen, das Christiane am Gespräch mit Menschen hat, die sie gar nicht so gut kennt, hängt natürlich auch mit Spaß zusammen, mit Neugier.
»Ja, die können doch nicht so einfach nach Zürich ins Theater fahren, die wohnen vielleicht fünfzig, sechzig Kilometer weit weg! Die Fahrt und dann die Eintrittskarte und die Heimfahrt, und das alles nach der Arbeit, und die Frau hat vielleicht Kinder«: Christianes Hauptargument für die mühevollen Tourneen, denen sie sich

ungefähr alle drei Jahre unterzieht. Da gibt es auch schon Stammkundschaften – in Leer das nette alte Ehepaar, das jedesmal kommt und ein kleines Geschenk mitbringt (»Hoffentlich haben Sie gemeinsam die letzten Jahre überlebt!«), und in Backnang der begeisterte Theaterfreund mit dem großen Bauch, der immer gleich mit mehreren Photoapparaten kommt, Schwarzweiß und Farbe.

Auch für eine Fernsehrolle ist das eines von Christianes Argumenten. Daß man da plötzlich nicht mehr nur sich selber gehört, daß man via Fernsehapparat zum Bestandteil vieler, vieler Haushalte wird, das stört sie nicht. Und daß sie so eine große Zahl von sensiblen, anständigen, dankbaren Reaktionen registrieren kann, wenn sie mit einer neuen Rolle im Fernsehen zu sehen war, das bestätigt ja nun ihre Haltung.

Das Vergnügen mit Menschen, die Freude an anderen und über andere Menschen – ein weites Thema. Dazu gehört ihre Freude, wenn die Schwestern sich telephonisch melden, wenn aus unerwarteter Richtung eine Ansichtskarte kommt, wenn sich lange nicht gesehene Freunde wieder zeigen.

Freunde – das ist ein Stichwort und der Anlaß für ein Unterkapitel.

Freunde waren für Christiane immer schon wichtig – und das ist nicht selbstverständlich. Nun könnte man sagen, Freunde sind für jeden Menschen wichtig, aber das ist eben nicht so. Wie viele Menschen wissen Freundschaften nicht zu leben. Es ist schließlich das A und O, auch einer Freundschaftsbeziehung, daß man eben nicht nur warten und erwarten darf, sondern daß man aktiv sein, auf Ideen kommen, Interesse zeigen muß!

Ein Beispiel: Christianes Freundin Mausi Weck. Eine Freundin seit vielen Jahren, eine Freundschaft, die durch den gemeinsamen Wohnort Zürich, die Kinder im ähnlichen Alter und durch die gemeinsamen beruflichen Erfolge von Christiane Hörbiger und Peter Weck natürlich gefördert worden ist. Eine Freundschaft, die, ganz selbstverständlich, auch ihre Wunden erlebt hat.

Aber das ist dann eine Katastrophe!

Christiane kann im letzten Moment nicht zu einer Ehrung selbst kommen, die Peter seitens der Stadt Wien oder des österreichischen Staates, ich weiß das nicht mehr so genau, erfährt. Lange Konsilien werden abgehalten.

»Ja, aber er war doch auch bei meinem fünfzigsten Geburtstag!«

»Sicher, Christiane, aber der Peter ist vom Theater an der Wien gekommen, und du mußt einen Drehtag in Hamburg absagen. Die Firma kann doch nicht so schnell umdisponieren!«

»Ja, natürlich, das stimmt schon, aber so viele Freunde hat man nicht, und gerade die Wecks! Ja, also das muß er eben verstehen.«

»Siehst du, also schreib dem Peter einen Brief und schick ein paar Blumen. Er wird das schon verstehen.«

»Aber die Mausi.«

»Was, die Mausi?«

»Na, die Mausi!«
»Ja was, die Mausi?«
»Die wird bös sein.«
»Na, also wenn er es nicht ist, wieso die Mausi –?«
»Weil sie zu ihm hält, und da hat sie auch ganz recht, weil sie ihre Familie verteidigt – nein, das geht nicht.«
»Ja, also jetzt noch einmal, du kannst doch nicht der Filmfirma in Hamburg sagen – die werden doch wahnsinnig –, du kommst nicht, weil die Mausi sonst bös ist!«
»Das ist wahr. Das stimmt schon. Also kriegt sie wieder eine Louis-Vuitton-Tasche.«
Schwer lastete die Sache auf der Hörbigerschen Seele. Eine gekränkte Freundin? Katastrophe seit Kinderzeiten!
Wie entkränkt man eine Mausi? »Na, ich hab gewußt, sie wünscht sich diese Tasche, die gefällt ihr halt so gut, und da bin ich hergegangen und hab ihr diese Tasche gekauft. Es war wenige Tage vor dem Heiligen Abend, und wie der Chauffeur von der Firma die Tasche hingebracht hat, ich glaub, ich hab auch noch etwas hineingegeben, da war wieder alles in Ordnung.«
Und seither – die Automatik. Ein noch so kleiner, fast nur vermeintlicher Mißton – und Louis Vuitton folgt auf dem Fuß. In harmlosen Fällen der Schirm oder die Geldbörse – ich darf mir nicht vorstellen, was geschehen müßte, damit es bis zum Schrankkoffer kommt.
Aber das werden wir nicht erleben – dazu ist für Christiane gerade diese Freundschaft zu wichtig. Doch darüber kann sie selbst Auskunft geben. Im August 1990

hatte Peter seinen sechzigsten Geburtstag, und Christiane hat ihm zwar auch persönlich, vor allem aber auch via Zeitung gratuliert, in einem von ihr im Sommer in Salzburg geschriebenen Geburtstagsgratulationsartikel.

In der Mauer, die er in den letzten Jahren um sich gezogen hat, gibt es immer weniger Türen. Irgendwie waren wir uns früher näher. Wir hatten beide Zürich als Wohnsitz in unseren Pässen, ich konnte ihn einfach anrufen und fragen. So ziemlich alles, wenn ich nicht weiter wußte. Heute, wo's nicht mehr so wichtig ist, gebe ich mir selbst die Antworten. Aber eine von mir selbst festgelegte, wesentliche Instanz in puncto Beruf und Geschmack ist Peter Weck für mich geblieben. Und durch diese eine Tür, die ich mir voll Neugierde mit etwas Verlegenheit und sehr selten öffnen lasse, stelle ich dann meine Fragen. Und bekomme sie immer beantwortet – immer. Ich glaube, das ist Freundschaft – für den Freund nie ganz unerreichbar zu sein.
Ich kenne Peter seit neunundzwanzig Jahren – das heißt, ich bin ihm vor so langer Zeit zum erstenmal begegnet. Ein gemeinsamer Bekannter hatte mich in das Stück *Epitaph für George Dillon* von John Osborne im Konzerthauskeller mitgenommen. Von diesem Abend an war ich Peters eminentem Talent verfallen. Von diesem Abend an trabte ich hinter Peter her. Ohne weibliches Lasso in der Hand, eher wie ein geschlechts-

loser Clown. Wäre ich ein Mann, ich hätte ihn damals affenartig-sklavisch kopiert. Auch so blieb vieles nachzuahmen, vieles anzustreben, vieles einfach »auch haben« zu wollen. Als Schauspieler singen: ich auch, Engagement am Zürcher Schauspielhaus: ich auch, Wohnsitz Schweiz: ich auch. Seine leidenschaftliche Liebe zur Kamera, sein Kampf für die dialektfreie österreichische Sprache, sein scharfes Ohr und seine scharfe Zunge gegen jedwede Unwahrheit im und um den Schauspielerberuf: ich auch, ich auch, ich auch.

Mit Peter als Partner zu spielen war ein physisches Vergnügen. Es wurde all das erfüllt, dessentwegen man zu diesem Beruf gegangen war. Und wenn ich mir alte Schnitzler-Fernsehaufzeichnungen ansehe – wir hatten damals schon einen direkten knappen Ton miteinander. In einer seiner vielen *Schwierigen*-, das heißt Stani-Aufführungen im Salzburger Festspielsommer 1967 war ich als Toinette mit dabei. Ein hundertprozentiger Abgangslacher war mir in der Generalprobe abhanden gekommen. Es lag wohl an meiner Nervosität oder an meinem Übereifer. Obwohl er weiß Gott, trotz viel gespieltem Stani, während der Festspielpremiere an sich selbst zu denken hatte, probierte er mit mir knapp vor meinem Auftritt das Timing dieser Szene, er bleute es mir einfach ein. Niemand freute sich über meinen prompt erfolgenden Abgangsapplaus mehr als er.

Irgendwann, Ende der Sechzigerjahre, teilten sich dann unsere Wege.

Wir gründeten beide jeweils unsere Familien, zu gleicher Zeit zwar, aber jeder auf seine Art. Und vor allem:

Peter begann Regie zu führen. Mein »ich auch« blieb zum ersten Male aus.
Während dieser Zeit holte mich Peter als Filmregisseur zweimal vor die Kamera. Die Freude am Beruf überstrahlte jeden gemeinsamen Arbeitstag und jede schwächere Drehbuchseite.
Ende der Siebzigerjahre, als unser gemeinsames Lachen in meinem Hals steckenzubleiben drohte, war es Peters Frau, die sehr vieles in mir wieder zurechtrückte.
1979 drehte Peter seinen anspruchsvollen und sehr gelungenen *Kolportage*-Film mit den schwierigen Original-Georg-Kaiser-Dialogen. Ich spielte die weibliche Hauptrolle. Wir drehten in Frankreich, und ich hatte Zeit und Gelegenheit, ihn zu beobachten. Er war ernster geworden, die Motivierung der Schauspieler durch seine eigene Spielfreude oder durch humorvolles Aufmuntern war einem verantwortungsbewußten Ernst und einem selbstverständlichen Erwarten von Disziplin und Können gewichen. Er war genauestens vorbereitet, jede Einstellung existierte in seinem Kopf, und er war unnachgiebig, bis er erreichte, was er wollte. Zusätzlich war er der Boß einer Gruppe von Menschen, und er konnte unangenehm sarkastisch werden, wenn einer von uns seinen Anforderungen nicht entsprach. Vom »Weck-Peterl«, dem man anbiedernd auf die Schulter klopfen kann, oder dem »charmanten Wiener«, wie ihn die deutsche Presse hin und wieder apostrophierte, war nichts zu spüren. Aber er holte aus allen Beteiligten das Beste heraus.
Peter stachelte meinen Ehrgeiz an wie kaum jemand

sonst, teils durch Berufsbegeisterung, teils durch seine Erfolgsfreude, die er nie scheinheilig verborgen hat.
Ich erinnere mich an ein Konzert. Damals lebte noch mein Mann. Wir saßen mit den Wecks im ausverkauften Hallenstadion von Zürich. Ich war dünnhäutig und empfindsam an diesem Abend. Zwei Tage zuvor hatte ich Schillers Königin Elisabeth über die Schauspielhausbühne gebracht, recht erfolgreich bei Publikum und Presse obendrein. Die Arbeit saß mir noch ziemlich in den Knochen. In diesen Jahren spielte ich einen Riesenschinken nach dem anderen in Zürich. In der Konzertpause drängten sich die Autogrammjäger in Trauben um den neben mir sitzenden Peter, seine *Vater-Sohn*-Serie flimmerte gerade über die Bildschirme. Mich erkannte nach fünfzehn Jahren schwerster Theaterarbeit in dieser Stadt nicht ein Mensch an diesem Abend. Ich preßte meine Fingernägel in meine Handfläche und schwor mir, »ich auch«. Ich war das erste und das letztemal eifersüchtig auf ihn.
Der nächste Schritt in seiner Karriere war der zum Theaterdirektor. Für mich mit Abschiedsschmerz, aber ohne »ich auch«-Ehrgeiz verbunden. Die Wecks übersiedelten nach Wien. Seinen überragenden *Cats*-Premierenerfolg konnte ich nur aus der Ferne miterleben, mitgefreut habe ich mich über die Maßen.
Sein Fernseherfolg mit der Familienserie und ein Angebot für die Hauptrolle in einer Serie an mich kamen beinahe gleichzeitig und damit mein letztes »ich auch«.
Mein Freund Peter Weck wird morgen sechzig Jahre alt. Ein vorbildlicher Workaholic.

Ein nachahmenswerter Österreicher.
Ein integerer Bursche von unendlichem Humor.
Seine Frau wird morgen jene Türe zu ihm öffnen, und seine Kinder und seine Freunde werden »Happy birthday« für ihn singen.
Ich auch.

Das ist nun freilich nur ein Beispiel, ein besonders wichtiges. Ähnliches ließe sich auch von Helmut Lohner melden – aber da gibt es eben keine langjährige Mausi, und so ist diese Freundschaft von anderer Art. Helmut ist für Christiane immer besonders wichtig gewesen. Sie gibt etwas auf seine Meinung in künstlerischen Dingen, er war, wie auch Peter, schon mit Rolf immer in gutem Verhältnis, er hat mit Christiane eine ganze Reihe von gemeinsamen Bühnenerinnerungen. Helmut Lohner hat mit Christiane 1965 in Fritz Kortners Regie an den Münchner Kammerspielen *Kabale und Liebe* gespielt – diese gemeinsame Erinnerung alleine wäre schon imstande, einen Grundstein für eine lange Freundschaft zu bilden.

Dieser Inszenierung zuliebe und wegen der Aussicht auf die Arbeit unter Fritz Kortner hatte Christiane ja das Burgtheater verlassen. Sie sollte noch im Rahmen des Familientreffens auf der Burgtheaterbühne auftreten, das im April 1965 in Raimunds *Der Alpenkönig und der Menschenfeind* die Brüder Attila und Paul wieder Seite an Seite brachte – aber Ernst Haeusserman, hochgeachteter, kluger und schauspielerfreundlicher Burgtheaterdirektor, hatte ihrer Bitte nachgegeben, und so wurde der Vertrag in Wien gelöst und jener in München geschlossen.

Das Glück wollte es, daß ein Assistent des großen Fritz Kortner Hans Jürgen Syberberg hieß, ein junger Mann mit Film-Sehnsüchten war und dem großen Theatermann die Zustimmung zu einer Filmdokumentation entrissen hatte. So wurden also viele Stunden Probenarbeit auf Filmmaterial gebannt, geschnitten und zu einem geschlossenen Werk verarbeitet, das immer wieder, vornehmlich vom Bayerischen Rundfunk, gezeigt wird. Dieser Film gibt ein Gefühl von der unglaublichen Atmosphäre, die bei diesen Proben den jungen Helmut Lohner und die junge Christiane Hörbiger und den jungen Syberberg beeindruckt haben muß. Da sitzt eine Legende im Parkett und gibt, aus der Souveränität und mit der Ruhe des Alters, Anweisungen, ohne Ichsucht, ohne Pointensehnsucht, ohne den Zwang, die eigene Qualität beweisen zu müssen.

Und hier ahnt man, warum Christiane Hörbiger nach vielen Jahren das Burgtheater verließ. Das war es wohl wert. Diesen Weg ist Christiane konsequent weitergegangen. In das Ensemble des Burgtheaters hat sie nie zurückgefunden, und nach langen Jahren, von 1957 bis 1967, mit einer kurzen Unterbrechung, hat sie damals, einem großen Mann und seinem Projekt zuliebe, die Heimat verlassen – die künstlerische, die von der Geburt bestimmte, die Heimat der Sprache, der Familie.

Und das bindet. Der Partner war eben Helmut Lohner, Partner bei den Proben mit Fritz Kortner, Partner im Erfolg.
Helmut Lohner war Christianes Bühnenpartner in einer ganzen Reihe von Inszenierungen, so 1971 in *Porträt eines Planeten* von Friedrich Dürrenmatt in Zürich. Ein Jahr später folgte in Salzburg die berühmte Festspielaufführung von Shakespeares *Was ihr wollt* in Otto Schenks Regie – Christiane war die Maria, im Jargon die »Lachmarie« genannt, Helmut Lohner der Junker Bleichenwang.
Drei Jahre lang war dieser wunderbare Abend im Festivalprogramm, und wer ihn versäumt hatte, konnte ihn noch im Fernsehen erleben. Was war das aber auch für eine Besetzung! Neben Christiane und Helmut standen Sabine Sinjen und Christine Ostermayer, Klaus Maria Brandauer und Wolfgang Hübsch, Josef Meinrad und Karl Paryla, Hans Dieter Zeidler und Heinz Marecek auf der Bühne des Landestheaters, und das Publikum war glücklich.
Im letzten *Was ihr wollt*-Jahr, 1974, ging Christiane auf Tournee mit *Olympia* und war dann wieder in Zürich – für eine deutschsprachige Erstaufführung, wieder mit Helmut Lohner. Ephraim Kishon hatte ein »heiteres Trauerspiel mit Musik« geschrieben, *Es war die Lerche*, eine *Romeo und Julia*-Fortsetzung. Christiane sollte darin die Julia spielen, mit Romeo verheiratet – Romeo würde Helmut Lohner sein.
An sich war dieses Projekt für sie gar nicht möglich, sie hatte auch schon abgesagt, sie befände sich ja zum

Zeitpunkt der Proben noch auf Tournee – hat sie geglaubt. Tatsächlich war ihr dann aber plötzlich alles zuviel geworden, Premieren und Reisen, Familie und Festspiele, Sascha und Olympia – im Herbst 1974 hat der Körper nicht mehr mitgemacht, und sie ist mit einem beinahe kaputten Magen für Wochen im Krankenhaus gelandet. Dort jedoch konnte sie nicht fort, war erreichbar, und so hat man sie bedrängt, nach ihrer Genesung doch die Kishon-Julia zu übernehmen. Da ein Wiedereinstieg in die *Olympia*-Tournee ja ohnehin nicht mehr möglich, die Rolle längst umbesetzt war, stürzte sich Christiane in den Premierenstreß. *Es war die Lerche* war die Silvesterpremiere 1974 des Zürcher Schauspielhauses und ein Riesenerfolg für Christiane Hörbiger und Helmut Lohner.

In Zürich hatte sie mit Helmut Lohner noch zahlreiche andere Premieren – im Februar 1975 die Uraufführung des *Rattenfängers* von Carl Zuckmayer in der Regie von Leopold Lindtberg, im Herbst desselben Jahres *Kasimir und Karoline* von Ödön von Horváth in Michael Kehlmanns Regie. Es folgten noch Nestroys *Talisman*, Brechts *Schweyk im Zweiten Weltkrieg* und *Anatol*, *Reigen* und *Das weite Land* von Arthur Schnitzler.

Schnitzlers Rollen haben Christiane überallhin verfolgt – sie hat am Burgtheater Schnitzler gespielt, bei den Salzburger Festspielen, am Schauspielhaus Zürich, im Fernsehen. Sie hat eine Sprache, der man die Vielschichtigkeit der Schnitzler-Sätze abverlangen kann, sie kann ausdrücken, daß ein Satz auch noch etwas Zweites meinen will, und so kommt Schnitzler immer wieder auf

sie zu. Zum Jahresende 1986 hat Christiane mit Helmut in einer szenischen, von Lohner auch inszenierten Lesung alle Frauenrollen im *Reigen* gegeben, Helmut hat alle Männer dargestellt. Und in einer Inszenierung von Hans Hollmann haben die beiden bald danach das Ehepaar Hofreiter im *Weiten Land* gespielt.
Arthur Schnitzler hat Christiane aber eigentlich schon lange vor ihrer Geburt begleitet – auf dem Heimweg vom Begräbnis Schnitzlers am 23. Oktober 1931 haben Paula Wessely und Attila Hörbiger zum ersten Mal davon gesprochen, daß sie eigentlich heiraten könnten.

Freunde haben, natürlich, eine ganz wesentliche Rolle nach Rolf Biglers Tod gespielt. Als Christiane nach Zürich zurückgekehrt war, wenige Tage nach dem letzten Weg auf dem Friedhof von Grinzing, da hat sie sich in die Arbeit gestürzt, nein, sie wurde hineingestürzt. Im Herbst 1978 hatte sie eine Wiederaufnahme und zwei Premieren, das hat ihr eine gewisse Hilfe bedeutet. Aber da sind eben auch die Freunde in Erscheinung getreten – Yvonne, Rolfs erste Frau, aus Basel Arthur Cohn, erfolgreicher Filmproduzent und seit diesen traurigen Herbsttagen ein treuer Freund, und aus München die Trempers, Will und seine Frau Celia.
Will Tremper und Arthur Cohn gaben Christiane damals den Rat, sich nicht nur in die Arbeit zu stürzen, sondern doch auch auf andere Weise dem Leben ins Gesicht zu sehen – mit einer Reise etwa. Den Rat hat Christiane dann auch befolgt, später.
Freunde tauchen auch heute noch ganz plötzlich aus

dem Halbdunkel der Erinnerung auf. Schulkolleginnen aus Wien schreiben, schicken eine Einladung zu einem runden Klassentreffen, und manchmal ist eine lange nicht mehr gehörte Stimme plötzlich und unerwartet auf dem Anrufbeantwortertonband zu hören: eine Freundin, die jetzt in Kalifornien lebt, eine einstige Schulkollegin, die in Athen zu Hause ist. Freilich ist es leicht, sich an Christiane zu erinnern und auch zu wissen, wo man sie finden kann, denn das steht ja schließlich in den Zeitungen – aber ich deute das auch als einen Beweis dafür, daß Christiane mit Freunden umzugehen weiß, daß sie ihnen das Gefühl gibt, sie würde Wiedersehen und Anknüpfen an die Vergangenheit schätzen.

Sie vermag aber auch die Gegenwart zu schätzen, und so haben sich unser beider Freundeskreise ganz leicht zusammenfügen lassen zu einem. Manche Freunde hatten wir schon gemeinsam, und mancher Bekannte wechselte nun in den Freundesstatus über. Andere waren absolute Neuakquisitionen, und es war eigentlich ein Experiment, ob nicht nur wir beide uns verstünden, sondern ob das auch mit den Freunden gehen würde.

Als ich meinem alten, jahrzehntelangen Freund Harald Serafin, Kammersänger und Intendant, von meiner privaten Veränderung einst berichtete, da begann er, ich sehe das noch vor mir, vor Begeisterung im Sitzen zu hüpfen. Ihm gefiel Christiane, er hatte Rolf kennen- und schätzen gelernt, und er war ganz und gar begeistert über diesen neuen Zustand. So ließ sich denn auch die eine Mausi aus meinem Freundeskreis – nämlich Ha-

ralds Frau – ohne weiteres jener Mausi aus Christianes Freundeskreis gegenüberstellen, sie haben sich als außerordentlich kompatibel erwiesen und sind heute Engstfreundinnen. Christiane hat mit heller Begeisterung die Freundschaft des Malers Gottfried Kumpf, krisenbewährter Kumpel durch viele Jahre, übernommen, ebenso die seiner Frau Guni. Und ebenso ging es mit Karoline und Walter Koschatzky, mit Georg Markus, den Holeceks und überhaupt mit allen meinen Freunden.
Spannender war das schon in Zürich. Denn da gab es ja eine ganze Reihe von Freunden aus Rolfs Zeiten, die mir vielleicht reserviert gegenüberstehen würden. Aber das hatte ich ohne jeden Grund befürchtet, es hat sich ganz anders entwickelt, und so hat sich auch in Zürich ein Freundeskreis gefunden, der mein Leben reicher gemacht hat.
Christiane steigt für Freunde in Flugzeug oder Taxi, gilt es, bei der Geburtstagsfeier dabei zu sein, einige Worte zu sagen oder auf andere Weise dem einen oder anderen die Ehre zu geben, die Freude zu machen. Dafür ist in dem anderen Fall, wenn die Einladung von uns ausgeht, der Zusagenprozentsatz ungewöhnlich hoch, und dieser Reichtum von intakten Freundschaften gehört zu den wertvollsten Seiten unseres Alltags.
Diese Freundschaftspflege wird durch eine köstliche Charaktereigenschaft Christianes sehr unterstützt – durch ihren Humor.
Christiane Hörbiger hat eine wirkliche Begabung für Pointen. Nicht nur für die von Dichtern oder Sketchfa-

brikanten geschriebenen, nicht nur die Fähigkeit Pointen zu servieren, nein, auch für eigene, selbsterfundene, aus dem Handgelenk gebeutelte, unvermittelt abgeschossene Pointen – wie sie ja auch ein Talent zum Erschaffen origineller und komplizierter sprachlicher Bilder, zu den Kern treffenden Formulierungen hat.
Natürlich bin ich der Hauptnutznießer dieser Fähigkeit, die mir den Alltag fröhlicher gestaltet. Aber immer wieder sind eben auch andere Menschen dadurch plötzlich fröhlicher, beginnen zu lachen, sind beeindruckt.
Im Sommer 1993 hat Christiane in Berlin gedreht, der Film heißt *Alles auf Anfang*, und sie hatte dabei eine Reihe hervorragender Partner: Katharina Thalbach, Harald Juhnke, Udo Samel. Ein Team des ORF fuhr zu den Dreharbeiten, hat mitgefilmt und dann noch ein längeres Interview mit Christiane im Studio aufgenommen. Ich war unterwegs, konnte die Sendung nicht sehen – und wurde ständig darauf angesprochen, aber wirklich ständig, jeden Tag mag sein zehnmal, ob ich in München, Wien oder sonstwo war. Christiane hatte vor laufender Kamera gleich mehrmals zugeschlagen, und ich hatte zum Glück ein Videoband: »Irgendwann einmal muß man sich eben entschließen, auch über sich selber lachen zu können, so wie ich, und wenn man eben nicht mehr ganz taufrisch ist, das auch einzusetzen. Es hat ja keinen Sinn, nur darüber zu jammern, daß die Zeit nun schneller vergeht, als sie früher vergangen ist. Mit Lachen kann man Menschen aus ihren eigenen Nöten, aus ihren Gefängnissen heraus-

helfen – daß sie sich nicht so ernst nehmen. Lachen ist etwas Wunderbares.«
So etwas fällt natürlich auf fruchtbaren Boden. Und wenn dann in ebendiesem gleichen Interview die Probe aufs Exempel gemacht wird und Christiane sich selbst durchaus nicht ernst nimmt – in dieser Hinsicht wohlgemerkt, in anderer nimmt sie sich sehr ernst –, dann ist das glaubwürdig, man kann lachen und merkt sich, was da gesagt wurde: »Ich habe offenbar denselben Humor, wie dieses junge Kinopublikum ihn hat, eher vielleicht, als meine Generation ihn damals hatte, eins drüber, nicht verschroben, aber verrückter. Sie haben in *Schtonk* schon eine Sekunde vorher gelacht, weil sie gewußt haben, was ich meine. Das ist eine wahre Freude.«
Und von der Interviewerin auf die Flirts ihrer Filmfiguren angesprochen, sagte Christiane damals: »Das ist ein bißchen auch der Vorteil des Älterwerdens, man traut sich etwas mehr, die eigenen erotischen Möglichkeiten auszuspielen. Ich flirte gerne, lieber, als ich es früher getan habe, sowohl vor als auch hinter der Kamera – nein, im Ernst, man hat doch, wenn man flirtet, das Gefühl, weniger Angst haben zu müssen, daß die Männer einen beim Wort nehmen, und das erleichtert die Sache ungeheuer.« Dann lacht Christiane, und nicht einmal ich kann mich über dieses Flirtgeständnis aufregen, weil ich mitlachen muß. »Ich bin jetzt Anfang Fünfzig – nein, o Gott, ich bin Mitte Fünfzig, ich merk, ich schummle mich schon selber an –«, dabei dreht sie die Augen zum Himmel und schielt kurz in die Kamera, ohne Probe! »– da kommen eben Erfahrungen auf

einen zu, auch Verletzungen, für die man nichts kann, die einem das Leben eben zufügt, und da muß man durch. Ich glaube immer an das Licht am Ende des Tunnels.« Das ist eine gute Grundlage für das Gedeihen von Humor. Lachen auf einer philosophischen Grundlage, Lachen, auch wenn man sehr gut schimpfen, weinen oder, noch ärger, jammern könnte. Das ist der Trick, und den beherrscht Christiane Hörbiger.

Freunde, die auf den guten Einfall gekommen sind, sie um eine kleine Rede, sagen wir zu einer Geburtstagsfeier, zu bitten, kennen diese Fähigkeit, Pointen nicht nur setzen, sondern sie auch erfinden zu können. Wenn also, um bei der vielfach erwähnten Engstfreundin Ingrid Weck, genannt Mausi, zu bleiben, der Freundeskreis zwecks Geburtstagsfest zusammengetrommelt wird, kommt Christiane von irgendwoher angeeilt und hat schon die Rede im Taschl. Nach einem wissenschaftlichen Exkurs durch das Tierreich, Abteilung Mäuse und deren Charaktereigenschaften, kommt sie zu einem Vergleich Mensch und Maus, und wenn sie schließlich mit J.-F.-Kennedy-Akzent erklärt: »Ich bin eine Mausi«, kann sich das Auditorium schon längst nicht mehr halten vor Lachen.

Vor wenigen Jahren machte mir die damalige österreichische Unterrichtsministerin die Freude einer Ehrung. Ich wurde verständigt, gefragt, ob ich mit einem Zweiten gemeinsam diese Ehrung entgegennehmen wolle. Mein Ordensbruder sollte der Wienerliedkomponist, Sänger, Jazzer und Maler Karl Hodina sein, und ich wollte. So gab es also eine Feier im Prunksaal des

Unterrichtsministeriums sowie eine Menge von Ehrengästen und Freunden.
In der ersten Reihe saßen die Frau Bundesminister und Christianes Mutter Paula Wessely, der frühere Präsident des Österreichischen Gewerkschaftsbundes Anton Benya – legendäre Persönlichkeit der Zweiten Republik – und Christiane.
Jetzt muß ich kurz abweichen, scheinbar. Mit Hans Kann, Wiener Pianist und Freund seit Jahren, verbindet mich ein an den verschiedensten Orten zum Schrecken der Anwesenden ausgeübtes Spiel. Wir trachten einander zu beleidigen. Wer nicht eingeweiht ist, wundert sich oder vermutet eine Todfeindschaft. Christiane hatte das selbst schon einige Male erlebt. So kam bei einer Lesung Hans Kann auf den Kreis zu, in dem sie gerade gestanden ist, und sagte über mich und meinen Vortrag: »Schade, man versteht gar nichts von ihm durch diesen Bart, schade um den interessanten Text.« Damals konnte sie nicht verstehen, daß ich solch einen Mann zu meinen Freunden zähle, aber nun wußte sie ja Bescheid.
Sie saß also in der ersten Reihe und sah Kann näher kommen. Er verteilte Handküsse an die Frau Minister und an die Frau Kammerschauspielerin und ging mit fragendem Blick auf Christiane Hörbiger zu. »Und wer sind Sie?« – »Ich«, sagte Christiane, »ich bin die Mutter vom Karl Hodina.« Gerührt blickten die Damen und Herren auf, die das gehört hatten, auch der Herr Präsident fragte aufgeregt: »Wo ist die Mutter vom Hodina?«, und Christiane hatte ihre Pointe. Karl Hodina

dürfte bei Christianes Geburt ein mehrsemestriger Volksschüler gewesen sein.
Sie steigt also mit Erfolg ein, wo der Witz schon blüht. Aber Christiane kann auch ebensogut beginnen.
Wir waren, wie in jedem Sommer seit vielen Jahren, in Salzburg. Der 18. August kam näher, und ich schickte mich an zur alljährlichen Geburtstagsfeier für Kaiser Franz Joseph I. nach Bad Ischl zu fahren. Christiane wollte zuerst ausnahmsweise mitkommen – aber dann war sie an diesem Morgen nicht aus dem Bett zu bringen. Es war gerade die Hoch-Zeit der *Guldenburg*-Serie, und Christiane drehte und drehte und drehte und war eben todmüde. Ich war schon fast an der Tür, da kamen die Pointen in einer Dreierreihe.
»Du, wenn wir nicht in einer Viertelstunde gehen, dann können wir dableiben.«
»Jaja, ich komm schon. Wenn du ein Verehrer vom Karl Marx wärst statt vom Kaiser Franz Joseph, könnt ich jetzt schlafen.«
Aber sie ist aufgestanden, hat sich zum Fortgehen fertiggemacht und plötzlich gesagt: »Du, ich sag dir's, wenn du mit einer von den Aristokratinnen in Ischl zum Flirten anfangst, bin ich am Abend Mitglied der Kommunistischen Partei.«
Und im Auto, schon auf dem Weg, hat Christiane noch eins draufgesetzt. Wie gesagt, *Das Erbe der Guldenburgs* stand gerade allwöchentlich auf dem Programm und hatte einen Erfolg wie kaum eine Serie, ausgenommen freilich kurz zuvor die *Schwarzwaldklinik* mit Klausjürgen Wussow als Prof. Brinkmann. So sagte Christiane

plötzlich nach längerem Nachdenken: »Eigentlich ist das ein Unsinn, daß ich dorthin fahr, als Gräfin Guldenburg. Das ist ja, wie wenn der Wussow zum Ärztekongreß fährt.«
Man sieht zu Beginn dieser kleinen Geschichte, daß der frühe Morgen dem Hörbigerschen Humor nicht schädlich ist. Christiane steht einmal in aller Früh, nachdenklich, vor einem Riesenspiegel im Badezimmer, schaut sich in die verschlafenen Augen, beginnt mit den Händen dem Haar eine Ordnung zu geben und konstatiert: »Ich schau aus wie der Onkel Paul in einer Gärtnerreklame.«
Ende des Exkurses »Christiane und der Humor« – aber das Thema wird uns nicht verlassen, so wie der Humor Christiane nicht verläßt.

Wie sehr Freunde sie schätzen, das merkt man auch, wenn Christiane mit einer großen Rolle, mit einer auffälligen Leistung im Fernsehen zu sehen war. Kaum ist der Schlußroller gelaufen, beginnt das Telephon zu läuten.
Da gibt es die ganz engen Freunde, die Zeit zum Zusehen gehabt haben und sich nun melden, und die Verwandten. Aber es gibt immer wieder auch den einen oder anderen Menschen, der eine Strecke Weges einmal mitgegangen war, nun doch weiter entfernt ist und in solchen Fällen plötzlich dieser Freundschaft sich wieder entsinnt und sie aufnimmt.
Als Xaver Schwarzenbergers Kinofilm *Donauwalzer* im Fernsehen lief, da hat es in Deutschland und in Öster-

reich für den Film als Ganzes, für Christiane im besonderen breites Lob gegeben. Aber vor allem anderen hat Christiane sich damals über einen Anruf gefreut: Am späten Abend, als endlich die Leitung frei war, hat sich Anneliese Rothenberger gemeldet und sich dem Beifall angeschlossen. Christiane hatte die große Sängerin aus Salzburg gekannt, hatte sie lange nicht mehr gesehen, und jetzt war ihr gerade dieser Anruf viel wert.
Als Lilli Palmer starb, hat sie das tief berührt. Da hatte es eine lange Freundschaft gegeben, gefördert durch die Nähe der beiden schweizerischen Wohnorte, und dann war durch ein Mißverständnis, nicht einmal durch ein tatsächliches Zerwürfnis, diese Freundschaft auf Eis gelegen. Sie wäre wohl weitergegangen – Christiane hat das nie als endgültig empfunden gehabt –, aber der Tod war schneller als die Versöhnung, und das hat Christiane getroffen.
Ein großes Zürcher Kunsthaus hat damals, im Auftrag des Witwers Carlos Thompson und dem Testament der Verstorbenen entsprechend, den Nachlaß, oder Teile davon, versteigert. Da gab es Möbel und Kunstgegenstände, aber auch sehr Persönliches. Carlos Thompson war auf einem Photo neben Lilli Palmer zu sehen, der Anlaß war die Überreichung der Goldenen Kamera gewesen. Und da standen nun Photo und Goldene Kamera in einer Vitrine … das relativiert weltliche Ehren gründlich, wenn man das begehrte Stück, post festum allein gelassen, für jedermann ersteigerbar, vor sich sieht. Das denke ich – Christiane sieht das, glaube ich, anders. Die Goldene Kamera und überhaupt all diese

begehrten Preise bedeuten ihr sehr viel. Da kommt wieder die Linda Green der Kindheit zum Vorschein.
Aber damit will ich nun weiß Gott nichts gegen Preise gesagt haben! Im Gegenteil, ich ersehne sie, für mich und für Christiane, und ich freue mich über jede dieser Ehrungen, auch wenn sie Freunde betreffen. Zumindest gibt es Anlaß zu einem Fest!
Der erste dieser Preise – bleiben wir bei diesem guten Thema –, der Christiane erreicht hat, war der Große Bayerische Filmpreis. Ich saß in Salzburg im Büro des »Festes in Hellbrunn« und habe gearbeitet. Da hat das Telephon geläutet, Christiane hat mich aus Zürich angerufen und mir aufgeregt und froh berichtet, daß sie die Verständigung bekommen habe, man wolle ihr den Großen Bayerischen Filmpreis verleihen. Das ist nun wirklich ein Grund, sich zu freuen und aufgeregt zu sein, und so habe ich gleich mitgetan und war auch aufgeregt. Die Jury hatte ihn ihr als bester Schauspielerin, Xaver Schwarzenberger für Regie und Kamera verliehen, und beide bekamen ihre Preise für *Donauwalzer*. Das war im Winter von 1985 auf 1986.
Die gute Nachricht war auch in der »Neuen Zürcher Zeitung« zu lesen, und da stand nun, daß neben der Ehre auch 50 000 DM vergeben würden, nicht an alle insgesamt vielleicht, nein, alle bekamen Ehre, Statue und Geld. Christiane erhielt also 50 000 DM, und das stand in der Zeitung. Da war es interessant zu sehen, wer daraufhin anrief. Denn der Preis allein auf der Kulturseite, das hätte dieser oder jener vielleicht übersehen – aber die Mitteilung dieser nicht der Steuer

unterliegenden Summe, die hat in Zürich Eindruck gemacht!
Nun wurde der Smoking in die Reinigung getragen, ein neues schwarzes Kleid beim Schneider bestellt, und dann fuhren wir nach München.
Wenn ich bei solchen Gelegenheiten hinter Christiane sitze, kommt immer irgend jemand und fragt, ob denn das nicht schlimm sei für mich, so in der zweiten Reihe, als Mann und ohne Preis ... nicht wahr? Es ist nicht schlimm, es ist angenehm, und ich freue mich wie der Schneekönig bei Wintereinbruch über Christianes Erfolge und Ehrungen. Ich habe die Erfahrung gemacht, daß sie bei entsprechender Gelegenheit wunderbar auch in der zweiten Reihe sitzen könnte. Sie sitzt nur nie in der zweiten Reihe, denn sie wird immer in die erste geholt. Seltsam, sie sitzt wirklich nie in der zweiten Reihe. Vielleicht aber ist einfach da, wo Christiane sitzt, die erste Reihe, automatisch, und jetzt muß ich aufhören, sonst zensuriert sie mir diese Stelle, wenn sie mein Manuskript liest.
Wir fuhren also nach München. Im glänzenden Cuvilliéstheater, Rokokobau erster Güte, fand die Verleihung statt, und Ruth Leuwerik hat, im Namen der Jury, die Laudatio gesprochen. Christiane bekam ihren Preis, mit dem berühmten Bustelli-Harlekin als sichtbarem Zeichen, und als sie auf der Bühne stand, glücklich und strahlend, hörte man über das am Revers angesteckte Funk-Mikrophon, wie der Bayerische Ministerpräsident Franz Josef Strauß leise zu ihr sagte: »Wer ko, der ko.«

Das Publikum bestand zur Gänze aus Insidern, von Winnie Markus bis Franz Antel, und der anschließende Empfang war toll. Dann gingen die preisgekrönten Schwarzenbergers – die Ehefrau des Regisseurs Xaver konnte sich gleich mehrfach mitfreuen, denn sie hatte das Drehbuch geschrieben und den Schnitt gemacht – und wir in ein Fischlokal. Ich habe nur einen Aperitif genommen, weil ich durch den Schnee zum Bahnhof mußte, um in Salzburg noch als Mitternachtseinlage beim Finanzball zurechtzukommen. Das habe ich natürlich für Gotteslohn getan, hatte bei der Zusage noch nichts von tollen Abenden in München zum selben Termin ahnen können und bin mir sehr wichtig vorgekommen, wie ich da zwischen den Staaten unterwegs war.

Dem Bayerischen Filmpreis folgte die Goldene Kamera für den Fernsehfilm *Das andere Leben*. War *Donauwalzer* ein klassisches Melodram, so war *Das andere Leben* mehr eine sehr realitätsnahe Alltagsstory, hervorragend gemacht, daher auch preisgekrönt – und keineswegs dem Schauspielersprichwort entsprechend: »Je preiser gekrönt, desto durcher gefallen«, sondern, wie schon erwähnt, sehr erfolgreich auch bei der Kritik.

Im Frühjahr 1992 wurde Christiane von den Lesern der österreichischen Tageszeitung »Kurier« zur besten Schauspielerin gewählt. Dafür sollte sie einen Preis mit Namen »Romy« bekommen, alljährlich verliehen und nun auch schon langsam in seiner eigenen Tradition stehend.

Christiane hat sich gefreut, hat den Termin für die

Überreichung freihalten können, ist nach Wien geflogen. Ich habe mich für Paula Wessely und mich selbst um Plätze bemüht, der Andrang war groß, die Voraufregung gewaltig, und dann war es soweit. Weil wir vor lauter Terminen nicht nachgekommen sind, haben wir uns am Flughafen Schwechat ein Zimmer genommen – ich kam aus Mailand, Christiane aus München –, und beide mußten wir am frühen Morgen wieder fort, so war das die beste Lösung.

In der Liste der Preisträger waren Nachwuchskünstler, Showstars, Manager. Jenny Jürgens, Peter Alexander und – ein Mann, der uns sehr wichtig war, denn er hatte auf Saschas Leben einen guten und wichtigen Einfluß gehabt. Wir freuten uns, ihn wiederzusehen und ihn unter den Preisträgern zu wissen.

Dr. Thomas Pluch war Chefredakteur der »Wiener Zeitung« und uns vor allem als ein guter österreichischer Drehbuchautor ein Begriff. Er leitete alljährlich, als ein echtes Anliegen des Intendanten Friedrich Urban, ein vom ORF-Landesstudio Salzburg veranstaltetes Drehbuchseminar, in dem Sascha noch vor seiner Matura einen Platz bekommen hatte. Wir mußten damals an die Schule schreiben, um Befreiung für einige Tage ansuchen, und Sascha fuhr nach Salzburg. Der Ältere und Erfolgreiche hat die Anfänger, die da vor ihm saßen, so auch den sehr jungen und von Praxis noch weit entfernten Sascha, richtig und gut behandelt. Er hat ihm klug auf dem Weg zur Erkenntnis seiner beruflichen Bestimmung weitergeholfen. Sascha und Thomas Pluch haben nach dem Ende des Drehbuchkurses ihre Adressen ausgetauscht und einen Briefwechsel begonnen. Sascha fühlte sich ernst genommen. Dafür waren wir sehr dankbar, und ich nützte die Minuten, bevor die Romy-Verleihung ihren Anfang nahm, ihm das zu sagen, und habe mich bei Thomas Pluch bedankt. Darüber bin ich heute noch froh, denn es war die allerletzte Gelegenheit.

Das Zelt, in dem die Verleihung stattfand, hatte man auf dem Wiener Rathausplatz aufgestellt, es war übersät mit Sternen in verschiedenen Farben und auch schon in den Ankündigungen immer nur das »Sternenzelt« genannt worden. Jetzt saßen an zahlreichen Tischen unter diesem Sternenzelt die Preisträger mit ihrem Anhang und harrten der Zeremonie. Die aber war kurz und endete tragisch. Thomas Pluch bekam seinen Preis, hielt eine kurze Dankesrede und nahm seinen Platz wieder ein. Der nächste Glückliche bestieg das Podium – da hörte und sah man aufgeregte Menschen zusammenlaufen. Unruhe machte sich breit, bis die Feierstunde offiziell abgebrochen wurde. Thomas Pluch starb wenige Minuten später. Wir haben uns erhoben, haben seiner gedacht und waren noch tief betroffen. Still gingen wir an diesem Abend alle auseinander. Sascha war schon an der International Film School in London, und auch das hatte ich Thomas noch berichten können. Sascha war erschüttert. Pluch war doch für ihn ein Mentor am Beginn eines Weges gewesen.

Der Romy-Preis hat ein Jahr später zu den Preisträgern gefunden, die ihn an jenem bösen Abend unter dem

Sternenzelt nicht mehr überreicht bekommen hatten. Christiane war bei Dreharbeiten, wieder war das alles sehr kompliziert, und dieses Mal konnte ich nicht nach Wien kommen.

Die Verleihung hat in der Hofburg stattgefunden, und Christianes Flugzeug kam an, als die Feier schon begonnen hatte. Nur mit Hilfe der Wiener Polizei und etwas Blaulicht hat sich noch eine rechtzeitige Ankunft zur Entgegennahme des Preises zustande bringen lassen. In ihren Dankesworten hat Christiane zum Ausdruck gebracht, wie sehr es sie beeindruckte, daß dieser Preis durch eine Entscheidung und Wahl vieler einzelner Menschen zustande kommt, also vom Publikum vergeben wird. Und das wieder hat das Publikum beeindruckt.

Scharf vorbeigegangen an Christiane, oder besser, an einem ihrer Filme, ist ein Preis, der in diesem Beruf der Preis der Preise ist – der Oscar. *Schtonk* stand immerhin zuerst einmal als der von Deutschland nominierte Film da, das war schon ein Erfolg; er setzte sich dann gegen internationale Konkurrenz, gegen die von anderen Ländern nominierten Filme durch und trat nun gegen drei andere Filme in der Endrunde an. Helmut Dietl rief an, hat von diesem Zwischenerfolg berichtet und gefragt, ob Christiane mitkommen wolle. Die Platzanzahl sei zwar sehr begrenzt, aber das werde sich schon bewerkstelligen lassen.

Christiane wollte nicht mit. Sie hat gemeint, da gebe es noch andere, den Produzenten, den Drehbuchautor, den Ausstatter, für sie und viele andere sei ja auch kein

Platz mehr frei, und schließlich sei ja der Film nominiert, nicht ihre Leistung, und sie hat noch hundert andere Argumente gehabt. Aber immer wieder ist ihr Dietls Frage in den Sinn gekommen und immer wieder hat sie davon zu sprechen begonnen, und immer wieder habe ich ihr zugeredet, doch zu fliegen. Schließlich erlebt man so etwas doch kaum – höchstens im Fernsehen, aber daß man nicht nur selbst dort sitzt, daß man auch mitzittern muß und vielleicht, vielleicht... Also das läßt man nicht aus, wenn man es mitnehmen kann.

Christiane hat, je näher der Termin kam, umso mehr Menschen befragt, hat immer wieder abgelehnt – aber dann mußte man schließlich eine Lösung finden, mußte so oder so entscheiden, denn der Platz, die Flugkarte und das Hotel mußten ja reserviert werden. Endlich hat sie sich entschieden – zu reisen.

Das war nicht ganz leicht. Am Tag vor dem Abflug hatte Christiane noch eine Lesung, die war nicht zu verschieben: ein sehr genau gebautes lustiges Programm, die Aufzeichnung für eine Reihe von österreichischen Videos zum Lachen, der schöne Saal im Schloß Grafenegg bei Krems an der Donau – an eine Absage war nicht zu denken.

Doch es kam noch schlimmer. War es ohnehin schwierig genug, eine Flugverbindung zu finden, die den Weg von Wien nach Los Angeles von Sonntag mittag bis Montag mittag ermöglichte – so gab es im letzten Moment noch ein gewaltiges Hindernis: einen Wintereinbruch Ende März.

Ich selbst bin damals, Christiane saß längst im Flugzeug, von Termin zu Termin gehetzt, um am Abend die letzte Maschine von Wien nach Zürich nehmen zu können. Wir wohnen in Baden so ungünstig, daß wir kaum etwas vom ORF zu sehen bekommen und schon gar nichts von anderen Stationen – rundherum Häuser, keine Antennenmöglichkeiten, kein Kabel in unserer Gasse. Wollte ich ab drei Uhr früh vor dem Fernsehgerät sitzen, Daumen halten und aufzeichnen, so mußte ich nach Zürich.
Am Ende dieser langen Nacht habe ich mich damals hingesetzt und mir meinen frischen Eindruck notiert, und das sieht so aus:

Schtonk hat den Oscar nicht bekommen.
Christiane ist in Los Angeles. Sie ist nach einer Lesung mit Fernsehaufzeichnung und einer Heimfahrt durch neuen Tiefschnee, Ende März 1993, von Baden nach Schwechat mit dem Taxi gefahren – das Flugzeug konnte wegen des Schnees erst zwei Stunden später starten – und nach Frankfurt geflogen.
In Frankfurt hat Christiane übernachtet, am nächsten Morgen ist sie nach Los Angeles weitergeflogen. Dort hat man sie mit einem von der Produktion, der Bavaria, bestellten Wagen abgeholt. Damit die Formalitäten nicht zu lange dauerten, hatten die Bavaria, die Lufthansa Wien und die Lufthansa München schon am Flughafen von L. A. Aviso gegeben. Dort hat eine Hosteß gewartet und Christiane durch die Sperren geschleust. Schnell ins »Hilton« in Beverly Hills, und dann

mit den wenigen, die für *Schtonk* einen Platz in der berühmten Halle bekommen haben, zur Oscar-Verleihung.

Währenddessen sitze ich in Zürich, warte stundenlang, bis es endlich drei Uhr früh ist und schlafe dabei ab elf Uhr mehrmals vor dem Fernsehapparat ein.

Endlich beginnt die Live-Übertragung, und ich weiß: Hier, durch diese Prominentenschleuse, geht irgendwann in diesen Minuten, dieser Stunde auch Christiane und sucht sich ihren Platz in diesem Gedränge der Welt-Filmprominenz, von Catherine Deneuve und Marcello Mastroianni, Sophia Loren und Michelle Pfeiffer über Liza Minnelli und Jack Palance, Jack Nicholson und Barbra Streisand bis hin zu Federico Fellini, Bob Hope, Dustin Hoffman, Al Pacino ... RTL plus überträgt mit eigenem Kommentator und zeigt auch einen langen Ausschnitt aus *Schtonk* – das lange Daumenhalten nähert sich dem Höhepunkt.

Die Franzosen haben auch Daumen gehalten, offenbar besser, denn am Film kann es nicht liegen. Aber immerhin, *Schtonk* hat es bis zu einer Oscar-Nominierung gebracht, Christiane hat das alles einmal miterlebt, man soll nicht undankbar sein.

Aber ich schleiche mit hängendem Kopf um sechs Uhr früh ins Bett und hasse dieses überschätzte goldfarbene Männchen namens Oscar.

Wenige Stunden später beginnt mein Zürcher Alltag mit dem Abhören des Anrufbeantworters. Der erste Anruf kommt von Christiane: »Du wirst es ja schon wissen, jetzt ist es bei uns halb elf, wir haben ihn nicht gekriegt. Aber wir waren sehr sportlich und tapfer, ich fliege jetzt nach Frankfurt.«

In der Trophäensammlung hätte der Oscar ja ohnehin gefehlt, der wäre ja bei Helmut Dietl und dem Produzenten gestanden. Aber Christiane ist stolze Besitzerin einer anderen Trophäe, die auch ihre Eltern seinerzeit bekommen haben und die als Mahnung in Grinzing immer an sich selbst erinnert hat – im Herbst 1992 kam sie schließlich auf Christiane zu: der Bambi.
Die Verleihung hat in Köln stattgefunden, im Maritim-Hotel mit riesiger Halle. Der eindrucksvolle Aufmarsch von Fernsehprominenz hat wieder begonnen, und eine unwahrscheinlich gute Organisation hat mir, der ich oft mit solchen Fragen zu tun habe, Hochachtung eingeflößt.
Der Tisch, an dem wir saßen, war fest in der Hand von *Schtonk*, und das war ja auch der Grund für diesen Bambi. Helmut Dietl, Harald Juhnke, Götz George und Günter Rohrbach, der Produzent, bekamen ihn ebenso wie Christiane, wie Veronica Ferres, wie Uwe Ochsenknecht. Wenn es dann wieder einmal soweit ist – Christiane Hörbiger steht mit dem neuen Preis in der Hand auf der Bühne, und die Photographen drängen sich –, dann freue ich mich mit ihr. Und dann freue ich mich auch, daß der Linda-Green-Traum des kleinen Mädchens im Hof der Himmelstraße 24 wieder in Erfüllung gegangen ist.

Unser Alltag sieht ganz anders aus, seit Sascha nicht mehr in Zürich lebt. Jede Mutter weiß, was es bedeutet, wenn aus einem kleinen Buben ein großer Mann geworden ist, wenn vieles nur mehr liebevolle Erinnerung ist, wenn die Sorgen nicht mehr heißen »die lassen mich nicht mitspielen« und »der Lehrer sagt, du sollst in die Schule kommen«, sondern Berufswahl, Geldverdienen, Entscheidenmüssen.

Mit Sascha haben wir natürlich auch immer seine Freunde, dann auch die Freundinnen miterlebt, wir sind kopfschüttelnd und welterschütternd vorwurfsvoll dagesessen, wenn es etwas kopfzuschütteln gab, und wir können wunderbar mit ihm lachen. Er ist ein begnadeter Blödler, auch deshalb bei seinen Freunden beliebt, und diese Gabe, den eigenen Humor in eine Form fließen zu lassen, ihn umzusetzen, hilft ihm nun bei seinen ersten beruflichen Schritten.

Uns ist manchmal im Alltag mit Sascha der eigene Humor abhanden gekommen, zum Beispiel nach einem Anruf der Schulleitung. Der Direktor machte sich Sorgen, wo Christianes Sohn denn so lange bliebe, seit einer Woche schon käme er nicht mehr. Das konnten wir uns nicht vorstellen, er verließ ja Morgen für Morgen pünktlich das Haus und kam zur gewohnten Zeit zurück. Befragt, hat er uns dann erklärt, er sei zum Zwecke des Romanschreibens in dieser Woche an jedem Vormittag nicht in der Schule, eher in der Schule des Lebens gesessen, im Café Odeon nämlich, wie einst James Joyce oder Kurt Schwitters. Christiane und ich sind dann wieder von den Wänden, die wir hochgegangen waren, heruntergekommen.

Mit dem Näherkommen der Maturaprüfung verdichtete

sich die Spannung. Das mag allgemein so sein, bei uns allerdings gab es einen dramaturgisch gut angesetzten dramatischen Höhepunkt, wie er in dieser Perfektion nicht oft anzutreffen ist.
Sascha hatte sich durch die Schuljahre und Klassen gekämpft und stand nun vor der Matura, endlich. Der Griesberg der Schuljahre war beinahe überstanden, das Schlaraffenland der abgelegten Reifeprüfung lag zum Greifen nahe. Um dieses Schlaraffenland betreten zu können, mußten die Frequentanten der Privatschulen zuerst einmal zum Bahnhof und fuhren von Zürich nach Basel. Dort blieben sie für eine Woche, wohnten im Hotel und hatten täglich Prüfungen. Sascha berichtete uns telephonisch, er war wie wir voller Hoffnung, und die ersten Berichte von der Prüfungsfront verkündeten nur Siege.
Wir waren zufrieden, erwarteten den täglichen Anruf und gingen unserer Arbeit nach, Montag, Dienstag, Mittwoch, Donnerstag – Freitag nicht mehr. Denn an diesem Tag sollte es zu den letzten Prüfungen kommen, an diesem Tag lauerte die Gefahr, der Angstgegenstand, die Todesklippe.
Bis zum Nachmittag hieß es warten, immer wieder den schwitzenden Sascha vor dem geistigen Auge. Der Vormittag verging mit Einkaufen, Telephonieren, für unsere eigentliche Arbeit waren wir zu nervös und hatten uns selbst frei gegeben.
Wir kamen nach Hause, der Anrufbeantworter wollte uns etwas berichten und zwinkerte uns zu. »Ja, also Mama, lieber Gerhard, bitte, es tut mir wirklich leid, aber, ja, das ist schiefgegangen. Ich habe mich so fest

66 Oben: Probenphoto – in der Titelrolle von G. B. Shaws »Candida«, einer Tourneeproduktion 1989

67 Mitte: »Die Betrogene« von Thomas Mann, Theater am Hechtplatz, Zürich 1990 …

68 … und Freie Bühne Wieden, Wien. Nach der Vorstellung im Foyer, Besuch der Mutter. Im Spiegel der Prinzipal Carlos Springer

'2 Prag 1992, an der Moldau. Im Hintergrund lie Karlsbrücke

Gegenüberliegende Seite
59–71 Dreimal »Love Letters« von A. R. Gurney, Theater am Hechtplatz, Zürich 1991: Zwei Wochen mit Klaus Wildbolz, zwei Wochen mit Peter Bongartz, zwei Wochen nit Martin Benrath

'3 Wildschönau/Tirol 1990. n der Heimat der Hörbigers u einem Fest anläßlich des 300-Jahr-Jubiläums

74 Zum ersten Mal in Budapest, wo Attila Hörbiger in der Attila-utca zur Welt gekommen ist. September 1992

75 Am Morgen nach dem Weihnachtsfest. Mutter und Sohn bei der Geschenkkontrolle

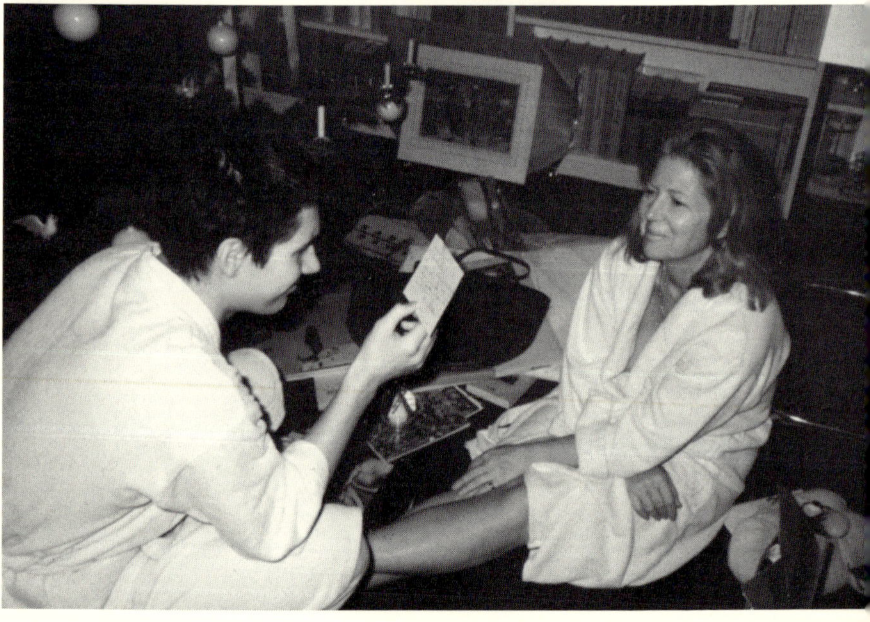

76 Spaziergang in der Himmelstraße

77 Die Geburtstagsfeier eines Freundes – von links: Peter Weck, Otto Schenk, das Geburtstagskind Harald Serafin, Bundesminister Rudolf Scholten, Bundeskanzler Franz Vranitzky, Mausi Serafin

POLIZE

ES PHILLIPS
SONS

81/82 Oben: Die Freya von Hepp in »Schtonk«, 1992, von Harald Juhnke mit dem Kommentar versehen: »Der Berg ruft!« – Rechts: In »Schtonk« mit Götz George

Gegenüberliegende Seite
78–80 Oben und Mitte: Mit Blaulicht und hilfreicher Polizeibegleitung bei der Ankunft vor der Hofburg anläßlich der »Romy«-Verleihung … und Dankesworte nach der Verleihung, Mai 1993. – Unten: Shopping in der Portobello Road – ein hinterhältiger Schnappschuß, der Sascha beim Blödeln erwischt

83 Und noch einmal »Schtonk« – Minuten der Spannung vor der Oscar-Verleihung in Hollywood. Von links: Christiane, Helmut Dietl, Veronica Ferres und Ulrich Limmer, der Co-Autor des Drehbuchs

84 »Barbara Auer interviewt Christiane Hörbiger«, Schweizer Fernsehen 1992

85 In Xaver Schwarzenbergers Film »Tafelspitz«, 1993

vorbereitet, aber dann habe ich gar nichts gewußt. Ja, es tut mir leid, ich wollte es euch gleich sagen, ja, also bis später.«

Nun gut. Nach einer Schreckminute, die Christiane nach Jahren des Nichtrauchens an den Rand des Rückfalls brachte, sammelten wir unsere Gedanken.

»Schau, Christiane, man kann ja auch ohne Matura seinen Weg machen.«

»Aber dann hätten wir nicht jetzt so viele Jahre damit verbringen müssen, also bitte!«

»Ja, sicher, aber er kann doch in einem Jahr wieder antreten, nicht wahr?«

»In einem Jahr! In einem Jahr! Er hat doch ohnehin schon eines verloren und ist einundzwanzig! Du sagst das so, in einem Jahr!«

»Jetzt laß uns zuerst noch zur Post gehen, wir können im Gehen reden. Und vielleicht kann der Sascha ja sogar schon früher wieder antreten, bei den ersten Prüfungen war er doch gut!«

Wir gingen zur Fraumünsterpost. Dahinter führt die Poststraße an einer Zürcher Abart von Pub vorbei, aber nicht unser Heimweg an diesem Tag – wir saßen in den Lederpolstern, mit einem Glas Whiskey und einem Glas Wein und vielen Gedanken.

»Was glaubst du, was meine Eltern sich für Sorgen machen mußten wegen meiner Matura! Christiane, du machst dir keinen Begriff, wirklich.«

»Ja, aber du warst noch nicht einundzwanzig, und stell dir vor, sein Vater hätte das miterlebt! Na, das wär was für den Rolf!«

»Er hat es aber nicht miterlebt. Und jetzt könnten wir uns ja auch wieder einmal beruhigen.«
Wir haben uns nicht beruhigt, gar nicht, im Gegenteil.
Wir verließen finsteren Gesichts das Lokal, schon mit einem kleinen Abstand, aber nicht vom Problem, sondern voneinander. Christiane drei Schritte vor mir, ich betont ruhig, traten wir den Heimweg an. Der Abstand vergrößerte sich, das Problem, die schwarze Stimmung trat über das Sascha-Ufer und erreichte Christiane und mich, nicht zuletzt als eine der Pub-Folgen.
Die Distanz vergrößerte sich, ich begann mit einem Wirtshaus-Zweitbesuch zu kokettieren. Als wir die Frankengasse erreichten, suchte Christiane schon den Haustorschlüssel, während ich erst um die Ecke bog. Ich sehe sie noch im Haustor verschwinden. Gut, jetzt ist es genug, wenn sie es nicht anders will – wie kommt man denn dazu –, ich gehe in den »Weißen Wind« auf ein Glas Fendant, vielleicht auf zwei … Ich drehe um, das hat sie jetzt davon, man versteht mich nicht …
Da höre ich frenetischen Jubel. Aus den obersten Fenstern unseres Hauses dringt das Hörbigersche Hurrageschrei.
Der Anrufbeantworter hatte wieder mit einer Nachricht aufzuwarten gehabt, und Christiane war klug und gefaßt genug, die Nachricht abzuhören. »Du, Mama, entschuldige, ich war da vorher zu pessimistisch, ich hab es geschafft, alles ist in Ordnung. Gerhard, Mama, bitte versteht mich, ich hab das so geglaubt, aber es ist eh alles in Ordnung. Also, ich hab die Matura, und ich komm dann heim.«

Ja, ja, Sascha hat einen Sinn für Pointen.
Den kann er natürlich heute wunderbar einsetzen. Er schreibt Drehbücher, vorderhand noch für die Schule, aber schon absolut professionell, er führt Regie, er ist sein eigener Cutter, den Sinn für die Pointe also braucht er. Vor einigen Jahren hat er, noch Schüler, seinen ersten Film gedreht, anläßlich des fünfzigsten Geburtstags seiner Mutter.
Wir versuchen, die fallenden Feste wirklich zu feiern. Es ist so wichtig, inmitten des tagtäglichen Drucks, des Berufskampfes, daß der Mensch auch die andere Seite des Lebens sieht.
Bei uns wird gefeiert, mit Musik und Freunden, mit sehr genau überlegtem Küchenangebot, generalstabsmäßig geplanter Gästeliste. Ich gebe zu, solche Feste fallen aus dem heraus, was man gemeinhin den Alltag nennt, aber ich sehe das anders. Denn wenn man das Herz und den Kopf einsetzt, läßt sich auch ein scheinbarer Alltagstag zum Festtag machen, und das ist keine materielle Frage.
Christiane hatte also Geburtstag. Ich habe ihr ein Fest im Lusthaus des Wiener Praters inszeniert, die Freunde dazu eingeladen, mich über die Zusagen von Carla Rehm, der Agentin, bis Otto Mang, dem Vetter, gefreut – der Engstfreundeskreis von Lohner bis Weck hatte den Termin schon ebensolange vorgemerkt gehabt wie unsere Mütter, wie Christianes Schwestern.
Und Sascha plante also sein Geburtstagsgeschenk in Form eines Films. Er informierte sich über das Programm, von Zigeunermusik und Schrammelquartett bis

zu Feuerwerk und Drehertorte, er ging die Drehorte ab, klärte die Fragen der Beleuchtung, engagierte Philipp Weck als Assistenten und Tonmeister.
Wir machten uns zu Komplizen eines Geheimplans. Sascha würde Christiane und mich, sobald wir in Wien angekommen wären, verfolgen.
Damals hatten wir die Wohnung im siebenten Bezirk schon aufgegeben, das Haus in Baden noch nicht bezogen. Wir verbrachten die Tage des Geburtstagsfests in einem Hotel gegenüber dem Stadtpark. Sascha war schon vor uns in Wien, ich vereinbarte, daß wir das Hotel um 9.30 Uhr verlassen würden, und irgendwie gelang es, Christiane von der Notwendigkeit dieses pünktlichen Abmarsches zu überzeugen. Wir gingen auf die Drehtüre zu.
»Du, Gerhard, ich nehme den anderen Ausgang, ich will noch eine Zeitung kaufen.«
»Nein bitte, komm, das geht doch auch noch später!«
»Ich warte draußen auf dich, es geht ja ganz schnell.«
Der Geheimplan mußte aufgedeckt werden. »Schau, Christiane, du wirst gleich den Sascha sehen –«
»Aber er ist doch in der Himmelstraße und schläft lang –«
»Nein, er ist hier, gegenüber, mit seiner 16 mm-Kamera, aber du wirst ihn nicht sehen, gelt, bitte?«
Also wir gehen. Wirklich steht Sascha gegenüber, die Kamera auf der Schulter, zusammengekrümmt hinter einem Hydranten, von Passanten mit großen Augen bewundert.
»Schau nicht hin, komm, laß ihm die Freud. Und jetzt gehen wir nach links, da hat er dich gut im Bild.«

Einige Schritte, stehenbleiben, Zeitung kaufen, einmal um die eigene Achse drehen. »Wo ist er denn jetzt?«
»Er versteckt sich hinter dem Auto. Schau nicht hin.«
So gehen wir durch die Innenstadt, Verfolgte und Verfolger, unsere ersten Schritte als Darsteller in einem Film von Sascha Bigler.
Das Fest im Lusthaus war eines der schöneren seiner Gattung. Sascha und Philipp haben die Auffahrt gefilmt, den Einzug der Gäste, die Zigeuner, den Brotkorb, das Käsebrett, den Suppentopf, das Cymbal der Kapelle, den Will Tremper, die Mitternacht, alles. Sie haben vor allem die Mitternacht gefilmt.
Als wir viele Monate später die Premiere des Werks erlebten, begannen wir an Saschas Berufswahl zu zweifeln. Der gesamte Film war von interessantem Dunkel geprägt. Das ist ein gerne von Produzenten eingesetztes Stilmittel, wenn sie schon wissen, daß ihre Firma demnächst hopsgehen wird, und an allen Ecken und Enden, eben auch am Licht, zu sparen beginnen. Aber das war ja hier nicht der Fall, und daß man infolge der Düsternis das Fest eher akustisch erlebte, führte zu der Frage, ob Sascha nicht vielleicht lieber Betriebswirtschaftslehre oder Sinologie studieren sollte.
Nun hat er schon zwei Jahre Filmschule in London hinter sich, ist, und das muß man schon als Erfolg sehen, am American Film Institute in Los Angeles, wohnt immerhin schon in Hollywood, und seine Lehrer erklären uns am Telephon bei passendem Anlaß, wie toll seine Schulfilme seien und daß er an Antonioni erinnere.

Ich weiß genau, weshalb ich diese Geschichte erzähle. Man soll die Hoffnung nie zu früh aufgeben, nicht alles, was düster aussieht, ist wirklich düster. Bitte, der Film vom Lusthaus schon.

Dichtung und Wahrheit

CH: Ja, also es gefällt mir wahnsinnig gut, es ist mit Wärme und mit Achtung geschrieben. Aber natürlich, zum Beispiel immer wo Zürich vorkommt, eben doch sehr über das Privatleben.
GT: Ja, sicher –
CH: Schau, zum Beispiel – du schilderst, wie Rolf vom Begräbnis von Hannes Obonya aus Wien kommt. Da hatte ich den größten Erfolg in Zürich, in der *Widerspenstigen*, als Katharina, und wie ich mich verbeugt hab, die Leute haben Bravo gerufen, habe ich immer in die Gasse zu dem bleichen Mann geschaut. Ich bin immer zwischen diesem mich sehr fordernden Privatleben und dem ebenso intensiven Leben am Theater gestanden. Ich bin so erschrocken, wie der damalige Verwaltungsdirektor des Schauspielhauses, Max Lehmann, zu mir gesagt hat, als ich meinte, ich sei aufgeregt: »Wieso? Jetzt haben Sie doch alles, was Sie wollen.« Und er hat gemeint, eine hohe Gage, einen guten Mann, ein Kind, also alles. Aber daß ich an seinem Haus ununterbrochen große Rollen gespielt hab, wie sehr mich das gefordert hat, das war ihm nicht aufgefallen.

GT: Weißt du, ich habe natürlich hier vor allem erzählt, was ich weiß, wie es mir persönlich wichtig erscheint. Natürlich gibst du manchem ein anderes Gewicht. Aber deshalb sitzen wir ja hier und führen dieses Gespräch, um manches noch anzumerken.
CH: Mir ist zum Beispiel etwas sehr wichtig: In der Buckwitz-Ära, wo ich mich von neuem durchsetzen mußte, weil ja er aus seinem eigenen Ensemble die Renate Schroeter mitgebracht hatte, da habe ich mit der Schroeter *Maria Stuart* gespielt, das haben sie mir nicht zugetraut in Zürich. Selber habe ich über so etwas zu Hause gar nicht sprechen können – ich bin ins Schlafzimmer gehuscht mit meinem Rollenbuch und hab Text gelernt. Der Rolf hat mir das sehr gedankt, er hat gemeint: »Ich weiß gar nicht, wie du das machst.« Ich habe damals nie von meiner Arbeit als Schauspielerin gesprochen, immer nur von mir als Ehefrau und Mutter. Aber die Rollen waren so groß – diese wirkliche Doppelbelastung, davon hatte ja auch in Österreich keiner eine Ahnung! Meine Mutter sagt immer: »Die Leute haben hier keine Ahnung, was du in Zürich für große Rollen gespielt hast!«
GT: Jaja, das stimmt schon, das ist mir auch aufgefallen.
CH: Siehst du, aber du erzählst davon wenig. Der 1. Jänner zum Beispiel – der Rolf wollte immer Gäste haben. Da hatte ich, sagen wir, nachmittag um vier Uhr Silvesterpremiere, zum Beispiel das Stück von Kishon, die Romeo-und-Julia-Geschichte, und am Abend dann die zweite Aufführung, in der Nacht danach die Gäste, das Haus voll, bis in der Früh, und am nächsten Tag Vorstel-

lung von einem anderen Stück, nicht ausgeschlafen. Wir haben aber davon zu Hause nie gesprochen, mein Hirn war ja auch in all den Jahren vollgestopft mit Theatertexten.

GT: Auch 251 Seiten sind für ein bisher nicht langes Leben wie deines nicht so viel, das macht es nicht leichter.

CH: Jaja, das verstehe ich ja –

GT: Nein, warte, da habe ich zum Beispiel die Memoiren von Jean Gabin gelesen, nicht von ihm selbst geschrieben, sondern von einem Mann, der eine Art Fanclubchef für Gabin war. Der beschreibt manches, was er gar nicht wissen kann, das er nicht erlebt hat, das er nicht selbst nachvollziehen kann. Ich versuche hier ehrlich zu erzählen, was ich eben sicher weiß.

CH: Da kennst du ja auch die Umstände besser –

GT: – und deshalb kann ich auch die Atmosphäre schildern, nicht nur die äußeren Umstände.

CH: Die waren oft nicht so komisch für mich. Ich weiß noch, bleiben wir beim Beispiel von der Stuart, da haben sie gemeint: »Heut fallt s' aber durch, die Hörbiger.« Und wie war ich erleichtert, als über meine Elisabeth dann in der »Weltwoche« stand: »Die Überraschung des Abends«, und ich sei wie eine Figur von Pasolini gewesen. Du, wenn man mit soviel Angst auf die Bühne geht wie damals ich, da ist man dann schon sehr froh, sehr erleichtert. Davon hat ja keiner was gewußt, die haben mich ja immer nur als Gastgeberin und Hausfrau gesehen. Ich hatte kein eigenes Zimmer in dem Haus, das war auch nicht einfach beim Rollenlernen, in der Vorbereitung. Aber niemand hat es offenbar gewußt, wie diese

Zürcher Jahre waren. Da passierte mir, nach dem Tod vom Rolf, daß in »HÖRZU« stand, umgehend habe mir der Gerhard Klingenberg einen Vertrag ans Zürcher Schauspielhaus angeboten, aber da hatte ich zehn Jahre lang dort die größten Rollen gespielt.
GT: Ich weiß, aber das stellt sich natürlich viel schlimmer dar, wenn man das so erzählt, denn die Schweiz protzt auch heute nicht mit ihren kulturellen Ereignissen. Und was außerhalb der Schweiz, in Berlin, Wien, Hamburg auf dem Theater vorgeht, das wird viel weniger registriert, außer von den Theaterleuten selbst.
CH: Übrigens, du schreibst so lieb über den Papa, aber du hättest auch erzählen können, wie der Papa mir wegen so einem geheimen Kinobesuch eine Ohrfeige gegeben hat. Er hat mir eine heruntergehaut, weil ich gelogen hatte, nicht, weil ich im Kino war.
GT: Siehst du, solche Enthüllungen kommen hier eben nicht vor.
CH: Was wären das auch schon für armselige Enthüllungen? In so einem Leben? Immer ist alles ganz oder wenigstens halb öffentlich, das war schon bei den Eltern so. Ich mag Enthüllungen, sogenannte, ohnehin nicht so gern, in diesen Büchern, das ist doch immer nur das Ergebnis einer großen Spekulation. Mir ist wichtig, daß das Publikum mich versteht, daß vielleicht irgend jemand etwas davon hat – hast du zum Beispiel über meine Angst geschrieben?
GT: Was für eine Art Angst meinst du?
CH: Alle meine Leistungen haben eine Überwindung von Angst bedeutet!

GT: Ja, gut, aber –
CH: Textangst, Verhungerungsangst, Lebensangst.
GT: Hör auf, manchmal muß man dich vor dir selber schützen!
CH: Aber das hilft doch vielleicht jemandem! Der auch Ängste hat! Ich bedaure, daß so viele große Kolleginnen erst im hohen Alter ihre Lebensgeschichte und damit auch ihre Probleme, ihre Rückschläge geschildert haben. Die Katharine Hepburn zum Beispiel. Wenn eine junge Frau dieses Buch, unser Buch, liest, dann soll sie wissen, daß Erfolgswege von Ängsten, Rückschlägen, Hindernissen durchsetzt sind, da muß man schon durch. Aber ich bin ja durch, Gott sei Dank! Das mit der Angst habe ich ja weitgehend hinter mir.
GT: Na also ...
Alles in Ordnung, gnädige Frau?

»Von Frau zu Frau« – »Julia«

Gut vier Jahre ist es her, daß das »Portrait aus der Nähe« erschienen ist! Vier Jahre seit der Präsentation in Wien, im Intercontinental, während der Probenwochen zu *Das Konzert* von Hermann Bahr. Vier Jahre, in denen immer wieder dieses Buch mit der Post zu uns zurückgekehrt ist, mit der Bitte um eine persönliche Widmung.

Jetzt, im Spätherbst 1997, jährt sich die Premiere des *Konzerts* in der Komödie im Bayerischen Hof in München. Sie wurde 1993 ein so großer Erfolg, mit Christiane Hörbiger als Marie Heink in meiner Regie, mit dem herrlichen Wiener Schauspieler Wolfgang Hübsch in der männlichen Hauptrolle, daß hundert Vorstellungen nicht genug waren. Ein Jahr später probierten wir für die Wiederaufnahme. In diesen vier Jahren hat sich vieles ereignet – die Neuausgabe dieses Buches zwingt den Autor zur Bilanz, gewiß, aber diesem Zwang folgt man gerne. Denn in diesen Jahren hat sich Aufregendes, Schönes ereignet, und so ist die Bilanz eine durchaus gute.

Gerade in diesen Tagen, da der Verlag die Abgabe des

Manuskriptes Tag für Tag ersehnt, ist der Beruf so spannend! Christiane hat zuerst einen Film gedreht, danach wochenlang für eine Fernsehproduktion gearbeitet.

Pressetermine in der Vorbereitung der Filmpremiere von *Jimmy the kid* werden von Presseterminen für einen neuen Abend in der Freien Bühne Wien abgelöst. Die Proben für diesen Abend werden unterbrochen durch eine Reihe von Vorstellungen von *Die kleine Komödie* von Arthur Schnitzler, in einer halb gelesenen, halb szenischen Fassung, die ich für Christiane und mich inszeniert habe. Auf das neue und eindrucksvolle Harenbergcenter in Dortmund folgen zwei Abende in München. Ein waches Publikum, dem die so wienerischen Gedanken und Pointen kein Problem, aber Freude machen! Und in diesem Publikum manche Kollegen, die man immer schon kennenlernen wollte, erfahrene Habitués, junge Neugierige.

Christiane hat sich in den letzten zwei Jahren mehr dem Film und dem Fernsehen gewidmet als dem Theater. Sie hat sich das gewünscht, denn »... ich bin doch als junges Mädchen zum Film gegangen und dann erst zum Theater! Und was habe ich jahrzehntelang im Repertoiretheater mit vier, fünf, sechs Vorstellungen pro Woche an Angst ausgestanden!«

Ich kann das verstehen. 116 Abende lang habe ich sie vor Beginn von *Olympia* von Franz Molnár zuerst in München, später auf Tournee zittern gesehen, tatsächlich zittern.

Auch jetzt ist sie nicht nur froh über die Schnitzler-

Abende. »Hab ich das notwendig, mußt du mich wirklich da wieder hineintreiben?«
»Ich habe dich nicht hineingetrieben, du hast ganz freiwillig ja gesagt! Vergiß das bitte nicht! Da kommen eben die Anfragen für einen weit entfernten Zeitraum, du sagst ja, sagst auch noch gerne ja, und jetzt bin ich schuld?«
»Ja, Gerhard, du weißt das doch, du weißt, wie schwer das ist! Ich arbeite ständig mit diesem neuen Drehbuch, lerne jeden Tag, und dann probiere ich noch für deinen Wiener Abend –«
»Was heißt, *mein* Wiener Abend? Bitte! Das ist ein Abend für dich, erdacht für dich.« Es geht um eine Premiere wenige Tage später.
»Du wünschst dir diese Wienerlieder!«
»Also komm, jetzt lassen wir das, wir haben am Abend Vorstellung.«
»Du hast mich da hineingetrieben!!« undsoweiterundsoweiter . . .
Und dann kommt der Abend. Das Theater ist ausverkauft, in der Garderobe stehen wenigstens fünf Blumensträuße, über die Sprechanlage hören wir die Musik, die fünfzehn Minuten vor Beginn einsetzt: Strauß-Walzer in der Fassung von Arnold Schönberg und Alban Berg. Vorhang, Licht, Auftritt, Begrüßungsapplaus.
»Arthur Schnitzler – *Die kleine Komödie . . .*«
Und alle Nervosität ist gebannt, die Stimmung ist, wie sie gedacht war, Christiane ist souverän und, ja, was soll ich tun, großartig. Jubel, neue Blumensträuße, ich unterdrücke ein »Na, siehst du!«

Das ist auch gar nicht notwendig, denn jetzt ist ja alles anders. In der Hotelhalle warten einige Damen verschiedenen Alters, aber alle mit Photoapparat und Album. Blitzlichter, neue Blumen, Filzstifte, Kugelschreiber, Widmungen. Und dann zwei junge Mädchen – »Ach, Frau Hörbiger, wie schön das heute war! Schade, daß wir so etwas nicht öfter erleben! Bis zu uns werden Sie wohl nicht kommen!« – »Ja, wo sind Sie denn zu Hause?« – »In Bad Lauchstädt, bei Halle.« – »Aber da war ich doch schon! Mit René Kollo, mit einem Goethe-Abend! Dieses schöne Theater, ich erinnere mich gut!« – »Ja, wir auch, wir waren ja bei dem Abend. Aber Sie werden wohl nicht so bald wieder –« – »Aber wieso denn! Nein, gerne sogar! Nicht wahr, Gerhard? Das machen wir doch! Und das Honorar ist auch kein Problem, Ihr Theater ist ja nicht so groß, aber das geht schon irgendwie! Das mache ich gerne!!« Daß die beiden jungen Damen in der Folge einen Hörbiger-Fanclub gründen, kann man verstehen.
Christiane Hörbiger und die Jugend – das ist ein gutes Thema! Wenn jemand jung ist und in irgendeiner Form mit diesem Beruf zu tun hat und sich mit einer Idee, einer Bitte an Christiane Hörbiger wendet – da können Sie lange suchen, bis Sie ein so offenes Ohr finden!
Das hat wenigstens zwei Gründe: Christiane erinnert sich an ihre eigene Jugend. Und Christiane denkt an Sascha, wie wohl alle Mütter an ihr Kind denken. Aber ob bei allen Müttern dieser Effekt eintritt, wie bei Goethes Faust, der »Helena in jedem Weibe« sieht? Denn Christiane sieht Sascha in jedem Jungen.

Für Christiane kann jeder Jüngling zu Sascha werden, und dann muß man alles verstehen und alles verzeihen – wenn der junge Mann nur halbwegs freundlich und im passenden Alter ist. Dann macht es nichts, wenn ein Kellner ungeschickt ist oder einen ewig warten läßt – »Wahrscheinlich muß er sich was dazuverdienen«, oder wenn ein Taxifahrer tolle Umwege fährt – »Sicher ist er nicht von hier! Stell dir vor, Sascha müßte in Los Angeles Taxi fahren! Der Arme!«
Da hat sich vor einigen Jahren ein Filmstudent gemeldet. Er habe ein kleines Filmprojekt, es diene auch als Abschlußarbeit an der Münchner Filmhochschule, und es gehe um einen Zauberer. Für diese Hauptfigur habe er schon einen Darsteller – Martin Benrath. Jetzt sei noch eine Dame im Publikum zu besetzen, die sich während einer Vorstellung dieses Magiers bezaubern lasse. Ob eventuell Frau Hörbiger...? An Gage sei leider nicht gedacht, aber es gehe ja ohnehin nur um eine Woche in einer kleinen Stadt in Bayern...?
So schnell kann man gar nicht zusagen wie Christiane in diesem Fall. Mag sein, auch Martin Benrath hat ebenso schnell zugesagt. Jedenfalls hat Christiane, auch voll guter beruflicher Gedanken an Benrath, dem Jungfilmer und seinem Team ihre Zustimmung gegeben und hat sich, in der Arbeit erstickend, eine Woche freigehalten, Text gelernt, gedreht, alles wie immer. Mit dem großen Unterschied, daß da nicht Geld und Glamour zu erwarten waren, dafür aber gute junge Gesichter und die Aufregung der Unverbrauchten. Und Christiane hat nur gute Erinnerungen an diese Zeit.

Die Studentinnen, die sie zu einer Lesung in der Vorweihnachtszeit gebeten haben – das war in Wien –, haben ebenso ihre Lesung bekommen wie die Mädchen vom, siehe oben, frischgegründeten Christiane-Hörbiger-Fanclub ihre Unterlagen. Und wenn Christiane Mitglied einer Jury für einen Film- oder Fernsehpreis ist und ein junges Talent wittert, ist sie nicht aufzuhalten, bis dieser junge Regisseur, diese neue Filmvamphoffnung zu einem der Preise gekommen ist. Natürlich geht es ihr dann um den betreffenden Menschen, der sie vielleicht an die siebzehnjährige Christiane H. im Filmatelier in Wien-Sievering erinnert – aber irgendwo schwingt wohl auch die Hoffnung mit, es könne das Schicksal vielleicht in einer ozeanüberquerenden Weise beeinflußt werden und zur selben Zeit könne irgendein amerikanisches Hörbiger-Pendant zu Sascha fair sein, oder vielleicht gar gütig. Die Unsicherheit, die wir beide von uns selbst aus unserer Jugend in Erinnerung haben, die scheint heute ein kleineres Übel geworden zu sein. Die Zwanzigjährigen der Saison 1997/98 machen einen nicht mehr unsicheren Eindruck.

Während ich mir im unklaren bin, wie ich das bewerten soll, findet Christiane diese neue Jugend großartig. Mir freilich gefallen, wenigstens aus der Sicherheit der großen Entfernung, diese Erinnerungen an einen sehr jungen Gerhard Tötschinger, der vor Aufregung nicht weiß, was er mit Paula Wessely sprechen soll. Da war ich immerhin schon fast dreißig Jahre alt. Aber auch Christiane ist es nicht viel anders ergangen, mit etwa sechsundzwanzig Jahren ... und mit Greta Garbo.

Sie war, davon war schon früher die Rede, in erster Ehe mit dem Regisseur Wolfgang Glück verheiratet. Er war, und ist es ja wohl noch, mit sozusagen Gott und der Welt bekannt. Das abgebrannte Hotel zum Beispiel, siehe Seite 85, hatte ihm Jean Cocteau empfohlen. Man kann verstehen, daß solcher Empfehlung gefolgt wird, und sei es nur zum Zwecke der Erwähnung bei passender Gelegenheit.
Wolfgang Glück war einer der Assistenten des großen Berthold Viertel gewesen. Viertel hatte am Burgtheater inszeniert und bei den Salzburger Festspielen, seine Regiearbeiten und seine Lyrik nahmen denselben hohen Rang ein, sowohl in ihrer absoluten Qualität als auch in der Bewertung von Kritik und Öffentlichkeit. Sein Weg hatte ihn rechtzeitig nach Amerika geführt, dort vermochte er Fuß zu fassen. Seine Frau Salka schrieb Drehbücher, besonders erfolgreiche – auch für Greta Garbo.
Salka Viertel besaß eine Wohnung in Klosters, nahe dem wunderschönen Cottage ihres Sohnes Peter. Und in dieser Wohnung waren eines Tages Wolfgang Glück und Christiane, damals ebenfalls noch Glück, zu Gast. Außer der Hausfrau und dem jungen Ehepaar war da auch noch der Sohn Peter mit seiner Frau, die selbst wunderschön und ein Weltstar war – Deborah Kerr.
Da saßen also diese fünf Menschen, allesamt mit einer gewissen Bedeutung in ihrem gemeinsamen Beruf zwischen Film und Theater, und unterhielten sich über – egal worüber, denn plötzlich kam DIE GARBO.
Ich weiß nicht, wie es wäre, wenn unerwartet, während

ich hier an nächtlicher Schreibmaschine vor mich hinfabuliere, Shakespeare hereinkäme und meinte, es handle sich nur um einen Sprung, gleich sei er wieder weg, und ob es mir denn gutgehe? Und was ich da gerade mache?
So ähnlich ging es wohl nicht der gesamten Runde in Salka Viertels Wohnung, aber auf jeden Fall Christiane Hörbiger. An einem Tisch mit Greta Garbo ... auch wenn man den alltäglichen Umgang mit Paula Wessely und Attila Hörbiger gewöhnt ist, zum Onkel Paul »du« sagt und immerhin gerade mit Deborah Kerr über das Wetter plaudert, und schließlich, notabene, selbst auch schon einiges auf diesem Gebiet erreicht hat – selbst dann ist die Ankunft eines Mythos auf zwei Beinen nicht leicht zu bewältigen.
Der Mythos trug einen Dufflecoat und anstelle eines Gürtels eine Kordel. Und er setzte sich an den einfachen Tisch in der einfachen Wohnung, und die anwesenden Nochnichtmythen hatten den Eindruck, der Raum sei kleiner geworden.
Christiane sah die Garbo von der Seite an. »Mir ist aufgefallen, wie junge Augen sie hat! Das habe ich damals zum ersten Mal bemerkt – Augen müssen nicht altern!«
Denken ist eines, sprechen ein anderes. Kein Satz, ja kein Wort kam Christiane in den Sinn, das sie nun dem Mythos hätte bieten können.
Ich weiß nicht, was damals in Christiane vorging – »Schweden, Schnee, Hollywood, habe alle Filme gesehen. Ich bin auch Schauspielerin. Schweden, Winter ...«, jedenfalls dürfte nichts wirklich Einsetzbares

dabeigewesen sein. Bis die Garbo selbst das Stichwort lieferte.

»Dieses Wetter, ich werde andere Schuhe brauchen.«

Der Mythos hatte gesprochen, die Idee war da – Christiane antwortete. Doch der Mythos hatte weder auf schweizerdeutsch noch im heimatlichen Schwedisch gesprochen. Das Tischgespräch verlief in Englisch, also etwa: »... I'm looking for shoes. Good, solid shoes for the winter season, here in Switzerland. Maybe even insulated boots?«

Das ist die Chance, schießt es durch Christianes Kopf, man muß ihr helfen. Die Göttliche! Wieso kauft ihr niemand Schuhe, nimmt ihr diese Sorge ab, ein Verehrer, ein Fanclub! Wieso muß die Göttliche selbst ...?

So wird sie gedacht haben, gesagt hingegen hat sie ungefähr: »Yes, shoes are important, sure. For the summer AND for the winter, sure. Ähm, we have a very good shop for shoes, here in Switzerland. It is called Bally and you will find branches everywhere: Berne, Zurich, Basle, St. Moritz. I'll write it down for you. Bally, B-A-L ...«

Da unterbrach die Garbo. »We all know Bally, my dear. Thank you.«

Das im wesentlichen ist das Ergebnis dieses Zusammentreffens. Man kann sich das gut vorstellen – ich jedenfalls. Gelähmt sitzt man vor dem Unfaßbaren. In Ferdinand Raimunds Zauberkomödie *Der Diamant des Geisterkönigs* sucht ein Sohn seinen verstorbenen Vater, der angeblich ins Geisterreich aufgenommen worden ist und jetzt irgendwie geheimnisvoll die Welt durchsaust. So gerne möchte der Sohn vom Vater Antwort auf wesentliche Fragen bekommen, und so sucht er und sucht er – bis er ihn findet. Und wirklich spricht der Vater zu dem Sohn und teilt ihm mit: »Ich bin dein Vater Zephises und habe dir nichts zu sagen als dieses.«

Nun bin ich wieder einmal sehr ins Fabulieren geraten. Aber an sich hatte ich vor, weitgehend chronologisch zu berichten, was sich von Herbst 1993 bis heute in Christiane Hörbigers Leben zugetragen hat. Und von Chronologie bin ich weit entfernt, also rufe ich mich zur Ordnung, zur zeitlichen Ordnung.

Der wesentliche Unterschied zu den Tagen, da dieses Buch zum ersten Mal erschien, ist ein geographischer. Damals hat Zürich in Christianes Leben die Wohnort-Hauptrolle gespielt. Das ist zwar noch immer so, aber vor allem in rechtlicher Hinsicht, das Haus in der Frankengasse gilt als Hauptwohnsitz.

Doch in Christiane Hörbigers innerer Ordnung hat der Zweitwohnsitz Baden bei Wien an Gewicht gewonnen. Das hängt mit seiner Nähe zum heimatlichen Grinzing zusammen, mit den selten gewordenen beruflichen Aufgaben in Zürich, mit Sohn Saschas Leben in Los Angeles. Und viele der einstigen Freunde haben Zürich verlassen – die Wecks und Helmut Lohner und manche andere.

Zürich und Baden sind gleichberechtigt nebeneinander getreten. Und Christiane versteht es mit ihrer Art von Lebenskunst, beidem Gutes abzugewinnen. Beide Lebensorte und Lebenskreise werden behandelt, als besäßen sie nur Vorteile, sie koexistieren in Harmonie.

Der Weg vom Hauptwohnsitz Zürich zum Zweitwohnsitz Baden bei Wien ist zwar fast tausend Kilometer lang, aber er hat dennoch einen gewissen Siebenmeilenstiefeleffekt.
Was in Zürich »Weißer Wind« heißt, wird in Baden zum Restaurant Ackerl. Das Stammgasthaus in Zürich, zwei Minuten geht man dahin, trägt den Hausnamen – hier haben ja alle Häuser ihre mittelalterlichen Namen. Und dieses Haus trägt ein Zeichen – zwei elegante Windhunde, daher: »Zum Weißen Wind«. So hat sich Christiane Hörbiger zwei sehr ähnliche Strukturen aufgebaut, besser – sie sind ihr einfach nach und nach zugewachsen. Was in Zürich der Wirt Oskar Zünti, das ist in Baden die Wirtin Marianne Ackerl, und die elegante Kronenhalle mutiert zum Restaurant Sauerhof.
Die zu Freunden gewordenen Nachbarn heißen dort Crespi oder Gessner und werden in Österreich zu Finks und Enderlins, aus der Confiserie Schober wird die Konditorei Ullmann, und so hat Christiane da wie dort eine überschaubare Welt, die auch hin und wieder zur Fluchtburg werden kann. Wenn nach sehr viel Jurysitzung und Drehtag, Flugzeug und Interview alles zuviel zu werden droht, dann flüchtet sie sich in diese vertraute Umgebung und zum Lieblingsgetränk – Kaffee mit Schlag. Und sie rettet sich damit in eine Erinnerung an Kindheit und Jugend, als in Grinzing noch eine weniger städtische Atmosphäre herrschte.
Das also vor allem ist der Unterschied zum Herbst 1993. Sascha hat seither nicht nur die International Film School in London absolviert, er lebt schon seit Jahren,

nach Abschluß des American Film Institute, in Los Angeles. Dort arbeitet er als Regieassistent, schreibt Drehbücher, führt bei Music-Videos Regie und hofft auf einen Produzenten für seinen ersten eigenen Spielfilm.
Zuerst hatte er, gemeinsam mit Philipp Weck, dem Freund aus frühesten Kindheitstagen, eine Wohnung in einem Wolkenkratzer. Das große Erdbeben 1994 hat den Freunden den Spaß am Wohnen im zwanzigsten Stockwerk gemindert. Nun wohnt Sascha in einem kleinen Haus und parterre.
Ich entsinne mich des Augenblicks knapp vor Beginn einer *Konzert*-Vorstellung in München, als eine Kollegin, schon in der Kulisse und also vor dem Auftritt, von Christiane wissen wollte, ob denn der Sohn Sascha das Erdbeben überstanden habe. Christiane hatte die Abendnachrichten nicht gehört, es war mir bis zu diesem Moment gelungen, die Schreckensnachricht aus Kalifornien vor ihr zu verbergen. Ich konnte ihr gerade noch versichern, in Los Angeles sei alles in Ordnung – ich habe behauptet, ich hätte mit Sascha telephoniert. Und auch wenn das nicht der Wahrheit entsprach, so hat es vielleicht die Vorstellung gerettet.

Das letzte Photo der Erstausgabe dieses Buches war das damals aktuellste – Christiane in *Das Konzert*. Damit ist auch gleich ein Zeitraum von drei Monaten erzählt, denn die allabendliche Vorstellung läßt keine anderen Arbeiten, schon gar keine Abenteuer zu. Mit Wolfgang Hübsch, mit Jenny Jürgens nach der Vorstellung auf ein Bier, hin und wieder mit Kollegen, mit Freunden – und dann schnell ins Bett und am nächsten Tag gesund leben, sich im Kampf gegen die Modekrankheit Erkältung behaupten und wieder zur Vorstellung. Viel mehr läßt sich über solche En-suite-Zeiten nicht sagen.

Jahre zuvor hatte Christiane dieselbe Rolle schon einmal gespielt, auf einer Tournee, in der Regie von Loek Huisman und mit Friedrich von Thun als dem Bühnen-Ehepartner. Der in Wien lebende, zum Wiener gewordene, aus Holland stammende Regisseur und Schauspieler hatte das Stück mit so großem Österreich-Verständnis inszeniert, als sei er im Heimatland Hermann Bahrs aufgewachsen.

Das Konzert hat uns in München viele neue Freunde gebracht. Vom Premierenabend an waren wir ausverkauft. Und auch diese Premiere selbst war ein Erlebnis der Sonderklasse – Kardinal Friedrich Wetter und Peter Weck, Helmut Ringelmann und Will Tremper, Rudolph Moshammer und Gerlinde Locker waren da, und jede der Hermann Bahrschen Pointen hatte den Lacherfolg, der ihr gebührte.

Die Münchner »tz« titelte »Die Komödie fest in der Hand der Österreicher«, die »Abendzeitung« jubelte: »Selbst der Kardinal lachte über einen Ehebruch!« Und der Wiener »Kurier«, der einen Kritiker nach München gesandt hatte, berichtete vom »Sensationserfolg im Nachbarland«.

Der Kampf um die Eintrittskarten, das war nicht nur einfach eine Bestätigung, er hat auch bedeutet, daß eine Idee stimmt. Die Regie hatte sich ganz und gar hinter den Dichter gestellt, der Ausstatter, Thomas Pekny, ebenso. Und so kam eine Aufführung zustande, wie man sie offensichtlich nicht allzuoft erlebt. Kein Abend verging, ohne daß uns Menschen aus dem Publikum, die von Österreich angereist gekommen waren, dankten, gratulierten, von ihren Erinnerungen an selige Abende im Wiener Akademietheater berichteten und ehrende Vergleiche zogen. Einmal hing, knapp vor Weihnachten, ein Zeitungsausschnitt am Schwarzen Brett im Theater, aus dem Annonceteil der »Süddeutschen Zeitung«: »Wer überläßt mir seine zwei Eintrittskarten für *Das Konzert* in der Komödie im Bayerischen Hof, gegen einen sehr guten Preis? Ich brauche sie als Weihnachtsgeschenk für meine Frau.« Das freut die Theaterdirektorin, das freut das Ensemble, und das freut natürlich auch den Regisseur.

Solche langen Vorstellungsreihen, en suite ohne freien Tag – das spürt jeder Schauspieler, das fordert jede Schauspielerin, und Christiane Hörbiger spürt es offenbar ganz besonders. Denn es bedeutet, tagein, tagaus gesund zu leben und nicht nach Mitternacht ins Bett, auch wenn die Vorstellung einen erst um 22.30 Uhr entlassen hat. Es bedeutet, das Stück täglich einmal auf der Bühne und ein zweites Mal im Geiste zu spielen, denn man überprüft ja seinen kompletten Text im Laufe des Tages. So wirken also freie Tage wie der Leuchtturm für den Seefahrer – »Land!!!«.

Im Winter 1993 gab es in der *Konzert*-Serie nur einen freien Abend – den Weihnachtsabend. Sascha hat damals seine letzten Monate in London verbracht, auf der Filmschule, und er ist nach München gekommen, und so hat der Heilige Abend mit seinem Nebeneffekt als einziger freier Tag auch noch die Freude des Wiedersehens mit dem Sohn gebracht, und es waren ganz besondere Weihnachten.

Hin und wieder muß man allerdings den gleichförmigen Rhythmus des klösterlichen Theateralltags unterbrechen. Dreimal war das in diesen Monaten möglich: zu Silvester, denn da wird zweimal hintereinander gespielt, dann dauert es noch eine knappe Stunde bis Mitternacht, und man stößt mit den Kollegen, den Technikern, der Direktion auf das Neue Jahr an. Und auch der Besuch von Udo Jürgens hat zu einem anderen Abendablauf geführt. Er hat sich mit Recht über die Leistung seiner Tochter Jenny gefreut, hat das Ensemble zum Abendessen in das Restaurant des Bayerischen Hofs gebeten, und da haben dann die beiden Österreicher Christiane Hörbiger und Udo Jürgens auf ihren Wohnort Zürich das Glas heben können, in München.

Die dritte Ausnahme wurde durch den Deutschen Filmball ausgelöst. Aber das ist ja kein Freizeitvergnügen und fällt nicht in das Kapitel Allotria, sondern Dienst.

Wenige Wochen später – *Das Konzert* war, bei ständig ausverkauftem Haus, abgespielt – gab es eine Rückkehr nach München, einer Filmpremiere wegen.

Tafelspitz ist einer von mittlerweile vielen Filmen, in denen Christiane und der Regisseur Xaver Schwarzenberger zusammengearbeitet haben. Der erste in dieser Reihe, *Donauwalzer*, hat für Christiane eine lebensverändernde Dimension gehabt, davon war ja hier schon

die Rede. Und auch *Tafelspitz* wurde ein ganz besonderer Film.
Die Münchner Premiere fand im Gloria-Filmpalast statt. Wir trafen Otto Schenk, der damals noch Direktor des Theaters in der Josefstadt in Wien war, schon im Flugzeug. Solche Treffen werden immer zu unvergeßlichen Anlässen, man kommt aus dem Lachen nicht heraus. Humor als Katastrophe, in Verbindung mit dieser professionellen Beherrschung des Pointensetzens, dagegen gibt es kein Mittel.
Otto Schenk habe ich dann, nachdem wir den Münchner Flughafen verlassen hatten, erst im Kino, bei der Premiere, wiedergesehen. Er war nicht leicht zu erkennen, denn wo sich sonst für gewöhnlich Kopf oder Hut befindet, waren seine Füße. Er zeigte einigen Fans, wie man einen Kopfstand macht. Das wiederum hatte zur Folge, daß Christiane minutenlang lachen mußte, zur Freude der vielen Photographen.
Hier folgt ein kurzer Exkurs zu dem Thema »Christiane Hörbiger lacht«, das muß jetzt sein, dann kehren wir zu unserer Filmpremiere zurück.
Es gibt verschiedene Arten von Lachen. Für uns am Theater sind die kämpferischen, ansteckenden Lacher die erste Wahl. Das mag in Gesellschaft weniger Anklang finden, auch in Londoner Clubs oder im Wiener Kaffeehaus eher auf Ablehnung stoßen: Im Theater sind solche Lacher ein Glück. Denn es gibt auch jene Krampflacher, die die Augen zusammendrücken, die Nase kurz unter der Nasenwurzel in Falten legen und den Kopf nach hinten bewegen, mit einer leichten Dre-

hung nach rechts, freilich ohne irgendeinen lachähnlichen Laut zu entwickeln. Solches Lachen bringt uns gar nichts.
Daneben gibt es kurzes, fröhliches Lachen, solches, das in Weinen übergeht, und die eine oder andere selbst entwickelte Form. Christiane Hörbiger beherrscht alle diese Arten.
Ich sage damit nicht, daß sie ständig bereit sei zu lachen, so ist das nicht. Leider ist das nicht so, sie kann sehr deutlich lachunlustig sein, wenn wir verschiedener Meinung sind, auch in Kleinigkeiten.
Aber wenn sie einmal privat lacht, und das ist nicht selten, dann lohnt es sich.
Der kritische Leser könnte hier murmeln, diese Eigenschaft sei doch nicht so selten, daß sie eine spezielle Erwähnung verdiene. Christiane beherrscht dieses Lachregister aber auch auf der Bühne! Und das ist schwer.
Sie lacht auf Regisseurwunsch auf verschiedene Arten, verhalten, heftig, gütig-verzeihend, aggressiv, hysterisch. Sie hat in Salzburg, in *Was ihr wollt* bei den Festspielen 1972, in Otto Schenks Regie die Marie gespielt – und sie hat sich mit einem Lachen quer über die ganze Bühne Szenenappläuse gesichert.
Dabei allerdings hat die Regie eine bedeutende Rolle gespielt, zuerst bei den Proben, doch dann auch bei der Premiere. Als Christiane knapp vor dem Auftritt stand, sah sie auf der anderen Bühnenseite ihren Regisseur Otto Schenk, der mit unsäglichen Grimassen und mancher deutlichen, ja zweideutlichen Hantierung für Hei-

terkeit auf der anderen Bühnenseite sorgte und somit zur Startrampe des Hörbigerschen Lachanfalls wurde. Aber den mußte man dann erst einmal durchhalten für die gesamte Bühnenbreite!

In den Tagen, da dieses Buch seinen Weg hoffentlich in die Auslagen der Buchhandlungen findet, hat Christiane wieder einmal einen Lach-Lacherfolg. In dem Wienerlied »Auf der Lahmgruabn und auf der Wieden« läßt sie eine Standlerin vom Naschmarkt einen Lachanfall bekommen, und zwischen Singen, Sprechen, Lachen endet das Lied. Und die Menschen sind glücklich, weil lachanfallangesteckt.

Das ist nämlich der Trick – nach einem herrlichen, seligmachenden Lachen sehnt sich jeder Mensch. Aber wenn man unter seinem Niveau gelacht hat, bleibt ein dummes Gefühl, ein Hautgout, und so gilt es, dem Lachniveau gerecht zu werden.

Das vermag Christiane – und das vermag auch der Film *Tafelspitz*. Neben Christiane und Otto Schenk spielten darin – wie immer nach einem Drehbuch von Uli Schwarzenberger – Annika Pages und Jan Niklas, Lotte Ledl, Fritz Eckhardt. Dazu kam bei der Münchner Premiere noch eine große, aber handverlesene Schar im Publikum von Senta Berger bis Alexander Kerst, und der Film vermochte eine Stimmung zu erzeugen, wie man sie sich jeden Tag wünscht.

In Wien war es nicht anders. Trude Sagmeister überschrieb damals ihre Doppelseite in der Wiener »Kronenzeitung« mit den Worten: »*Tafelspitz!* Daß es das noch gibt! Ein österreichischer Film, in dem gelacht

werden darf!« Im Apollo-Kino fand die Premiere statt, im Hotel Intercontinental die Premierenfeier.
Er ist eine moderne Variante des Mariandl-Themas, spielt ergo in der Wachau, in einer Landschaft, die neben manchem hohen C des Donauflusses auch einige herrliche Koloraturen der flußangrenzenden Wälder, draufgabenfordernde Soli von denkmalgeschützten Städten und Dörfern erzielt und unter Donnerapplaus von Melk bis Krems mit ihrem Kostüm angibt.
Tafelspitz ist im Norden des deutschen Sprachraums nicht zu dem Erfolg geworden wie im Süden – und einem anderen Film mit Christiane war in diesen Monaten im Frühjahr 1994 dasselbe Schicksal zuteil, nur in der Gegenrichtung. *Alles auf Anfang* hat auf dem Weg vom Norden Deutschlands in den Süden und nach Österreich seine Zuschauer verloren, trotz glänzender Besetzung. Den Filmehemann Christianes stellte Harald Juhnke dar, das war nur ein weiteres Ereignis in der Reihe von Begegnungen mit diesem Inbegriff von Entertainer.
Christiane Hörbiger hat mit Juhnke wochenlang in Berlin-Babelsberg gedreht, in der Regie von Reinhard Münster. Dann hatte ich im österreichischen Fernsehen einen Live-Abend mit Harald Juhnke. Es folgte ein gemeinsames Abendessen bei »Fofi«, Berliner nächtlicher Treffpunkt für Schauspieler, Regisseure, Sänger, Journalisten und an diesem Abend für Udo Samel, Harald Juhnke und Christiane Hörbiger.
An jenem Abend im Februar 1994 wurde vereinbart, das von ARD und ORF gemeinsam geplante Geburts-

tagsfest – es trug als TV-Sendung den Titel *Salut für Harald Juhnke* – solle zu einem Wiedersehen werden. Dieses Wiedersehen ergab sich dann ganz von selbst, denn in der Sendung sang Christiane für ihren Filmehemann Harald »Wienerisch ist gar nicht so schwer!«, und sie hielt die Ansprache zu Juhnkes 65. Geburtstag. Und schließlich – im Mai die Premiere von *Alles auf Anfang*.

Wenn ich jetzt in den wahren Bergen von Presseausschnitten auf die Suche gehe, bin ich froh, daß so vieles trotz ständigen Reisens und Kofferwechselns den Weg in dieses kleine Privatarchiv gefunden hat. Da liest man in der »Berliner Zeitung«: »...mit seiner gnädigen Frau Gemahlin Christiane Hörbiger, die zu garstiger Höchstform aufläuft.« Und in der Wiener »Presse«: »Neben Christiane Hörbiger, die bereits in *Schtonk* auf unvergleichlich stilvolle Art das Maßhalten im Übermaß vorgeführt hat ...« Und auch das US-Weltmagazin »Variety« berichtet: »Christiane Hörbiger, the Viennese-born daughter of UFA legends Paula Wessely and Attila Hörbiger, gives a tremendous performance in the role of the producer's ageing wife. With great courage she dares make herself horrid, portraying a would-be cover girl who looks like a cleaning lady: odd, shrill and sarcastic.«

Solche Besprechungen sind eine so deutliche Bestätigung für Christianes Mut zu wenig liebenswürdigen Figuren. Man kann natürlich auch seinen Weg machen, indem man immer nur in freundlichen, sympathischen Rollen antritt, man kann sich auf Mörderinnen, Kommissare, Vamps spezialisieren. Aber der

Schauspieler, der sich den verschiedensten Herausforderungen stellt, der seine Wandelbarkeit fordert und beweist, imponiert dem Publikum letztlich in stärkerem Maße – und der Kritik, in diesem Falle auch einer Jury.
Denn die Tage der Filmpremiere von *Alles auf Anfang* brachten für Christiane Hörbiger eine Ehrung, die jeder in diesem Beruf tätige Mensch für sich erhofft: den Deutschen Bundesfilmpreis. In Berlin, im Theater des Westens, überreichte ihr der deutsche Bundesminister des Innern Rudolf Kanther das »Filmband in Gold«. Sie bekam es für ihre Rollen in *Tafelspitz* und in *Alles auf Anfang*, und so wurde der Traum wahr, für den der Teenager Christiane im Hof des elterlichen Hauses in Grinzing viele Jahre vorher schon geprobt hatte. Damals stellten Säulen, die diesen Hof umgrenzen, das Publikum dar. Und die Zwölfjährige, die sich, davon war schon die Rede, für den Künstlernamen Linda Green entschieden hatte – wie wir wissen, zum Glück nicht endgültig –, probte für Oscar-Verleihungen, die Entgegennahme des Goldenen Löwen der Biennale von Venedig und wohl auch des in der Familie schon beheimateten Bundesfilmpreises.
Nun steht das Filmband in Gold, eine mehrfach gewundene Schleife auf rotem Samtgrund, neben anderen Preisen in Zürich und darf nur selten an das Licht der Öffentlichkeit. Denn Christiane findet, mit allen Goldenen Kameras und Romys und Bayerischen Filmpreisen und allem, was noch in diesem Ehrenwinkel steht, bis hin zum Bambi und eben zum Filmband in Gold, gibt man nicht an, das zeigt man nicht

her. Das ehrt sie, und wirklich ist es auch etwas seltsam, wenn man in einer Wohnung zu Gast ist, deren Wände mit Leistungsbeweisen und Ehrendiplomen tapeziert sind.
Dennoch wünschte ich mir manchmal, daß solche Momente, in denen man sich freut, auf die man stolz sein darf, nicht so schnell vorbeigehen möchten. Man ist für einige Stunden, eventuell Tage, in der Pluskiste, und dann, nach vorsichtigstem Transport der frischerworbenen Trophäe, wandern Pokale und Porzellanharlekine mit Jubelinschrift und Silberteller in dunkle Winkel, und die lange Laudatio, die vielen Einladungskarten und die ganze Organisation finden ihre Umsetzung in einer etwas heftigeren Eintragung im »Who's who«.
Da sind die Sportler andere Kaliber! Ich kenne einen Wirt in Perugia, dessen Restaurantwände keine Stilleben, sondern ausschließlich Siegesurkunden von Reitturnieren zeigen. Oder die Jäger! Da schießen die Trophäen wie die Schwammerln aus dem Boden, jede Wand wird genützt! Und wir? Vorsichtig wird das Symbol des Triumphes in die mitgelieferte gepolsterte Kassette gelegt, und ab geht's ins Versteck.
Man darf sich nur nicht die Freude an Pokalen und Ehrengaben durch solche Gedanken beeinträchtigen lassen, also frisch drauflos und zur nächsten Verleihung! Hoffentlich.
Apropos: Hin und wieder übergibt Christiane selbst solche Preise an gepriesene Kollegen. Den Bambi für sein Lebenswerk hat Peter Ustinov aus der Hand von Christiane Hörbiger bekommen, im Frühjahr 1994,

eine preisreiche Zeit, wie ich eben feststelle. Daß der verehrte Mann im Vorfeld der Legende bei dieser Gelegenheit seinen Dank in eine Komplimentreihe für Christiane und ihre Familie kleidete, hat den Anlaß für uns unvergeßlich gemacht.
Überhaupt läßt sich feststellen, daß ab einer gewissen Karrierenhöhe die zwischenmenschlichen Probleme, also auch die Nettigkeitshemmschwelle, kleiner werden. Das hat sich auch in Christiane Hörbigers Leben immer wieder bestätigt.

Vor vielen Jahren hat sie mit ihrem Ehemann Rolf Bigler den Wiener Opernball besucht. Da es einen Opernball schon seit langem in Paris gibt und seit kurzem auch in Frankfurt, muß man also » Wiener« dazusagen. Also der Wiener Opernball 1974.
Herr und Frau Bigler-Hörbiger waren Gäste in Bundeskanzler Kreiskys Loge. Christiane kam schön und elegant aus Zürich angeflogen, sie stellte das weibliche und künstlerische Zentrum der kleinen Versammlung dar, neben dem politischen und männlichen Zentrum Bruno Kreisky. Man hob das Glas auf ihr Wohl, versuchte mit ihr zu flirten, freute sich über ein gemeinsames Photo. Und dann kam ein neuer Gast, ebenfalls schön und elegant, ebenfalls angeflogen – aber aus Hollywood.
Shirley MacLaine betrat die Kanzlerloge, ließ sich einige Handküsse verabreichen, hatte sowohl Lebensart als auch -erfahrung und verstand. Sie lächelte die Herren an, ging von einer Ecke des winzigen Raumes zur anderen und suchte Christianes Nähe. Und als sie

diese Nähe erreicht hatte, flüsterte Shirley MacLaine: »I'm out in five minutes.« Ein Profi.

Zurück in das Jahr 1994: Zwischen all den aktiven und passiven Preisverleihungen mußte auch gearbeitet werden, und auf diesem Gebiet war in Christiane Hörbigers Leben in dem Jahr einiges los.

In diesem Frühjahr zeigten gleich mehrere Fernsehanstalten die erste Folge *Von Frau zu Frau*, sie trug den Titel *Die Sammlerin*. In Peter Wecks Regie spielte Christiane die Titelrolle, die man ja auch für sie geschrieben hatte. Und neben ihr stand noch einmal und nach langer Zeit Sabine Sinjen vor der Kamera.

Christiane hatte Sabine Sinjen schon seit Jahren gekannt. Als die furchtbare Krankheit der schönen Frau den Beruf beinahe weggenommen hatte, brachte die Zustimmung zu dieser Besetzung durch den Regisseur Peter Weck Hoffnung und Auftrieb. Ihre Arbeit am Theater war offenbar immer noch möglich gewesen. Doch Fernsehen und Film hatten für Sabine Sinjen keine Rollen mehr. Man mußte sich ja Mühe machen und sich die Zeit nehmen, Kameraeinstellungen zu finden, die immer nur die eine Gesichtshälfte zeigten – die andere war von einer Augenklappe geprägt. Und so hatte die Sinjen noch am Theater zu tun, hatte das Glück ihrer Familie – aber mit der *Sammlerin* nun nach langer Zeit auch endlich wieder eine Rolle im Fernsehen.

Das Theater hatte Sabine Sinjen und Christiane Jahre zuvor unter sehr glücklichen Umständen zusammengebracht. Beim Exkurs über das Lachen, vor wenigen Seiten erst, war die Rede von *Was ihr wollt* in Salzburg.

Zu der eindrucksvollen Besetzung zählte damals neben Christine Ostermayer, Helmut Lohner, Hans Dieter Zeidler, Josef Meinrad, Klaus Maria Brandauer auch Sabine Sinjen. Sie hatte ihre ersten Schritte in diesem Beruf unter den Fittichen der renommierten Agentur Alexander in München gemacht. Ilse Alexander hatte sie beraten, hatte ihr geholfen, und die Nachfolgerin, Carla Rehm, hatte mit der Agentur auch den Stil übernommen. Christiane, die seit vielen Jahren bei Alexander ist, kann nicht mehr genau sagen, ob Carla Rehm ihre Agentin oder ihre Freundin ist. Sie ist beides zugleich, und das ist nicht selbstverständlich. »Die Carla«, sagt Christiane, »ist die menschlichste, großherzigste Frau, die man sich in dieser Branche nur denken kann.« Und wie die Agentur Alexander einst den Weg Sabine Sinjens zur Karriere begleitet hatte, so war sie schließlich auch Gefährtin der letzten Tage, und Carla ging auch noch hinter Sabine Sinjens Sarg.

Wenn so etwas selbstverständlich wäre, würden wir es hier nicht erwähnen. Aber selbst in einer Welt wie der des Theaters, der Musik, des Tanzes wird der Alltag immer weniger froh, immer härter, immer rücksichtsloser.

Diese Reihe von Produktionen mit Drehbüchern, die extra für Christiane Hörbiger geschrieben werden, trägt wie gesagt den Obertitel *Von Frau zu Frau,* und auf diese Idee ist Christiane selbst gekommen. Der Serientitel kann bedeuten, daß hier eine Frau im Fernsehen zu den Frauen im Publikum spricht, daß es von Folge zu Folge immer um Frauen geht, daß das

Schwergewicht der Handlung von Frauen getragen wird. Was immer es bedeutet, der ernste Titel hat seinen fröhlichen Ursprung.
Wir waren beim Heurigen, der Wirt maß etwa 195 cm, er hatte einen schwarzen Vollbart und sicher 120 kg. Mein Vollbart wird damals wohl auch noch nicht grau gewesen sein, und von zartem Wuchs bin ich leider auch nicht. So habe ich mich ein bißchen über dieses geballte Mann-Klischee lustig gemacht, das Gast und Wirt zusammen darstellten. Und als ich zum Wirt sagte: »Ich möchte Sie etwas fragen, von Frau zu Frau«, da hat das einiges Gelächter ausgelöst und wurde zum freundeskreisinternen Zitat.
Das Frühjahr 1994 hat für Christiane eine lange Reihe von Drehtagen in Wien gebracht, so konnte sie rund drei Wochen in der Stadt ihrer Geburt verbringen. Der Pilotfilm von *Kommissar Rex* wurde in eleganten Wiener Gegenden gedreht – sie begann mit einem Knalleffekt im wörtlichen Sinn. Ein Kaffeehaus am Stephansplatz hatte zu explodieren.
Dann wurden die Stoffe wieder friedlicher. Nach einem Drehbuch von Lida Winiewicz spielte Christiane, wieder einmal in der Regie von Peter Weck, eine Ehefrau, die sich in einen Musikstudenten verliebt. Gedreht wurde hauptsächlich in Salzburg, in Berlin und in Düsseldorf und schließlich auch noch im Hauptquartier der Modefirma ESCADA in der Nähe von München. Denn Christiane Hörbiger stellte eine Modeschöpferin dar, mit eigener Firma, eigenen Kollektionen, eigenem Erfolg.
Diese Frau hat sie besonders gern gespielt, denn wäh-

rend sie sonst, allerdings sehr aktiv, Mode nur als Käuferin erlebt, stand sie hier plötzlich mitten im Geschehen. Wer jetzt die Geschichte zu kennen meint, aber unter anderem Namen, der hat recht. Sie sollte ursprünglich *Die silberne Rose* heißen, um das dem *Rosenkavalier* von Richard Strauss nachempfundene Hauptthema anzudeuten – die Liebe einer sehr erwachsenen Frau zu einem nicht sehr erwachsenen Burschen, die Probleme, der Abschied. Aber die Produktion hat sich dann für den Titel *Ich begehre dich* entschieden, was Erotisches erwarten ließ.
Liebe und Schmerz haben die Schauspielerin Christiane Hörbiger durch dieses Berufsjahr 1994 begleitet. Im August begann sie, in der Regie von Rolf von Sydow, mit Dreharbeiten zu einer Folge der Rosamunde-Pilcher-Verfilmungen des ZDF. *Karussell des Lebens* hieß diese Produktion, und Christiane konnte sich wiederum ausgiebig mit jungen Menschen beschäftigen. Ging es in *Ich begehre dich* um eine Frau, die durch Liebe in ein rechtes Durcheinander gerät, so war Christiane diesmal die gute Tante, verwitwet, die in das Liebesdurcheinander Ordnung zu bringen vermag.
In Looe wurde der Pilcher-Stoff verfilmt, in Südengland. »Ein Alltag wie in einer Dekoration von Laura Ashley«, schrieb damals Christiane auf einer Ansichtskarte, »Geblümtes, wohin man auch schaut.«
Barbara Wussow und Jacques Breuer stellten das Liebespaar dar, und Christiane konnte Parallelen zu ihrem privaten Leben ziehen: »Den Jungen muß man zuhören, auch wenn sie dir erklären wollen, daß die

Sonne am Morgen aufgeht und am Abend unter. Privat macht mich das immer etwas ungeduldig, denn wenn sie dir die Welt erklären, als hätten sie sie soeben erfunden... Na ja, aber dann denke ich an Sascha und ich erinnere mich an meine eigene Welterklärungsphase, und dann hält man das ganz leicht aus. Wer denn soll die Welt neu erfinden, wenn nicht die Jugend?« Das Sascha-Syndrom... siehe einige Seiten weiter vorne.

Um Looe und um die Wochen am Meer in dieser köstlichen englischen Landschaft habe ich Christiane beneidet. Aber ich habe dabei übersehen, daß sie ja ganz selten etwas von solchen Landschaften hat, wenn sie beruflich dort ist. Denn da steht die Arbeit im Vordergrund. Der Text, die gute körperliche Verfassung, die Konzentrationsfähigkeit, das ausgeschlafene Antlitz – alles ist ihr wichtiger als der berühmte Wasserfall oder der zweitausend Jahre alte Druidenstein.

Noch ärger war das vor Jahren in Rio de Janeiro. Christiane war für drei Wochen in Brasilien – Drehwochen für das *Erbe der Guldenburgs.* Bernhard Wicki und Agnes Fink waren mit, also hätte es Gelegenheit zu guten Gesprächen am Abend, beim Lagerfeuer in den Pampas oder am Kamin der romantischen Facienda in den unendlichen Weiten von... nichts, keine Rede davon. Zum Drehort, vom Drehort. Und dazwischen Hotel und sonst nichts.

In Rio hatte das auch einen besonderen Grund: Schon beim ersten Spaziergang hatte die Direktion gewarnt, man möge nicht Schmuck oder Handtaschen zu deutlich zeigen, und der Regisseur Gero Erhardt wurde auch prompt Opfer eines Raubüberfalls. Da wird es einem dann doch leichter, im Hotelzimmer zu bleiben.

Also nun in Looe, Jahre später, wäre ich gerne mit gewesen, aber da war keine Aussicht. Ich habe damals zum letzten Mal das »Fest in Hellbrunn« in Salzburg geleitet, habe in diesem Sommer 1994 den *Sommernachtstraum* inszeniert und konnte von Salzburg natürlich nicht weg.

Sascha war mir viele Jahre lang ein begeisterter, verläßlicher, schließlich idealer Regieassistent gewesen. Und am Ende war er der technische und organisatorische Chef dieser immer zwischen 250 und 300 Köpfen zählenden Truppe von Sängern und Tänzern, Schauspielern und Pantomimen, und von Reitern, Kindergärtnerinnen, Feuerwerkern, Choristen, Orchestermusikern, Korrepetitoren, Scherenschneidern, Bootsleuten… Keine leichte Aufgabe, und mit seinem Abschied hatte ich es, eben 1994, plötzlich sehr schwer. Christianes Neffe Manuel, der Sohn der Schwester Maresa, wurde damals zur Stütze. Kinder von Menschen aus diesem Beruf wissen eben, daß es sich um etwas Ernstes handelt, daß Theater nicht ein fröhliches Freizeitvergnügen ist.

Und in diesem Sommer kam Christiane einmal für einen Kurzbesuch, blieb für kaum zwei Tage in Salzburg, und dann flog sie nach London. Doch in diesen zwei Tagen vermochte sie (Sascha-Syndrom!) sowohl dem jungen Neffen Manuel als auch den jungen Schauspielern das Gefühl zu geben, sie seien etwas

Besonderes. Und das sind sie ja auch – aber das Gefühl bekommen sie nicht gar so oft vermittelt. Die beiden Liebespaare in diesem unfaßbaren Werk waren aus vielen jungen Schauspielern ausgesucht worden, besetzt nach vielen Stunden Vorsprechens und gemeinsamer Arbeit. Und Christiane hat ihnen gezeigt, wie beeindruckt sie war. Heute noch fragt sie, was aus Sven Sorring, Bernhard Majcen, Susanne Michel geworden ist, und sie hat sich die Namen gemerkt.

Manuel, der Neffe, hat die Matura geschafft und ist längst schon auf der Schauspielschule. Es ist ein schöner Gedanke, daß sich hier eine Tradition nun in der vierten Generation fortsetzt. Josefine Wessely, dann Paula Wessely und Attila Hörbiger, danach und zugleich Elisabeth, Christiane, Maresa und nun Sascha, Cornelius und Manuel. So wird ererbtes, erarbeitetes Wissen für Gegenwart und Zukunft erhalten, weitergegeben, erweitert.

Ich weiß noch gut, wie Christiane sich damals schwer von uns in Hellbrunn getrennt hat, von der ganzen Stimmung, von Heinz Holecek und seiner Frau Bärbel – Heinz spielte die Traumrolle des Zettel. Und ich weiß noch gut, wie ich ihr den Weg nach Südengland geneidet habe.

Christianes südenglischer August endete in Umbrien. Von London flog sie damals nach Rom, dort haben wir uns getroffen und sind im Leihwagen weitergereist.

Ich hatte das Angebot einer Stadt in Umbrien, Todi, ein neues Festival zu erdenken, von Grund auf neu zu

planen und auf die Beine zu stellen. Das ist ja an und für sich ein reizvolles Angebot, auch wenn es schon unzählige verschiedene Festivals gibt. Doch bevor man ja oder nein sagen konnte, mußten Schauplätze besichtigt werden, mußte ich die näheren Umstände kennen. Christiane hat mich damals, in den letzten Tagen des August 1994, begleitet. Für kurze Zeit lebte sie ohne beruflichen Druck, ohne Terminzwang.
Das sollte noch einige weitere Tage so bleiben. Von Umbrien ging es nach Niederösterreich. Im September haben beide Gegenden eine eigentümliche Ähnlichkeit, die sich längstens im November wieder gibt. Die alten Städte, die reifenden Weintrauben, der Beginn der Weinlese, die Klostergüter aus dem Mittelalter sorgen für diese temporäre Ähnlichkeit.
Christiane kam nicht wegen des Weines nach Baden, sondern wegen einer Rose. Die Taufe der Christiane-Hörbiger-Rose im September 1993 hatte zur Folge, daß es nun auch das »Christiane-Hörbiger-Rosen-Trabrennen« auf dem Trabrennplatz von Baden bei Wien gibt. 1994 hat es zum ersten Mal stattgefunden. Christiane besuchte also das Rennen, das den Namen der Rose trägt, die ihren Namen trägt. Das klingt kompliziert, aber so ist es eben.
Und zu diesem Rennen kamen damals der Badener Bürgermeister Prof. August Breininger, der österreichische Vizekanzler Dr. Erhart Busek und auch ein TV-Team, das für den WDR eine Österreich-Sendung gestaltete.
Christiane Hörbiger hatte noch nie ein Trabrennen besucht und sie hatte noch nie auf ein Pferd gesetzt,

und sie hatte erst recht noch nie einem Jockey und seinem Pferd einen Preis überreicht. Nun wettete sie, auch in jenem Rennen, das den Namen der Rose trägt, die ihren Namen trägt. Sie setzte auf einen hoffnungslosen Außenseiter, weil ihr die hohe Quote imponierte. Die Wahrscheinlichkeit, daß der Hörbigersche Wetteinsatz flötengehen würde, war hoch.

Aber er ging nicht flöten. Der Außenseiter hatte den Anstand, das in ihn gesetzte Vertrauen zu belohnen. Das Pferd fühlte sich von Christiane in die Pflicht genommen, war beschämt und beeindruckt und beschloß, sich auf die Socken zu machen und einen schneidigen Sieg hinzulegen. Zur allgemeinen Verblüffung ging es zum ersten Mal als erstes über die Ziellinie.

So konnte also das TV-Team eine Christiane Hörbiger bei der Siegerehrung aufnehmen, die mit in die Höhe gereckten Daumen in die Luft sprang und lachte. Wenn man für einen Wetteinsatz von S 10, – einen Gewinn von S 900,– bekommt, so hat man auch in die Luft zu springen und zu lachen.

Christiane findet seither, daß der Trabrennverein Baden bei Wien eine ganz unvergleichliche Institution sei, die höchste Wertschätzung verdient und deshalb Sommer für Sommer wenigstens einmal zu besuchen ist. Soviel ich weiß, hat sie nicht mehr gesetzt, so bleibt ihr das Gefühl, daß sie noch nie von einem Pferd enttäuscht worden ist.

Es gibt übrigens, neben der Rose und dem Rennen, noch einen ungewöhnlichen Täufling in Christianes Leben. Durch die Stadt Baden fährt ein Feuerwehrau-

to, das ihren Namen trägt. Auch das Fest anläßlich der Namensgebung dieses unhandlichen Täuflings konnte sich sehen lassen.
Ihre eigene Straße hat Christiane noch nicht, die Hörbiger-Gasse im 23. Bezirk von Wien ist nach ihrem Großvater benannt.

Der Herbst dieses Jahres 1994 hat für Christiane Hörbiger die Rückkehr zum Theater gebracht. Wir nahmen *Das Konzert* wieder auf, Proben in Wien, eine neue Serie in München. Wieder war das Theater Abend für Abend ausverkauft, wieder kamen die Dankesbriefe, die Blumen, die Einladungen. Der österreichische Generalkonsul Graf Ségur-Cabanac nützte die Gelegenheit und machte aus einer der Vorstellungen einen Abend für seine Gäste und für Österreich-Freunde aus Wirtschaft, Kunst, Politik, und zu den schönsten Komplimenten zählte der immer wiederkehrende Satz: »Wir kommen wegen dieser Sprache!«
Das Jahr ging, nach den Wochen in München, in Zürich zu Ende. Wir bereiteten eine kleine Tournee vor, mit Goethe-Gedichten und mit Liedern nach Gedichten von Goethe, gesungen von René Kollo.
Die Lieder von Franz Schubert, Robert Schumann, Hugo Wolf standen allesamt im Zeichen der Liebe von Johann Wolfgang von Goethe und Friederike Brion, und ebenso die Gedichte und Briefstellen. Ich übernahm, was man an diesem Abend Inszenierung nennen konnte. In Zürich und in Baden bei Zürich begann die kleine Reise, dann ging es nach Berlin,

nach Bad Lauchstädt und schließlich über Leipzig wieder heim nach Zürich.
Uns allen wurde das kleine Sommertheater in Bad Lauchstädt zum Erlebnis. Hier steht das einzige original erhaltene Bühnengebäude aus den sechsundzwanzig Jahren, in denen Johann Wolfgang von Goethe Direktor des Weimarer Theaters war. 1802 hat man das Theater in der bescheidenen Sommerresidenz des Herzogs von Sachsen-Weimar errichtet, nach genauen Angaben des Theaterpraktikers Goethe. Der Zuschauerraum zeigt ausschließlich die Farben Gelb, Rot und Grau, das entspricht der »Farbenlehre«, Goethes »Harmonielehre der Farben«: »Nr. 762: Eben auch so in dem Gemüt. Die Erfahrung lehrt uns, daß die einzelnen Farben besondere Gemütsstimmungen ergeben.«
Auf das kleine Ensemble dieser Tage haben die Farben ihre Wirkung ausgeübt, reine Harmonie war die Folge. Aber auch die hölzerne Maschinerie der Unter- und Hinterbühne, die Garderoben, Rampenlichter ließen das Theater in diesen Tagen immer wieder zum Ziel unserer Spaziergänge werden, auch wenn die Vorstellung noch fern war.
Da hat Christiane eine Ausnahme gemacht und hat die berufliche Reise auch privat genießen können. Das ist, wie gesagt, nicht oft der Fall. Zumeist ist der Beruf eine zu ernste Angelegenheit, als daß man das Privatleben auch noch ernst nehmen könnte.
In der zweiten Folge der ZDF-Reihe von Hörbiger-Specials *Von Frau zu Frau* gab es eine weitere dieser so seltenen Ausnahmen. Jahrelang hat Christiane

immer wieder von Rügen gesprochen, ohne die Insel zu kennen. Dort würde es ihr gewiß gefallen, hat sie erklärt, man müsse endlich einmal dorthin reisen, nun, nach der Wende, sei es doch einfacher.
Dann kam das *Frau zu Frau*-Drehbuch, mit ihm kam die Liste der Drehorte und da stand – nein, nicht Rügen. Aber da stand: Hiddensee.
»Mama, ich drehe auf Hiddensee!« Für Paula Wessely sind Ort und Insel ein Begriff: »Dort hat der Gerhart Hauptmann eine Villa gehabt, auf Hiddensee.«
»Hoffentlich funktioniert mein Gehirn ebensogut, wenn ich fast neunzig bin«, dachte Christiane laut, als wir das Grinzinger Elternhaus verließen.
Alles, was Christiane sich an Stimmung, an Köstlichkeit von Architektur und Natur von Rügen erwartet hatte, alle diese Versprechen wurden nun von Hiddensee gehalten. Plötzlich konnte sie das Hotelzimmer verlassen, auch privat, aufs Fahrrad steigen und durch die Dünen radeln, und sie hat sich nicht versteckt wie in Rio.
»Was fällt dir heute ein, Christiane, wenn du an Hiddensee denkst?«
Christiane lächelt und breitet die Arme aus. »Weißer Sand, ein Meer, wie ich es nicht gekannt habe. Und Föhren, oder waren es Fichten? Nadelbäume, wie sie für mich am Meer ungewohnt waren.«
Aber wie gesagt, das ist die Ausnahme. Für gewöhnlich wird die Hotelsuite zur Kaserne.
Kaum zurückgekehrt von der Deutschen Oper in Berlin, dort war der Goethe/Friederike-Abend zweimal unter dem für ein Opernhaus wohl gewohnten Mon-

sterjubel über die Bühne gegangen, wurden die südenglischen Erinnerungen in Christiane wach, nein, ärger, sie wurden lebendig. Denn alle Film- und TV-Produktionen haben den seltsamen Effekt, daß man den Effekt eben erst viele Wochen und Monate später registrieren kann. Die in Looe gedrehte Rosamunde-Pilcher-Produktion war nun gesendet worden. Christiane hatte sich eben noch als verlassene Friederike gefühlt, »O Mädchen, mein Mädchen«, und war nun die verwitwete Tante. Barbara Wussow sagte ihr auf dem Umweg über die Zeitung danke, nach manchem persönlichen guten Gespräch. »Ich hab sie einmal gebeten, mir zu sagen, wenn ich etwas besser machen könnte, mir Tips zu geben. Und daraus haben sich lange intensive Gespräche entwickelt – für mich ein wirkliches Schlüsselerlebnis.«
Apropos Zeitung – die Ausstrahlung dieses Fernsehfilms und Christiane Hörbigers Aufenthalt in Wien in dieser zweiten Jännerhälfte 1995 machten ein Interview mit der Wiener Tageszeitung »Die Presse« möglich. Barbara Petsch hat es geführt, sie wußte genug über Christianes Leben und ihre Arbeit, hat viele gute Fragen gestellt.
In diesem Gespräch hat Christiane ein Credo formuliert: »Am wohlsten fühle ich mich in der Grauzone zwischen U- und E-Theater. Sachen wie *Küß mich am Popsch, Liebling*, die brauche ich nicht. Dazu bin ich nicht Schauspielerin geworden. Aber Bahrs *Konzert* oder Schnitzler oder Molnárs *Olympia*, in der ich als nächstes spiele, das ist mein Vergnügen. Ich möchte auch ganz gerne ins komische Mütterfach

wechseln, bevor man mich dazu zwingen wird.« Damals hat Christiane schon begonnen, den Text für *Olympia* zu lernen, obwohl sie noch ein gutes halbes Jahr vom Probenbeginn entfernt war. In strenger Stille, ohne den manchmal doch geradezu notwendigen Termindruck, sitzt sie dann und lernt nach einem exakten selbstaufgestellten Programm. Wer keinen Chef hat, der den pünktlichen Arbeitsbeginn kontrolliert, die Effizienz der Arbeitsstunden nachprüft, hat es nicht leichter, ganz im Gegenteil. Wenn niemand am Morgen registriert, daß man drei Minuten zu spät ins Büro gekommen ist, so mag das für viele Menschen unglaublich angenehm scheinen. Aber in Wirklichkeit ist es hart, sein eigener Chef zu sein.
Christiane hat also die Rolle der Fürstin Plata-Ettin zu lernen begonnen, sie hat sich an die Zeit erinnert, da sie selbst die Titelrolle verkörpert hat, auf Tournee, am Theater in der Josefstadt, für das Bayerische Fernsehen. Aber bis zum Probenbeginn war es noch weit.

1995 brachte ein heftiges Wiedersehen und intensive Arbeit mit dem Regisseur Xaver Schwarzenberger. Er hatte 1984 für die Initialzündung zur Emanzipation vom Zürcher Schauspielhaus gesorgt, mit dem Filmangebot *Donauwalzer*. Nun drehte er *Das Kapital*, eine gesellschaftskritische Satire. Christiane Hörbigers TV-Ehemann war diesmal Miguel Herz-Kestranek. Und wenige Monate später sorgte Xaver für einen neuen Fernsehehemann, Erwin Steinhauer. Ein Mann in der Krise erzählt die Geschichte von einer Art Theaterdirektor, die es nicht mehr gibt. Der Direktor

eines kleinen Stadttheaters wird vom Schicksal gebeutelt, von einer Krise in die nächste schlitternd. Da stürzt, ohne Hilfe eines Phantoms der Oper, ein Kronleuchter ins Publikum, die Theaterpolizei läßt den Spielbetrieb nicht mehr zu, das Geld fehlt. Und die Ehefrau löst die Probleme, die turbulente Handlung findet am Ende zu einem überaus poetischen Schluß. Dieser Schluß wurde in Baden gedreht, und so hatte Christiane Gelegenheit, einige Tage am Zweitwohnsitz zu verbringen, bevor es wieder in die Ferne ging. Der Heimataufenthalt machte auch die Teilnahme am Fest zum 65. Geburtstag von Peter Weck möglich, bei einem Feudalheurigen in Brunn am Gebirge.
Christiane leugnet es, aber sie ist bei solchen Gelegenheiten eine ausgezeichnete Festrednerin. Diesmal kam sie mit einem Gedicht in der Art von Eugen Roth, einem Gedicht, das vom Erfolg berichtet, der Peter seit Jahrzehnten begleitet. Die letzten Gedichtzeilen zitierten Produktionen, die Christiane an Peters Seite erlebt hatte:

»... der Mensch, scheint es, hat's gut getroffen,
manch schöner Stoff erwartet ihn:
Die Durchreise, Die Sammlerin.
Und was er einst im Wiental war,
ist er am *Sunset Boulevard.*
Das Publikum hält ihm die Treue,
und derApplaus ertönt aufs neue.
Für Künftiges empfehl' ich mich.
Wir *Diebinnen* begehren dich! «

Mit dem »Wiental« hatte Christiane Peters Jahre als Chef des Theaters an der Wien, als Generalintendant der Vereinigten Bühnen Wien gemeint. Und die Erwähnung von *Sunset Boulevard* kam von Peter Wecks Vertrag als Konsulent für das neue Theater bei Frankfurt, in dem das Musical gleichen Titels von Andrew Lloyd Webber zum Dauererfolg geworden ist. Dort sollte Christiane die Hauptrolle übernehmen – sie hat es sich nicht zugetraut, ihre Grenzen kennend und in zu großem Respekt für den Beruf der Sängerin. Es ist eben nicht dasselbe, ob man ein Chanson, ein kurzes Wienerlied oder einen ganzen kompletten Musicalabend zu gestalten und damit zu verantworten hat.
Sie hat selbst dieses doch eher fernliegende Angebot so ernst genommen, daß sie mit einem Korrepetitor gearbeitet, daß sie sich die Aufführung am Broadway angesehen hat. 1995 war an sich schon ein Jahr der Reisen – Berlin und Rom und Ostsee und immer wieder Zürich und nun also auch New York, für eine Woche immerhin. Im Mai haben wir es geschafft, einmal eine gemeinsame Woche zu finden, und wir haben zudem auch noch Sascha in New York getroffen. Er kam direkt aus Los Angeles in das von uns gewählte Hotel am Central Park, und weil es ihm dort zu vornehm und zu wenig literarisch war, ist er nach diesen Tagen zur Erholung in das auf andere Weise, aber ebenso berühmte Chelsea-Hotel gezogen, das ihm dann letztlich doch lieber war als unser bürgerliches Hotel Pierre. Eine Woche voller gemeinsam erlebter Intensität – Museen, Galerien, Theater,

Gespräche, Mittagessen im Museum of Modern Art, Musical mit Glenn Close, die Parade auf der 5th Avenue zum 50-Jahr-Jubiläum des Weltkriegsendes. Und immer wieder Diskussionen über Leben in Europa, die Qualität von Filmschulen, die Berufschancen in den USA und in Deutschland. Heute hat Christiane sich damit abgefunden, daß Sascha in Kalifornien lebt.

Zwischenbilanz der Zwischenbilanz:
Seit Wochen bin ich der eigenen Vergangenheit auf der Spur. Auf dieser Suche nach der verlorenen Zeit holt mich natürlich Tag für Tag die Gegenwart ein. So bleibe ich kurz stehen, schaue um mich, schöpfe Atem.
In dem Flugzeug, in dem ich gerade sitze, kann ich ja ohnehin nicht schreiben. Ich kann nur an das Geschriebene denken und an die Besprechung im Verlag. Und an das ungewöhnliche Erlebnis, das mich heute abend in München erwarten wird: »Stars in der Manege«.
Dieser caritative Prominentenzirkus, veranstaltet von der »Abendzeitung« und vom Bayerischen Rundfunk, hat Jahr für Jahr bei Christiane angefragt.
Da wäre eine Nummer mit sieben Pferden – nein? Dann also vielleicht die Manegensensation mit den zahmen Pumas –? Oder der Pas de deux mit dem Elefanten –? Ich hab Angst, hat Christiane gedacht, und außerdem hatte sie keine Zeit.
Mausi Weck, die Dauerfreundin, will es genauer wissen: »Du bist im Dezember in München? Wegen ›Stars in der Manege‹?«
»Nein, ich hab Angst. Elefanten, Pumas, Pferdeherden…«.

»Mhm«, sagt Mausi und rät, mit kämpferisch wienerischfalschem Dativ zwecks noch höherer Pointenwirksamkeit: »Mach vielleicht was mit Hühner!«
Also, Hühner sind es nicht, aber Rentiere. Das süddeutschösterreichische Christkind vermag ja selbst zu fliegen, die Santa Cläuse in aller Welt aber sind auf Schlitten und Rentiere angewiesen, daher: Dezember + Zirkus = Rentiernummer.
»Hier spricht das Rentier Niels!« meldet sich telefonisch die strenge Herrin des Weihnachtswildbrets.
Auf den Tagesbefehlen, den Dispositionen des Produktionsbüros steht nun nicht wie sonst: »Drehfertig um ... Uhr«, hier steht »Manegenfertig«.
Und weil ich die manegenfertige Christiane sehen will, sitze ich nun im Flugzeug. Im Gepäck habe ich den Postberg, der sich in Zürich entwickelt, wenn Christiane für einige Tage verreist ist. Da sind die privaten Briefe, die Autogrammwünsche, die dicken Kuverts mit den Drehbüchern, den Theaterstücken, den Angeboten.
An die zwei Stunden sitzt die Rentierdompteuse über ihrer Post, gleich nach meiner Ankunft hat sie mit der Arbeit begonnen. Und dann meldet der Portier, Frau Hörbiger werde in der Halle erwartet, die Probe rufe.
»Das war jetzt deine Pause? Ja sag einmal!«
»Ich brauche diese Proben, und die Rentiere brauchen sie auch, die kennen mich ja nicht. Hast du schon einmal mit Rentieren gearbeitet?«
»Ich nicht, aber mein Freund Santa Claus.«
»Sehr originell. «
» Was tust du dir das denn überhaupt an?«

Die Frage ist überflüssig. Ich kenne die Antwort und ich verstehe sie.
Christiane tut sich das an, weil sie die Herausgeberin der »Abendzeitung«, Anneliese Friedmann, verehrt, und wegen des guten Zwecks, und weil sie schließlich nicht auch in einem Jahr ablehnen möchte, in dem der Terminplan endlich ein Ja erlaubt. Eine Woche Proben, vorher noch zwei Kostümproben halten sie in München fest. Doch in München läßt sie sich gerne festhalten, inmitten vieler guter Erinnerungen.
»Man ist eigentlich nur in einer Stadt wirklich zu Hause, in der man auch Theater gespielt hat.« Christiane analysiert beim Spaziergang durch die vorweihnachtliche bayerische Hauptstadt ihre München-Beziehung. Theater gespielt hat sie hier oft und oft – in Fritz Kortners Regie an den Kammerspielen, immer wieder in der Komödie im Bayerischen Hof, vor wenigen Wochen erst die Kleine Komödie *von Arthur Schnitzler, in der Spielzeit 1995/96* Olympia *von Franz Molnár. Und damit sind wir wieder im zeitlich richtigen Ablauf, und ich kehre in meine Zeitmaschine und zu meiner* Olympia-*Regie zurück.*

Im Oktober haben wir damals mit den Proben begonnen, Ende November brachte uns die Premiere das erste von vielen vollen Häusern. »Aus einem Kaiserschmarren« hätten wir ein »Soufflé gemacht«, schrieb ein Kritiker. Gegen das Soufflé hatten wir nichts, aber »Kaiserschmarren«? Dieses Stück hat vor der Konkurrenz bestehen können, es hat auch nach Jahrzehnten seinen Platz als Meisterwerk zu behaupten vermocht.

Aber auch wenn man meint, nur der Erfolg beim Publikum sei wichtig – es stimmt ja nicht, man liest die Kritiken doch, und man freut sich oder ärgert sich. Ich glaube den Kollegen nicht, die behaupten, sie würden sie nicht mehr lesen. Wir jedenfalls haben uns gefreut.
Nach einem langen *Olympia*-Winter gingen wir auf Tournee, im Februar 1996. Wiederaufnahmeproben und Erarbeitung einer technischen Lösung für die Reise, drei Tage im Stadttheater Baden bei Wien, drei Tage im Stadttheater Wiener Neustadt und dann viele Abende von Westfalen bis Oberösterreich, in Niedersachsen und Bayern, in Wolfenbüttel und in Lindau. Diese Tournee und der fast tägliche Reisestreß mit Einpacken, Auspacken, Hotelzimmer besichtigen, mit immer neuen Bühnenmaßen und mit vielen Stunden im Bus haben Kraft gebraucht. Da mag der Bus noch so bequem, die Reiseroute noch so künstlerfreundlich, das Hotelzimmer noch so bequem sein, nach einem Monat sehnt man sich nur nach einer einzigen Beschäftigung: Wohnen.
Im April 1996 war die Tournee zu Ende, und wir kamen für einige Tage nach Österreich, vor allem der Mütter wegen.
Christiane hatte, ob in München, ob auf Reisen, Abend für Abend ihre Mutter angerufen. Christiane Hörbiger und Paula Wessely sprechen dann über Familiäres, über Publikumsreaktionen, über Neuigkeiten aus dem Beruf. Und Christiane läßt ihre Mutter miterleben, ist auf ihre Meinung neugierig, frischt eigene Erinnerungen auf.
Jetzt, im April 1996, war also endlich wieder das

persönliche Gespräch möglich, der Besuch im Elternhaus in der Himmelstraße, das Wiedersehen mit der Mutter.
Christianes Schwester Elisabeth lebt in Berlin, aber Maresa, die Jüngste, ist im Burgtheater und im Elternhaus daheim, mit ihrem Sohn Manuel. Zu wissen, dass die Mutter eine Tochter und einen Enkel um sich hat, ist beruhigend, und die gemütlichen Telephonstimmen der Betreuerinnen, aller Ernas und Ingrids und Rias, lassen ebenfalls auf mütterliches Wohlergehen schließen. Aber selbst wieder in den vertrauten Zimmern des Hauses in der Himmelstraße zu sitzen, das ist für Christiane am Ende doch ein ganz anderes Erlebnis, eine große Freude.
Schon im Bus, auf Tournee, hatte Christiane Text gelernt. Ich kenne sie nicht ohne Textbuch. Gelernt wird immer. Selbst in den spärlichen Wiener Tagen, zwischen Tourneeschluß und Drehbeginn, und wiewohl Christiane ja schon ihre nächste Rolle flüssig wie das sprichwörtliche Wasser beherrschte – immer ist ein Textbuch in Reichweite.
Zwischen Interview und Abendessen mit Freunden Textlernen, zwischen Familientreffen und Kostümbesprechung – Textlernen. Und diesem täglichen Gehirntraining muß auch manches geopfert werden. Christiane wünscht sich seit vielen Jahren, Fremdsprachen zu lernen. Neben Englisch und Züridütsch möchte sie unbedingt auch Französisch beherrschen. Sie hat das Talent und sie hat den Willen, aber sie findet nicht die Zeit.
Der Grund für diese nur halb erfüllte Sehnsucht nach

Kenntnis fremder Sprachen liegt wie gesagt zwischen den Buchdeckeln der Drehbücher.

Dieses Mal hieß das Buch *Der Hofrat Geiger*. Das Remake der erfolgreichen Geschichte vom Mariandl, das mit seiner Mutter in der Wachau lebt, brachte Christiane wieder in diese unvergleichliche niederösterreichische Landschaft.

Wenige Jahre zuvor, für den Film *Tafelspitz*, war Christiane zu der berühmten österreichischen Köchin und Wirtin, Lisl Wagner-Bacher in die Lehre gegangen, um dann eine Gastwirtin in einem niederösterreichischen Wirtshaus glaubwürdig darstellen zu können. Für den *Hofrat Geiger* hieß es nun schon wieder zurück zur Schulbank, zur Fahrschulbank. Eine ziemlich lange Szene zwang Christiane auf einen einfachen Traktor – aber den muß man erst einmal beherrschen!

Nun hat es sich gefügt, daß gerade zu der Zeit, da die erste Klappe für den *Hofrat Geiger* fiel, der niederösterreichische Tourismusdirektor zu Christiane kam und sie bat, eine Art Patin für ein neues Projekt zu werden. Der »Niederösterreichische Weinherbst« sollte ab dem August 1996 zur ostösterreichischen Version des Südtiroler Törggelens werden. Christiane wurde also Weinherbst-Patin, sie begann sich mit der ideologischen Grundlage der Idee »Wein« zu befassen, und so konnte sie nun, neben dem hochinteressanten Produkt, auch den mühevollen Weg zu diesem Produkt besser kennenlernen. Bis der Wein im Glas ist, das dauert. Also wurde nun Traktor gelenkt, Weinlesen gelernt.

Der Onkel Paul war vor einem halben Jahrhundert, in

der ersten Filmfassung, der Hofrat gewesen, der da plötzlich von den Folgen einer Liaison erfährt und nach zwei Jahrzehnten die einstige Liebe incl. Tochter wiederfindet. Jetzt war die Nichte Christiane die sitzengelassene Wirtin, und die Paul-Hörbiger-Rolle übernahm Peter Weck. Gemeinsam mit Otto Tausig, Christine Ostermayer und anderen Schauspielern der ersten österreichischen Garnitur brachten sie es zuwege, daß auch die dritte oder ichweißnichtwievielte Verfilmung des Hofrat-Geiger-Stoffes ein glückliches Publikum fand.

Immer wieder läuft auf dem einen oder anderen deutschsprachigen Sender eine zweite TV-Produktion dieses Jahres, an die Christiane gerne denkt – *La morte.*

Zwölf Damen und ein Klassentreffen, eine gute Grundlage also, und mit der Besetzung war das Interesse garantiert: da spielten neben Christiane Hörbiger, in der Regie von Xaver Schwarzenberger, Nicole Heesters,Gertraud Jesserer, Lotte Ledl, Paola Loew, Ulli Philipp, Dolores Schmidinger, Bibiane Zeller, Elfriede Irrall, Else Ludwig, Herta Schell und Senta Berger. Man muß sie alle erwähnen, denn diese zwölf Damen gemeinsam im Bild, mit der geballten Erfahrung, mit unzähligen Erfolgen vom Burgtheater bis zu den Salzburger Festspielen, das alleine war schon ein Erlebnis.

In der Halbzeit feiert die Produktion das »Bergfest« – das ist Brauch, wie die »Dachgleiche« bei den Maurern. Das Ensemble sitzt einige wenige Stunden

gemeinsam bei Mineralwasser oder Wein – Beleuchter und Schauspielerin, Regisseur und Requisiteur. Und dann geht es, am nächsten Morgen, durch die zweite Hälfte auf den Drehschluß zu.
Das *Lamorte*-Bergfest war prominent besetzt, klar, wie der Film eben. Der Produzent Wulf Fleming sorgte für ein opulentes Fest bei einem Heurigen. Auch an Musik hatte er gedacht. Charmante ältere Herren mit großem Wienerlied-Repertoire erinnerten die feiernden Filmkünstler, daß man nicht in Bremerhaven war. Das hat einige Zeit später Folgen gehabt. »Wir haben«, erzählte Christiane, »gesungen, was nur möglich war.« Aber leider war nur wenig möglich.
»Heut kommen d'Engerln auf Urlaub nach Wean ...«, erzählt Christiane, »soweit war uns der Text klar, aber dann hat uns nur mehr ›lalalala‹ gerettet. Und da habe ich beschlossen, das muß anders werden, das geht ja so nicht, ohne Worte!«
Im folgenden Jahr hat diese Erkenntnis zu einer eigenen Produktion geführt – *Ich bin ein Wiener Kind* hat sie geheißen, mit den Malat-Schrammeln in der Freien Bühne Wieden, bei Topsy Küppers. Aber so weit sind wir noch nicht, noch lange nicht.
Im April 1996 wurde Christiane von den Lesern der österreichischen Tageszeitung »Kurier« zur beliebtesten Schauspielerin des Jahres gewählt, und sie konnte die Statue, die sichtbarer Ausdruck dieser Ehrung ist, zum zweiten Mal in Empfang nehmen. »Romy« heißt dieser Preis und erinnert so an Romy Schneider, die seinerzeit, gleichaltrig mit Christiane, neben ihr in den Startlöchern dieses harten

Berufs gestanden ist. Zwischen Bambi und Goldener Kamera und Filmband in Gold stehen also seither zwei solcher Romys, die erste stammt aus dem Jahr 1992.

Bei dieser Gelegenheit, bei Romy Nr. 2, lieferte Christiane ein Schulbeispiel, wie man seine Zeit nützen kann. Sie kam von den Dreharbeiten auf der Insel Hiddensee. Nach Drehschluß dieses Tages geht es erst einmal ans Festland und dann zum Flughafen nach Berlin und dann nach Wien, dort wartet schon der Abholservice, schließlich hat das Romy-Fest ja schon längst begonnen, und jetzt also flott quer durch die Stadt zu den filmgeschichtsträchtigen Rosenhügelstudios – Pustekuchen, um mit dem Abflughafen Berlin zu sprechen.

Das Flugzeug hatte eine Stunde Verspätung, der Ablauf der Festivität wurde auf den Kopf gestellt – aber dann war Christiane da und sie bekam ihren Preis und sie sagte ihre Dankesworte, und weil sie in den wenigen Stunden nicht auch noch in die Himmelstraße kommen konnte, sandte sie ihre Grüße live ins Elternhaus – »Ich freue mich, zu wissen, daß meine Mutter heute zusieht«. Und dann gleich wieder zum Schwechater Flughafen, einige Stunden im Flughafenhotel, und am Vormittag saß Christiane Hörbiger schon wieder an den Gestaden der Ostsee.

Hiddensee – Berlin – Wien – Berlin – Hiddensee incl. Preisüberreichung plus Familienbetreuung innerhalb von knapp zwanzig Stunden. Aber so arg ist es zum Glück nicht immer.

Von Todi ging es damals also zuerst nach Verona, zur

Saisoneröffnung mit *Carmen*, und dann nach München, zum zweiten Preis dieses Jahres, der von Lesern und Leserinnen einer Zeitung vergeben wird, vom »Münchner Merkur«. Dieser Darstellerpreis beschert dem Preisträger eine Statue, die den geflügelten Götterboten nach einem Vorbild der Renaissance zeigt. Schon die in Todi ankommenden Freunde winkten von weitem mit jener Ausgabe des »Münchner Merkur«, deren Titelseite Christiane Hörbigers Photo dominierte – und so erfuhr sie von der Entscheidung der Münchner Zeitungsleser.
Der Merkur, in diesem Fall die kleine Statue, fand seinen Weg in eine Vitrine in der Komödie im Bayerischen Hof. Dort hatte Christiane schließlich rund zweihundertmal in den Jahren seit 1992 ihr Theaterpublikum gefunden, mit Werken von Thomas Mann, Hermann Bahr, Franz Molnár. Und schon wenige Wochen später konnte sie ihren Merkur wiedersehen. Wir kamen mit einer halb szenischen Version eines Werkes von Arthur Schnitzler – *Die kleine Komödie.* Christiane Hörbiger hatte diese Geschichte von Liebe und Lüge, erzählt in Briefen, Jahre zuvor mit Michael Heltau in Salzburg gelesen. Ich hatte sie einmal alleine, in einer Matinee in Bern gelesen. Nun kamen wir mit der *Kleinen Komödie* nach München, dann nach Wien, nach Dortmund, wieder nach München, und Christiane kehrte zwischen Filmdreharbeiten und Fernsehproduktionen für Tage zurück ans Theater. In dieser um das Jahr 1900 geschriebenen Geschichte wird ein Mädchen geschildert – »… über die erste Jugend hinaus, nicht mehr ganz jung, zwei-

oder dreiundzwanzig ...«. Das löst immer ein Lachen aus, denn wer empfände heute eine Dreiundzwanzigjährige als »über die erste Jugend hinaus«?
Dieses Thema, das Alter, spielt natürlich bei vielen beruflichen Entscheidungen mit. Christiane übernimmt immer wieder die Rolle einer Mutter, seit vielen Jahren schon. Aber der Schritt, eine Großmutter darzustellen und dann wieder, in der nächsten Produktion, zu einer Liebesgeschichte zurückzukehren, solch ein Schritt will überlegt werden. Um so mehr dachte sie über das Angebot nach, die Mutter eines Vierzigjährigen zu spielen, die zum Alzheimeropfer wird. Aber Christiane hat sich getraut, sie hat sich der Herausforderung nicht entzogen, und ihr Publikum gibt ihr recht. Christiane sagt: » Der liebe Gott hat den älter werdenden Frauen zu ihrer Schönheit das Lächeln gegeben.«
Natürlich ist man nicht nur »so alt, wie man sich fühlt«, und Alter ist eben nicht nur »Ansichtssache« oder »relativ« oder was sonst noch Schlagertexte oder Lebenshilfebroschüren an Trost parat haben. Dennoch – wer erlebt, wie kluge Menschen damit umzugehen wissen, daß sie eben tatsächlich schon alt sind, darf hoffen. Manch einer wirkt ja wie eine wandelnde Werbefläche für hohes Alter. In ihren Burgtheaterjahren hat Christiane viele Traumrollen einer Schauspielerin zwischen Zwanzig und Dreißig gespielt. In Gerhart Hauptmanns *Vor Sonnenuntergang* stand sie mit Ernst Deutsch auf der Bühne, er war damals an die achtzig Jahre alt. Da geht es um die Liebe eines gar nicht mehr jungen Mannes, des Geheimrat Clausen,

zu einer sehr jungen Frau. Und es gab auch eine richtige Liebesszene zwischen dem großen alten Schauspieler und Christiane, die freilich im Publikum auch schon Heiterkeit erzeugte, unfreiwillige Heiterkeit. Das Stück stand lange auf dem Spielplan des Burgtheaters. Da lernte Christiane Hörbiger ihren späteren Mann Rolf kennen, und alle männliche Berührung, im Leben sowieso und nun, in der großen Verliebtheit, sogar auf der Bühne, sollte nur mehr mit ihm zu tun haben. Und in der nächsten Vorstellung von *Vor Sonnenuntergang* war sie irritiert.

»Herr Direktor«, sprach Christiane Hörbiger zu Ernst Haeusserman, »ich möchte die Inken Peters nicht mehr spielen.« Direktor Haeusserman hatte Einwände, brachte Gegenargumente – Christiane blieb bei ihrer Meinung.

»Mein lieber Ernst«, sagte Haeusserman zu Ernst Deutsch, »die Hörbiger möchte die Inken Peters nicht mehr spielen.«

Ernst Deutsch blieb ruhig. »Ja, ich kann das verstehen. Und sie hat recht. Sie ist ja wirklich zu alt für die Rolle.«

Zu der Hochzeit von Christiane mit Rolf Bigler hat Ernst Deutsch eine vornehme englische Stehlampe als Geschenk ins Haus geschickt. Mein Blick fällt auf sie, während ich hier schreibe. Seit rund dreißig Jahren steht sie in Zürich und erinnert an den wunderbaren Mann.

Das Jahr 1997 begann mit einer Familienfeier. Paula Wessely beging ihren neunzigsten Geburtstag, und eine Zeitung brachte als Titel »Wunder Wessely. Das Gratulationsgetöse durchbricht die selbstgewählte Stille.«

Wir folgten Christianes Mutter in diese selbstgewählte Stille und verbrachten einen festlichen Abend im familiären Kreis, in dem Raum, der seit 1932 fast alle Familienfeste gesehen hat, in jenem Haus, das nun schon der dritten Generation Heimat bedeutet, der zweiten das Elternhaus.

Für uns war der Besuch in der »selbstgewählten Stille« des Himmelstraßenhauses kurze Unterbrechung gar nicht stiller Wochen. Ich kam aus Rom, traf Christiane in München, und die Nacht vor der Wienreise hatte dem Deutschen Filmball gehört. Und der Tag nach dem Geburtstag ihrer Mutter sah Christiane schon wieder auf der Reise, mit einem Team des ORF. Rose Kern hatte ihr eines ihrer fabelhaften TV-Porträts gewidmet, jetzt fuhren die beiden Damen zwischen Wien, Zürich und Rom von Drehtag zu Drehtag. Mit Rom hat Christiane ja an sich eher wenig zu tun, aber dort wurde auch nicht gedreht. Rom war nur das Basislager für die Weiterreise nach Umbrien, und in Todi wurde sehr wohl gedreht. Wenn dieses ORF-Porträt zu sehen ist, und es war schon auf mehreren Sendern zu sehen, kommen immer wieder noch Tage danach die Komplimente für die Sendung an sich, für bestimmte Passagen, und Fragen, wo denn diese fabelhaft schöne Stadt liege. Und dann freue ich mich.

In einer *Derrick*-Szene hatte Christiane einen Monolog in einem Gerichtssaal, ausgezeichnet geschrieben und von Alfred Weidenmann ausgezeichnet inszeniert. Nach der Sendung rief Helmut Ringelmann an, der Produzent, und er wiederholte die Komplimente, die er Christiane schon nach den Dreharbeiten gemacht hatte. Und er meinte, er werde sie für den »Goldenen Löwen« vorschlagen, den damals noch ganz neuen Fernsehpreis von RTL. Diese Preisverleihung hat wenige Wochen später Christiane selbst verhindert. Sie ist Mitglied der Jury, sie fand es nicht in Ordnung, von ebendieser Jury einen Preis zuerkannt zu bekommen. Und so hat sie eben gegen sich selbst intrigiert.

Mit dem Frühjahr kam wieder der Film auf Christiane zu, und sie begann, Text zu lernen. Mit dem Drehbuch im Koffer flog sie nach Amerika, wochenlang von Vorfreude gebeutelt und glücklich, daß der Tag der Reise da war. Aber es ging nicht zum Film, der wurde ab Juni in Köln gedreht. Es ging zu Sascha. Er lebt, aufmerksame Leser werden sich erinnern, in Los Angeles, also immerhin schon in heftiger Hollywoodnähe. Mit seiner Freundin Laura bewohnt er ein kleines Haus mit einem kleinen Garten und zwei Katzen, und dieses Haus hat einmal dem Hollywoodstar José Ferrer gehört, was immerhin als gutes Omen brauchbar ist.

Sascha dachte für einige Zeit nicht so sehr an Drehbücher als an seine Mutter, Laura nahm sich frei, wann immer sie konnte, und Christiane war glücklich am Pazifik.

Und aus der Weltfilmhauptstadt ging es weiter nach Köln, *Jimmy the kid* hieß der Film. Ende Juli war er

86 Viele gute Erinnerungen: »Das Konzert« von Hermann Bahr mit Jenny Jürgens, Komödie im Bayerischen Hof, München 1993 und 1994

87 Ein Christiane-Hörbiger-Special: »Die Sammlerin« mit Mathieu Carrière, Regie Peter Weck, 1993

88 Mit Michael Degen in dem ZDF-Film »Ein unvergeßliches Wochenende in Salzburg«, 1993

89 Der Traum vom Kintopp : »Alles auf Anfang«, 1993 gedreht in den legendären Studios von Babelsberg. Mit Udo Samel, Katharina Thalbach und Harald Juhnke in einer Drehpause

Gegenüberliegende Seite ▷
90 In München – immer wieder und immer mit Freude

93 In »Olympia« von Franz Molnár, Komödie im Bayerischen Hof, München 1995/96

◁ *Gegenüberliegende Seite*
91/92 Zärtliche Hochachtung: Christiane und ihre Mutter Paula Wessely. – Unten: Baden, Palmenhaus im Kurpark 1994. Die Taufe der Christiane-Hörbiger-Rose: Mit einer Freundin aus Salzburg

94 Opernball 2001: Mit Sissy Pröll, Landeshauptmann Dr. Erwin Pröll und, rechts, Dr. Erich Schumann

95 New York 1995: Sleepless in Manhattan mit Sascha

Gegenüberliegende Seite, Mitte ▷
99/100 Links: Mit Bundespräsident Johannes Rau. – Rechts: Mit Landeshauptmann Dr. Erwin Pröll, beide 2001

96/ 97 Ehrung durch den Bürgermeister von Wien Dr. Michael Häupl (Mitte). – Staatsbesuch bei Bundespräsident Thomas Klestil: Mit dem deutschen Bundespräsidenten Roman Herzog und seiner Gattin Christiane (unten)

98 Zuhause in Niederösterreich: Mit Landesrat Gabmann, Landeshauptmann Pröll und einem berühmten Gast – Alfred Biolek

101 Unten: Der Abschied von der Mutter, 24. Mai 2000. Hinter dem Sarg die Töchter und die Enkel

102/103 Links: Mit Sascha am Meer – Los Angeles 1997. – Rechts: »Schtonk«, »Schimanski muß leiden« und viele andere gemeinsame Erinnerungen: Mit Götz George

104 »Julia«: Im Hintergrund die Stadt Retz und vorne Walter Bannert, Christiane Hörbiger, Peter Bongartz, das Drehbuch, die Kamera und die Klappe

abgedreht, der August 1997 bescherte Christiane einige freie Tage. Diese Tage hat sie nicht auf irgendeiner Insel in der Karibik verbracht, sondern auf einer Wiese, im Swimmingpool, im Restaurant des Grand Hotel Sauerhof in Baden bei Wien, beinahe in Rufweite des österreichischen Wohnsitzes. Solche stillen Tage in Baden sind selten, und sie waren ja auch nur still, weil wie immer gelernt werden mußte – zuerst der Text für Drehtage mit Otto Schenk, Fritz Muliar, Peter Weck als Partner. Peter war auch der Regisseur dieser Produktion für ORF und SAT 1, sie sollte eigentlich *Tot in Venedig* heißen und bekam schließlich den Titel *Ein Schutzengel auf Reisen.*
Diesem Projekt also gehörte ein Teil der Tage im August, die nur still waren, weil man eben beim Drehbuchlesen nicht allzuviel Lärm erzeugt. Was Textlernen und Fitneßraum an Kraft noch übrigließen, das verwendete Christiane zur Vorbereitung für die vielen einzelnen Abende und kurzen Serien dieses Herbstes 1997, die sie wieder in verschiedene Theater brachten, nach München in die Komödie im Bayerischen Hof, nach Dortmund in das Harenbery-City-Center, nach Wien an die Freie Bühne Wieden. Überall wird gelesen. Ich meine nicht vorm Einschlafen, ich meine die Kulturwoche und den Literaturzyklus. Das ist ja auch gut. Aber wenn man über den ausschließlich gelesenen Text hinaus den Abend zu gestalten weiß, dann gefällt mir das besser.
Sicher, Klavier, das ist ein Anfang. Doch eine szenische Lösung, mit gestaltetem Licht und mit einer Konzession an Ausstattung und Kostüm, das macht zwar

noch nicht einen Theaterabend, aber immerhin… Also suche ich für solche Fälle eine Lösung, ob sie nun Anfragen an Christiane, an uns beide, an mich alleine betreffen und hin und wieder baue ich solche Abende auch für Kollegen.

Die Freie Bühne Wieden ist für Christiane Hörbiger im Laufe der Jahre zu einer Heimat geworden. Der Raum hat Atmosphäre, wirkt intelligent und strahlt Wärme aus. Und das Prinzipalehepaar, unsere Freunde Carlos Springer und Topsy Küppers, verkörpert den positiven Inbegriff der Gattung Direktor. Nach etlichen anderen Programmen planten wir nun also einen Abend, zugeschnitten auf Christiane Hörbiger, mit Lesung und Erzählung und Musik. Auch wenn Christiane Schweizer Staatsbürgerin ist, auch wenn so Wesentliches in ihrem Leben mit Zürich zu tun hatte und hat wie Ehemann, Sohn und Haus, so hat doch die Geburtsstadt Wien nie ihre Bedeutung verloren. Der Beziehung zu dieser Stadt war der Abend gewidmet, und er bekam den Titel *Ich bin ein Wiener Kind*, nach einem Lied von Franz Lehár. Von den Malat-Schrammeln begleitet hat Christiane an die Hörbiger-Tradition des Couplet-Singens, des Wienerliedes, des Pointensetzens angeknüpft, und wäre sie allen Einladungen und Anfragen nachgekommen, sie hätte im Winter 1997/98 nichts anderes mehr tun können.

Der Tag der letzten Seite ist kein gewöhnlicher Tag. Man hofft auf einen genialen Schlußsatz, der den Lesern noch einmal zum Beweis für Intelligenz und literarische Qualität des Autors wird, auf eine hinreißende Pointe zum guten Ende. Heute ist Sonntag,

morgen ist Vollmond, gute Bedingungen für einen guten Schluß. Aber es kommt ganz anders.
Alle Gedanken in dieser Richtung werden unterbrochen, jede Idee wird verändert. Denn von allen Verkaufsständen der »Kronenzeitung«, und das sind viele Verkaufsstände, blickt mich Christiane an. Ich gehe durch Wien, auf dem Weg zu einem Referat im Rahmen einer Pressekonferenz, und alle vierzig, fünfzig Meter sehe ich wieder, wie Christiane Hörbiger in einem roten Mantel mit aufgestelltem Kragen, mit kecker Frisur und flottem Blick den Beweis für den Text antritt, der am unteren Rand dieses Titelblatts steht: »Frauen, die einfach nicht älter werden. Ewige Schönheit: Christiane Hörbiger.«
Ganz gut, nicht? Da ist es schon wieder, das Titelblatt. Ich treffe den ersten Journalisten – »Wir sind gekommen, weil uns das Projekt... aber sagen Sie, haben Sie die ›Kronenzeitung‹ gesehen?« Ich habe, und ich werde noch oft an diesem Tage. Christiane wird in einigen Stunden, wenn ich die letzte Seite verändert, neu geschrieben und wenn ich sie abgeschickt habe und auf dem Flughafen Wien-Schwechat zu einer ruhigen Stunde komme, all das erzählt bekommen. Dann wird sie sich freuen. Man freut sich auch über das 30., 85., 200. Titelblatt, vor allem, wenn es so schön ist. Sie wird es vorläufig nicht sehen können, denn sie ist in Berlin und dreht mit Harald Juhnke und Günter Pfitzmann einen Film. Aber sie hat ja auch noch nicht die sechs Seiten der Photoreportage gesehen, die in dieser Woche in einer großen deutschen Illustrierten über sie erschienen sind ...

Gut, Christiane Hörbiger geht hin und wieder vor lauter Nervosität die halbe Nacht durch die Wohnung – der weit entfernt wohnende Sohn Sascha geht ihr ab, und die vielen Tage in Hotelzimmern gehen ihr auf die Nerven, manchmal immerhin. Aber wenn ich mir so, auf dem Weg durch die Wiener Innenstadt, die vielen Zeitungsstände mit den vielen Hörbigerporträts in den vielen roten Mänteln ansehe…Drehtage in Berlin, Harald Juhnke als Partner, »Gala« und »Kronenzeitung« und »… ewige Schönheit« … So ungefähr muß sich doch die dreizehnjährige Christiane Hörbiger alias Linda Green all das vorgestellt haben, wenn sie im Hof des Elternhauses in Wien-Grinzing geprobt hat, wie sie eines Tages die Filmpreise in Empfang nehmen wird. Jetzt höre ich schon deutlich, wie Christiane angesichts ihres schon zu Beginn dieses Buches von mir verratenen Kindertraums sagen wird: » Was soll denn ich noch erzählen, wenn ich einmal selber mein eigenes Erinnerungsbuch schreibe? Die Garbo, die Premieren, Shirley MacLaine, die Linda Green, all das hast du schon berichtet! «
Eine gute Frage. Ich bin schon neugierig.

Seit 1993 bringt dieses Buch mich alle drei, vier Jahre zu einer Bilanz. Solche Bilanz würde man wohl kaum ziehen, wäre nicht dieses Ritual, dieser Druck. Und so macht man sich nun plötzlich Gedanken über Termine, Hoffnungen, Premieren. Freilich könnte man, wenn infolge einer komplett verkauften Auflage eine neue fällig wird, einfach drucken, was ja ohnehin schon da ist. Aber dann bliebe die Geschichte, die hier erzählt wird, auf dem Stand von 1993 oder 1998 und würde also teilweise unwahr. Und seither ist so vieles geschehen…

Seit einigen Jahren gibt es da eine Hilfe – das »Christiane Hörbiger-Fanclubmagazin«. Die Nr.1 erschien am 1. November 1997. Nicole Nässle und Andrea Eckstein waren die Herausgeberinnen, und die letztere ist immer noch dabei, mit Akribie festzuhalten, was geschehen ist und geschieht und was geschehen wird.

Diese allererste Ausgabe nannte in ihrem umfangreichen Inhaltsverzeichnis viele Themen–Berichte zu Christianes Arbeit in diesen Wochen im Herbst 1997, zu einer CD, zu den Filmen *Hunger* und *Tafelspitz*, zu Privatem. Der ersten Ausgabe folgten viele weitere, sie lassen sich für den Autor dieser Seiten nützen als ein »Faden der Ariadne«, als Wegweiser. »Portrait aus der Nähe« ist im Herbst 1993 erschienen. Ihm folgte, ergänzt und erweitert, die neue Version »Eine Biographie aus der Nähe« im Herbst 1998.

In den Jahren seit 1998 hat Christiane Hörbiger eine lange Reihe von Filmen und Fernsehproduktionen erlebt, sie hat Ehrungen erfahren, Preise empfangen. Und eine neue TV-Serie hat von 1998 an, bis heute, ihre Jahresplanung ganz wesentlich beeinflußt. Die ARD-Serie *Das Erbe der Guldenburgs* war selbst zehn Jahre nach der letzten Folge unvergessen. Gute Drehbücher, ein ausgezeichneter Regisseur, Schauspieler mit großen Namen, die schönen Städte, die Landschaft – Christiane hat immer wieder an diese Jahre gedacht, hat immer wieder den Wunsch gehabt, die zentrale

Rolle einer Fernsehserie zu übernehmen. Manche Ideen sind aufgetaucht, nahmen Form an, begannen zu wachsen, gingen unter, wurden verworfen. Da gab es Treatments zu *Die Bürgermeisterin*, zu einer Serie rund um die berühmten Pferde aus Wien, die Lipizzaner, zu einer Krimireihe. Aber immer wieder hat Christiane Einwände gehabt oder der potentielle Produzent, oder dem Koproduzenten war das Projekt »zu deutsch« oder »zu österreichbezogen« oder zu wenig zeitbezogen oder zu politisch.

Und dann kam *Julia, eine ungewöhnliche Frau.*

»Sag, was hat dich gerade so gereizt, eine neue TV-Serie zu drehen? Warum ist denn gerade eine Serie so ganz besonders interessant?«

»Weißt du, wenn Woche für Woche die Folgen im Fernsehen gezeigt werden, ist man plötzlich im ganzen deutschsprachigen Raum zuhause, willkommen. Und genau das ist ja mit der neuen Serie auch geschehen. Wie ich im Frühjahr 2001 in Baden-Baden gedreht habe, hatte ich eine Szene auf einem Fahrrad. Ich fuhr also durch die Straßen, hielt an, radelte weiter, kam zu einem großen Parkplatz. Da fuhr eben ein Bus mit einer Reisegesellschaft an uns vorbei. Aus einem geöffneten Fenster rief mir eine ältere Dame zu: ›Da radelt unsere Julia!‹ So ein Satz macht mich froh, denn er zeigt mir, daß man mich auch weit weg von Grinzing, weit weg von Zürich wahrnimmt, annimmt.«

Diese Julia hat Christiane vom ersten Lesen an gefallen: »Weil sie mit persönlichem, starkem Engagement und auch mit Leidenschaft versucht, vom Leben ungerecht behandelten, vom Schicksal bedrohten Menschen zu ihrem Recht zu verhelfen.«

Das ist wichtig für die Darstellerin der Julia, sie ist durchdrungen vom Sinn für Gerechtigkeit.

»Natürlich schreibt ein Drehbuchautor so, daß seine Hauptfigur letztlich immer recht hat. Da muß man dann erkennen, daß man sich nicht komplett identifizieren darf, nämlich privat. Es ist nicht so günstig, wenn man in der drehfreien Zeit die Julia weiterlebt, da kann man hart auf dem Boden der Realität aufprallen.«

Für das Frühjahr 1999 war der Start vorgesehen. In Wien, im Grand Hotel Bristol, wurde er gefeiert, wurde die Nr.1 gezeigt. Da kamen die Produzenten und die Mitwirkenden, die Damen und Herren aus den Chefetagen, von ORF und ARD, und viele, viele Kollegen – Premiere eben.

Diese *Julia* Nr.1 erzählte die grundlegende Geschichte: Ein Ehepaar hat sein Leben im Griff, beide sind Juristen. Sie verstehen sich gut auch nach langen Ehejahren, sind froh mit ihrer Tochter, mit den beiden Enkeln. Aber die Tochter stirbt.

Jeder, der diesen Pilotfilm gesehen hat, den Beginn der Serie, hat ihn in Erinnerung. Ich habe niemanden getroffen, der sich an eine bestimmte Szene nicht erinnert: Die frohe Stimmung in der kleinen Familie, der Augenblick des tödlichen Unfalls, Julia Laubach auf dem Weg in das Krankenhaus, die Nachricht... Christiane Hörbiger in einer Szene, die sie alleine geformt hat, in der sie das Drehbuch genommen, in ihre eigene Sprache übersetzt, inter-

pretiert hat, in ihre Kunst. Eine Frau schließt ab mit einem wesentlichen Teil ihres Lebens, mit ihrem Lebensvertrauen. Ein Mensch klagt Gott an. Das war eine Szene von ganz großer Kraft, eine jener seltenen Momente, in denen das Theater sich mit dem Fernsehen versöhnt.
Als es in dem improvisierten Kinosaal wieder hell wurde, habe ich in viele feuchte Augen gesehen, und ganz großer Jubel hat der neuen Serie einen ganz großen Start gegeben. Der Kritiker Michael Prack hat damals geschrieben: »Diese Frau überzeugt genauso, wie wenn man sie aus der 20. Reihe im Burgtheater sähe. Und auf diese Art macht sie *Julia* zu einem Ereignis, das man nicht versäumen sollte.«
Wenn man an die Menschen dieses Abends denkt, dieses Publikum von Fachleuten, ist solch ein Echo besonders bemerkenswert. Alle wissen, wie man das macht, wie man seinen Effekt erreicht, welche Tricks es gibt. Aber dann, bei aller Kenntnis aller Kniffe, erlebt man eine Szene wie die beschriebene, und alle Überlegenheit, ja selbst der Zynismus hat ein Ende.
Mehrere Regisseure haben dieser *Julia* zu ihrem Erfolg verholfen. Da war zu Beginn Gero Erhardt, der Erfolgsregisseur der *Guldenburgs*. Ihm folgte Walter Bannert, von dem Christiane sagt: »Sein Humor ist mutig, hintergründig, manchmal deftig, ein Humor, der mir sehr entgegenkommt.«
Den Stuttgarter Holger Barthel empfindet sie als »den Nerven, der Seele wohltuend«, und der junge österreicher Thomas Roth imponiert ihr, weil er »trotz täglichem Großangebot an Arbeit noch versucht, aus ein-

fach angelegten Dialogen feine Nuancen zu holen, und mich mit seinen Regie-Einfällen nicht belastet, sondern motiviert«.

1998 begannen die Dreharbeiten zu *Julia, eine ungewöhnliche Frau.* Christianes Mutter ließ sich gerne von den Drehtagen erzählen, fragte nach Kollegen, versäumte keine der Folgen. Paula Wessely war bis ins hohe Alter gesund. Selbst ein Unfall, wie er ihr zweimal in späten Jahren widerfuhr, hatte nicht Jammern oder Resignation zur Folge. Bei einem Sturz, zuhause, auf dem Weg zum Eingangstor, hatte sie sich den Arm gebrochen. Monatelang waren Übungen auszuführen, regelmäßig und zu Beginn auch schmerzhaft. Sie führte sie aus, sie hielt sich an die ärztlichen Maßregeln und war nach einem halben Jahr wieder geheilt.

Das Haus in der Himmelstraße hat sie nicht mehr gerne verlassen. Ihr bevorzugter Platz war eine Sitzgruppe im Hof des Hauses, dort hatte sie auch gerne Gesellschaft. Da saßen die Töchter bei ihr, die Enkel, die seltener werdenden Besucher.

In den kalten Monaten oder bei unfreundlichem Sommerwetter verbrachte Paula Wessely die Tage in ihren Zimmern im ersten Stock des Hauses. Ein großer Fauteuil in einem Eck ihres Arbeitszimmers, zwischen Bücherwänden, vielen Photos in Rahmen, einigen vertrauten Möbeln, war ihr Lieblingsplatz.

Auf einem großen Tisch in der Mitte des Raumes lagen, in Stapeln geordnet, die immer noch eintreffenden Briefe von Verehrern, Autogrammwünsche, die Korrespondenz mit alten Bekannten, mit Freunden, den Kindern.

Manches davon fand auch Platz auf dem kleinen Tisch gleich neben dem Fauteuil. Da lagen die täglich gelesenen Zeitungen und die für ein Gespräch bereitgelegten Zeitungsausschnitte. In diesem letzten Jahr ihres Lebens wurde Paula Wessely ganz still. Man konnte ihr gegenüber sitzen, ihr erzählen, Berufliches, von Freunden, von den Enkeln sprechen – und man bekam nur mehr knappe oder gar keine Antworten. Doch sie hörte aufmerksam zu, sah den Gesprächspartner still und zumeist ernst an, und sie machte dennoch manchmal den Eindruck, als könne sie vieles nicht mehr ernst nehmen.
Christiane hat in diesem letzten Lebensjahr ihrer Mutter schon den Pilotfilm und die ersten zwölf Folgen von *Julia* gedreht gehabt, 1999 entstand die zweite Staffel, dreizehn Folgen. Die Drehorte – Retz und seine Landschaft, und immer wieder Wien – lagen günstig für Besuche in der Himmelstraße. Vom Weinviertel kommend, konnte sie am Nordrand von Wien die Donau überqueren und war schnell in Grinzing. Wann immer es möglich war, hat sie diesen Umweg genommen.
Außer für ihre Serie drehte Christiane Hörbiger in diesem Jahr auch noch für eine Folge der *Schimanski*-Serie, in Köln, in Duisburg und Düren. Da konnte sie wieder mit Götz George arbeiten, das machte ihr Freude. Er imponiert ihr nicht nur, er ist ein Symbol für gute Erinnerungen – Schtonk – und kommt wie Christiane aus einer berühmten Schauspielerfamilie. »Ich wollte einfach furchtbar gerne wieder einmal mit George arbeiten. Meine Rolle ist schön, aber nicht

weltbewegend«, sagte Christiane damals in einem Interview mit Simone Faer. »Im Notfall hätte ich auch das Telefonbuch neben ihm aufgesagt.«
Götz George hatte sich offenbar ebenso auf die Arbeit mit seiner Partnerin gefreut, denn auch er meinte in einem Interview: »Die Sache mit Christiane ist wunderbar, das ist der Kick!«
Als Christiane nach sechs Wochen wieder nach Wien kam, begann sie mit den Dreharbeiten zu einem Film, in dem sie eine groteske Männermörderin spielt: *Die Gottesanbeterin.* Paul Harather hat Regie geführt, der Film hat später mehrere Auszeichnungen bekommen. Der Hauptdarstellerin hat er den »Ernst-Lubitsch-Preis« eingebracht. Das hat Christiane Hörbiger sehr viel Freude bereitet, denn dieser Preis wird von einer besonderen Jury vergeben – den Berliner Filmkritikern.
Die Gottesanbeterin wurde an verschiedenen Orten im Wienerwald und in Wien selbst gedreht. Anfang April 2000 begannen die Dreharbeiten. Der Frühling war in diesem Jahr pünktlich, alles nahm den geplanten Verlauf. Und wann immer es möglich war, beschloß Christiane den Tag mit einem Besuch bei ihrer Mutter.
Paula Wessely stand damals im vierundneunzigsten Lebensjahr. Ein Krankenhausaufenthalt wenige Jahre zuvor hatte sie für einige Wochen aus dem geliebten Haus in der Himmelstraße fortgebracht, aber nun war sie schon seit Jahren wieder daheim, ihren gewohnten Rhythmus lebend.
Im späten Frühjahr mußte sie wieder in ein Spital gebracht werden, mit Anzeichen allgemeiner, ihrem

Alter entsprechender Erschöpfung. Im Hartmannspital, im vierten Bezirk von Wien, empfing sie nun die Besuche ihrer Familie, mehrmals in der Woche jene von Christiane. Und allen, die sie sahen, gab sie das Gefühl, sie beginne sich zu verabschieden.
Sie wußte, daß sie gehen würde, und sie wollte gehen.
Am 11. Mai hatte ich in Wien eine Lesung. Ich dachte an Christiane und ihre Dreharbeiten, sie waren vom Wetter sehr begünstigt, dieser Mai 2000 nahm den Hochsommer vorweg. Ich wußte, Christiane würde bis zum Abend mit ihrer *Gottesanbeterin* beschäftigt sein und am nächsten Morgen schon sehr früh zum nächsten Drehtag abgeholt werden. Ich fuhr an diesem Abend nicht nach Baden, ersparte mir die dreißig Kilometer Stadtverkehr und Autobahn und blieb in Wien. Ich ging zu meinem Vortrag und traf mich danach mit Freunden, die mir zugehört hatten, in einem der Cafés am Graben. Und ausnahmsweise hatte ich mein mobiles Telefon bei mir. Christiane sollte mich erreichen können.
Ihr Drehtag in Gaaden im Wienerwald, in einer Villa nicht weit von zuhause, war zu Ende. Doch als sie den Park der Villa verließ, in den Wagen stieg, wurde sie unruhig. Es waren zwar nur wenige Kilometer bis Baden, aber die Mutter... Zwei Tage zuvor hatte sie zum letzten Mal die Augen geöffnet. »Es geht zu Ende«, hatten die Krankenschwestern gesagt. Christiane rief einen Freund an, einen Arzt, der Familie seit Jahrzehnten verbunden, Dr. Walter Hauk. Er bestätigte die Ahnung der Schwestern. Er hatte Paula Wessely kurz zuvor besucht, er wußte, daß der Abschied nahe war.

»Fahren Sie bitte nicht nach Baden, ich möchte zu meiner Mutter ins Hartmannspital!«
»Ich bin schon auf dem Weg«, antwortete der Fahrer. Er kannte den Weg gut, er kannte Christianes Stimmung dieser Tage, er hatte ihren Wunsch gefühlt.
»Ich hatte mich ja eigentlich von meiner Mutter schon verabschiedet, aber dann habe ich daran gedacht, wie sie dort liegt, meine Mama... Und so bin ich wieder zu ihr gefahren, um neun Uhr abends war ich bei ihr. Sie hatte die Augen geschlossen, hat ruhig geatmet. Ich habe ihr erzählt, habe sie gestreichelt, mit ihr gesprochen... Eine halbe Stunde später ist sie gestorben, es war 21.40 Uhr. Das war dann, bei aller Vertrautheit, ein Schock. Ich bekam Herzklopfen, brauchte Luft, habe das Fenster weit geöffnet, mich hinausgelehnt. Und ich war, und bin es heute, so froh, daß ich noch einmal bei ihr war.«
Am 24. Mai wurde Paula Wessely beigesetzt. Christianes Schwester Elisabeth sorgte für die aufwendige Organisation. Da mußten nicht nur der Trauergottesdienst vorbereitet werden, die Gruft geöffnet, die Parten verschickt – da mußten auch der Weg mit der Polizei besprochen oder Absperrungen beantragt werden.
Wir hatten manchmal über diesen Tag gesprochen. Paula Wessely hatte in Erinnerung, daß in der Kapelle auf dem Grinzinger Friedhof bei der Beisetzung ihres Mannes nicht genügend Sitzgelegenheiten vorhanden gewesen waren. »Gelt, gibst acht, daß genug Sesseln da sind!« Und sie wünschte sich für ihr Begräbnis den gleichen Satz aus dem Streichquintett

von Franz Schubert, den sie auch bei Attila Hörbigers Begräbnis hatte spielen lassen.
Viele der Menschen auf diesem letzten Weg von Paula Wessely kannten wir nicht – Verehrer, Damen und Herren aus dem Publikum des Burgtheaters, des Akademietheaters, Kinobesucher. Mit manchen gab es, wie immer bei solchen traurigen Anlässen, ein Wiedersehen – mit den aus München angereisten Verwandten aus der Familie von Paul Hörbiger. Marie Hörbiger, Pauls Enkelin, war gekommen, zusammen mit ihrer Tante Monika. Und viele Kollegen aus den Wiener Theatern, wie der jahrzehntelange Freund und Wegbegleiter Michael Heltau, der eine Abschiedsansprache hielt, ebenso wie Burgtheaterdirektor Klaus Bachler. Und Menschen, die als Verehrer und als Freund Abschied nehmen wollten, wie der Schriftsteller Georg Markus, der Arzt Walter Hauk, die Regisseurin Andrea Breth.
Für Christiane war es ein Glück, daß sie nicht nur am 11. Mai und am 12. Mai zu drehen hatte, sondern daß sie auch in den Wochen danach Tag für Tag vor der Kamera stehen mußte. Sosehr kann man gar nicht auf dieses elementare Ereignis, solchen Abschied vorbereitet sein – die Arbeit hat ihr geholfen. »Vieles hat die Mama ja noch miterlebt, aber manchmal möchte ich ihr so gerne noch etwas erzählen, sie etwas fragen.«

Nicht mehr miterlebt hat Paula Wessely einen Anlaß, der ihr Freude gemacht hätte. Am 6. September 2001 flog Christiane nach Berlin, nicht zu Drehtagen oder

Verhandlungen und auch nicht zu einer Pressekonferenz. Sie bekam aus den Händen von Bundespräsident Johannes Rau das Bundesverdienstkreuz. Außer ihr wurden an diesem Tag auch noch andere Menschen für ihre Verdienste geehrt, unter ihnen war Mario Adorf.

Das war für Christiane natürlich eine große Ehre, sie bekam ihren Orden vom Bundespräsidenten persönlich, im Schloß Bellevue in Berlin. »Die eine Hälfte gehört mir, die andere muß ich mir noch verdienen«, hat Christiane damals gemeint und sie hat sich gefreut und war aufgeregt.

Wir haben damals darüber gesprochen, wodurch eine solche Ehrung bewirkt wird, was denn Christiane so besonders Auszeichnungswürdiges getan haben könnte, in Deutschland, für Deutschland. Sie zeigt seit Jahrzehnten ihre Verbundenheit mit jenem Land, das ihr die allerersten beruflichen Möglichkeiten gegeben hat – in Wiesbaden hat sich ja ihr Schicksal entschieden, in diesem Buch wird davon ab Seite 71 erzählt. Dem ersten Film folgten viele Premieren an vielen Theatern – Heidelberg, Münchner Kammerspiele, Deutsches Theater München, Komödie im Bayerischen Hof München und lange Tourneen, Tausende Kilometer im Bus von Norderstedt bis Bad Füssing, von St.Augustin bis Baden-Baden. »Und ich bin«, sagt Christiane, »von einer unerschütterlichen Zuneigung für dieses Land erfüllt, und voll Dankbarkeit.«

Und so saß sie nun also im Schloß Bellevue, in einer Reihe neben Altbundespräsident Walter Scheel, beim

Essen neben Altbundespräsident Richard von Weizsäcker.
»Mir hat die große Ernsthaftigkeit dieser Zeremonie imponiert, das bedeutet ja auch das Ernstnehmen der Ausgezeichneten. Das gefällt mir, da wurde nicht verkleinert und nicht verharmlost, es wurde einem nicht auf die Schulter geklopft, es gab nicht dieses Herunterlachen von Arbeit, Erfolgen und eben Auszeichnungen. Hans Joachim Kulenkampffs Satz stimmt eben immer und für alle Arten von Auszeichnung – über Preise dürfe man erst lachen, wenn man sie habe. Ich tu's auch dann nicht... Man darf ja nicht vergessen, wenn uns auch der deutschsprachige Kulturraum verbindet, ich bin doch Gast, komme ja aus dem Ausland und werde nun von Deutschland geehrt. Bei der Fußballweltmeisterschaft im Juni 2002, da hat einem guten Teil der Fußballwelt etwas nicht gepaßt, was mir besonders gefallen hat – der ernsthafte und beharrliche Kampf der deutschen Mannschaft. Sie haben sich gegeben – als das, was sie eben sind – Sportler, die siegen wollen, und nicht als mit dem Publikum kokettierende TV-Clowns. Nicht aufgeben, auch wenn es aussichtslos scheint, das ist für mich nachahmenswert und ist auf vieles im Leben übertragbar.«
Die schöne Zeremonie im Schloß Bellevue hat für Christiane auch ihre heitere Seite in der Erinnerung. Sie wählte für den festlichen Anlaß ein festliches Täschchen, in Form eines Kuverts, aus schwarzem Leder, schwarz, neu, das Geschenk einer Freundin in Zürich.
Und schwarz war dann auch ihre rechte Hand, das

Geschenk begann, seine Farbe auf die Hand der Trägerin zu übertragen. Und so saß sie noch nervöser da, versteckte die Innenseite ihrer rechten Hand, versuchte es mit dem Taschentuch, mit Reiben, heimlich – ohne Erfolg. Und so bekam der Herr Bundespräsident eine nicht dem Zeremoniell entsprechende Rechte.

Schloß Bellevue dient heute als Sitz des Bundespräsidenten. Hier hat auch schon ein König des Theaters gewohnt – im Gartenhaus hatte jahrelang seine Residenz Max Reinhardt, der ganz wesentlichen Einfluß auf Berufs- und Lebensweg von Christianes Eltern gehabt hat.

»Schade, Christiane, daß deine Mutter das nicht mehr erlebt hat.«

»Ja, das habe ich auch gedacht. Aber ich bin sicher, sie weiß es. Sie hat in Berlin den ganz frühen, ganz großen Erfolg gehabt, mit *Rose Bernd* von Gerhart Hauptmann, und auch Max Reinhardt war doch hier zuhause, und bis zu ihrem Tod hat die Mama der Akademie angehört. Immer hat bei uns Berlin eine große Rolle gespielt, denk doch an *Fast ein Poet* von O'Neill, in der Regie von Oscar Fritz Schuh mit dem Papa und der Mama, das war doch auch ein Riesenerfolg.«

Diese Ehrung durch Bundespräsident Rau war natürlich etwas ganz Besonderes – und das in einem an Ehrungen für Christiane nicht armen Jahr. Im selben Jahr hat sie auch die »Goldene Kamera« bekommen, zum zweiten Mal und ebenso in Berlin. Am 23. März 2001 wurde ihr in Marl der Adolf-Grimme-Preis überreicht. In München im Prinzregententheater nahm sie

den »Bayerischen Fernsehpreis« entgegen, in der Hofburg in Wien bekam sie die »Romy«, einen Publikumspreis, und zwar zum fünften Mal.
Und zwei Tage vor dem Bundesverdienstkreuz in Berlin wurde ihr die Ehrenbürgerschaft der Stadt Retz verliehen, am 5. September 2001. Die Fernsehzeitschrift »TV-Media« ließ vom Gallup-Institut für Meinungsforschung eine österreichweite Umfrage durchführen, und Christiane wurde mit 62 Prozent zur »Beliebtesten Schauspielerin Österreichs« gewählt.
Die Reihe der Ehrungen wurde im Januar 2002 fortgesetzt – Christiane erhielt in München den »Karl Valentin-Orden«, er ist selten genug, vor allem gibt es kaum weibliche Träger – vor Christiane waren es Aenne Burda und Senta Berger. Peter Weck hielt die Laudatio, auch er trägt diesen Orden. Ihre Dankesansprache begann Christiane mit einem abgewandelten Valentin-Zitat: »Meine Damen und Herren, liebe Gäste und Gästinnen! Wenn Sie denken, Sie können jetzt heimgehen, so irren Sie sich. Sie bleiben da, und zwar sofort!«
Der österreichische Bundespräsident Dr. Thomas Klestil hat ihr schon einige Jahre früher, im Jahr ihres runden Geburtstags, den Dank des Vaterlands übergeben – am 24. November 1998 in Form des Ehrenkreuzes für Wissenschaft und Kunst 1. Klasse: »Sie haben als Siebenundzwanzigjährige bewußt und mit voller Absicht Wien verlassen – und damit Ihr berühmtes, ja gefeiertes Elternhaus, das herrliche Domizil in der Grinzinger Himmelstraße... und das Wiener Burgtheater. Es war ein Abenteuer, ohne daß Sie den Ausgang

des Abenteuers kannten. Doch bald eroberten Sie sich Stadt für Stadt, Bühne für Bühne, Rolle für Rolle im deutschen Sprachraum, dazu auch die Film- und Fernsehstudios. Christiane Hörbiger wurde zur überzeugten Europäerin, die überall auf unserem Kontinent zuhause ist und die auch den für ihre Kunst so wichtigen Ausflug nach Hollywood unternommen hat.«
Das Jahr dieses Geburtstags war von Arbeit – und von Christianes Bauchweh vor dem runden Jubelfest erfüllt, das vielen Menschen so gar keinen Anlaß zum Jubel bedeutet, dem sechzigsten Geburtstag. In den meisten Berufen bedeutet dieser Tag den Eintritt in die Rente, den Ruhestand, die Pension. Aber auch für Menschen, die diese Hürde nicht nehmen müssen, die auch mit einundsechzig Jahren und mit siebzig Jahren und selbst noch mit fünfundachtzig Jahren ihren, zumeist geistigen, Beruf ausüben, ist der Tag des sechzigsten Geburtstags ein ungewöhnlicher, ganz und gar nicht ersehnter, ja gefürchteter. Alt werden wollen wir eben alle, aber dabei jung bleiben. Und wir wollen zwar nicht sterben, aber alt werden, und wenn wir es dann tatsächlich sind, wird gejammert.
Das »Kurier«-Freizeitmagazin, sein Chefredakteur Michael Horowitz, bat mich damals, den Kontakt zu Götz George herzustellen, man wollte einige Geburtstagsgrüße prominenter Freunde abdrucken.
»Sag ihr«, riet mir damals Götz George am Telefon, »es ist nur ein Tag! Am nächsten Tag ist alles wie vorher!«
Lebensklug.
Christiane hat immer wieder für Freunde Geburtstagsreden gehalten, für Leopold Lindtberg, für Peter

Weck. Im August 2002 hat sie einen Gruß aus der Ferne gesandt, direkt in eine TV-Sendung zum sechzigsten Geburtstag einer Kollegin, die sie ganz besonders schätzt: »Liebe Evelyn Hamann, gerne wäre ich heute bei Ihnen in Hamburg, nicht nur um Ihnen zu gratulieren und mit Ihnen zu feiern, sondern auch, um Ihnen einmal persönlich zu danken. Ich danke Ihnen für Ihren blitzgescheiten, intelligenten, ja weisen Humor, der, so scheint es mir, aus Ihrem Hirn *und* aus Ihrem Herzen kommt, und der, über die Grenzen und Dialekte und Dialektfärbungen hinweg, direkt auf unseren Lachmuskeln landet. Es ist ein unnachahmlicher Humor, darum ist er so kostbar. Ich glaube, er ist ein Gottesgeschenk, und ich glaube zu wissen, daß Sie sich dieses Geschenk immer wieder von neuem verdient haben, als Lohn der Arbeit. Meinen Respekt! Vielleicht ergibt sich ja einmal ein Zusammentreffen zwischen »Adelheid« und »Julia«, aber viel wichtiger ist mir die Erfüllung der folgenden Bitte: Hören Sie nie auf, über diese merkwürdige Welt zu staunen, und – bitte – lassen Sie uns immer an Ihrem Staunen teilhaben! Für Ihren weiteren Lebensweg wünsche ich Ihnen von ganzem Herzen nur das Beste, und für heute: Schönen Abend nach Hamburg!«
Ich habe für Christiane zu ihrem sechzigsten Geburtstag, in gewissem Abstand zu dem wenig geliebten Datum, ein Fest inszeniert, das viele Freunde nach Baden gebracht hat, von Sonntagmorgen bis Sonntagabend für viel Freude sorgte und dem Anlaß keine Chance gab, etwas anderes zu sein als fröhlich.
Da kamen langjährige Freunde und neue Freunde,

Produzenten und Kollegen, Schwestern und Neffen, Maler, Schauspieler, Sänger, Politiker, und es gab viele gute Gespräche, viel Lachen und ein Schrammelquartett im Nikolauskostüm, denn das Fest fiel auf den 6. Dezember, und das ist nun einmal der Tag des heiligen Nikolaus.

Inmitten der vielen Premieren, Drehtage, Buchpräsentationen, Leseabende muß hin und wieder auch gefeiert werden dürfen. Ein Fest besonderer Art ist für Christiane jedes Wiedersehen, ja Wiederhören mit ihrem Sohn. Wenn Sascha und seine Freundin Laura sich aus Los Angeles melden, telefonisch oder mit einem Paket oder wie auch immer, bricht auf der anderen Seite des Ozeans, in Baden bei Wien, die große Freude aus. Und jeder Plan für einen längeren oder kürzeren Urlaub landet früher oder später bei dem Gedanken, man könne doch eigentlich auch in den Vereinigten Staaten schöne Plätze finden, es gebe doch auch dort manches kennenzulernen, nicht wahr? Im Dezember 2000 hat Christiane Hörbiger diesem Gedanken nachgegeben, und so wurde der halbe Dezember in New York verbracht.

Das wäre ein Jahr früher nicht denkbar gewesen – solange Paula Wessely noch bei uns war, gehörte der Heilige Abend zum großen Teil ihr. Ich gehe an diesem 24. Dezember immer auch zu meiner Familie, zu meiner Mutter, meinem Stiefvater und dann zu irgendeiner caritativen Veranstaltung, meistens zu »Licht ins Dunkel«, einer Aktion des ORF. Mitte Dezember 2000 hingegen flogen wir nach New York, haben dort Sascha und Laura wiedergesehen, sind beisammen gesessen und haben über das Leben und unsere Gedanken und unsere Pläne gesprochen, und Christiane war froh. Sie hat uns dieses Weihnachtsgeschenk bereiten können, konnte stundenlang mit Sascha beisammen sein. Der Heilige Abend und der Gottesdienst in der Kathedrale von St. Patrick, die vielen Stunden in den Museen, Mittagessen in Chinatown, und all das gemeinsam mit Sascha.

Was das bedeutet, wird wohl nur eine Mutter wirklich verstehen können, die ebenso ihr Kind nur bei größeren familiären Anlässen zu Gesicht bekommt. Aber gerade Christiane Hörbiger kann das verstehen, kann den Weg ihres Sohnes verstehen, denn auch sie hat ja diesen Weg gewählt, wenn auch Zürich etwas näher bei Wien ist als Los Angeles.

So ein Ausflug von zwei Wochen Länge ist in Christiane Hörbigers Leben die ganz große Ausnahme. Und ein Urlaub, wie er für die meisten Menschen in Deutschland und Österreich zum alljährlichen Ritual gehört, findet in ihrem Leben keinen Platz. Man macht seinen Arbeitsplan, seine Verträge für das kommende Jahr, eventuell auch schon für das übernächste – und dann genügt eine Schlechtwetterfront von drei Tagen, und der Drehplan stimmt nicht mehr, oder der Filmpartner fällt aus, sein Nachfolger hat Terminwünsche und die Produktion muß darauf Rücksicht nehmen – und so ist das Planen von Ferien sinnlos. Selbst mancher beschauliche Spaziergang dient dem Fixieren von schon gelerntem Text. Und wenn es in Christianes Leben einmal heißt *Hauptsache Ferien*, so kann man sicher sein, es geht um Arbeit. So hieß ein Film, den sie

in Peter Wecks Regie mit Peter Alexander, Theo Lingen und Martin Held gedreht hat.
So ist es kein Wunder, welch lange Liste an Film- und Fernsehtiteln alleine in den Jahren entstanden ist, von denen hier, auf den letzten Seiten dieses Buches, die Rede ist – nicht nur *Schimanski* und *Die Gottesanbeterin*, auch *Letzte Chance für Harry* 1998 mit Harald Juhnke oder *Der Preis der Sehnsucht* im Jahr 1999. Im selben Jahr wurde auch *Die Schwiegermutter* gedreht. Christiane hatte sich, nachdem sie, die Dauerleserin, diesen Stoff gefunden hatte, sehr für seine Verfilmung eingesetzt. Im Frühjahr 2001 entstand in Perugia und Baden-Baden *Klaras Hochzeit.*

Die meiste Zeit verbringt Christiane freilich seit 1998 mit ihrer *Julia* – an den Drehorten im Retzer Land, in der Stadt Retz, in Wien. Und wenn sie nicht dreht, so lernt sie, davon war gerade die Rede. Das bedeutet natürlich auch Tage und Wochen voll Anstrengung und Druck, ja manchmal Streß. Wenn Drehbücher spät ankommen und die Zeit zum Lernen knapp wird, wenn Drehtermine nicht eingehalten werden können ... Da ist dann die gute Atmosphäre im Team besonders wichtig.
Der Dauerpartner vor der Kamera von *Julia* ist Christianes Fernsehehemann Peter Bongartz. Sie hat mit ihm ja schon in Zürich eine erfolgreiche Theaterproduktion erlebt, konnte damals mit ihm und über ihn lachen, und so ist es auch jetzt. Mit Peter Bongartz kann man sich auch über andere Themen unterhalten, nicht nur über den Beruf, über Politik

und Wein und die Frage, welches Lokal rund um Retz zur Zeit das beste ist, auch wenn man dann selbst leider nicht hinkommt.
Unter den vielen Helfern, die der Zuschauer nicht zu Gesicht bekommt, wohl aber das Produkt ihres Wirkens, gibt es einen, mit dem der Tag beginnt, jeder Drehtag, und oft auch endet – der Maskenbildner. Ernst Dummer ist ein Meister seines Fachs, hat Christiane Hörbiger auch in anderen Produktionen schon betreut und begleitet sie zu wichtigen Phototerminen oder Pressekonferenzen.
Das ist überhaupt wichtig für ein Leben wie dieses – ein beruhigendes, allenfalls anregendes Umfeld, ein intakter Freundeskreis. Seit dem Abschied von ihrer Mutter sind die drei Schwestern Elisabeth, Christiane und Maresa einander näher gekommen, wenn das überhaupt noch möglich war – Alltagsgespräche, Ratschläge, Premierenglückwünsche, Geburtstagsgrüße. Diese Stimmung, diese Atmosphäre ist für Christiane sehr wichtig.
Andere Menschen brauchen das nicht unbedingt, ja sie beziehen Kraft sogar aus Spannungen. Christiane Hörbiger braucht den Frieden mit ihren Menschen, sie ist ein Paradefall für Harmoniebedürftigkeit. Nur so hat sie diesen besonderen Lebensweg gehen können, hat eine lange Reihe von Erfolgen erleben dürfen, von der Buhlschaft im *Jedermann* bis *Olympia*, von *Mayerling* bis *Schtonk*, von *Julia* bis ...Alles Gute!

Namenverzeichnis